权威·前沿·原创

皮书系列为
"十二五""十三五""十四五"时期国家重点出版物出版专项规划项目

B

BLUE BOOK

智库成果出版与传播平台

浦东新区蓝皮书

BLUE BOOK OF PUDONG NEW AREA

上海浦东高品质生活发展报告
（2024）

ANNUAL REPORT OF HIGH-QUALITY LIFE OF
PUDONG NEW AREA (2024)

浦东新区创造高品质生活的探索

主　编／高恩新　曹绪飞
副主编／吴　津　王英伟

社会科学文献出版社
SOCIAL SCIENCES ACADEMIC PRESS (CHINA)

图书在版编目（CIP）数据

上海浦东高品质生活发展报告. 2024：浦东新区创
造高品质生活的探索／高恩新，曹绪飞主编；吴津，王
英伟副主编. --北京：社会科学文献出版社，2024.5
（浦东新区蓝皮书）
ISBN 978-7-5228-3449-8

Ⅰ.①上… Ⅱ.①高… ②曹… ③吴… ④王… Ⅲ.
①区域经济发展-研究报告-浦东新区-2024 Ⅳ.
①F127.513

中国国家版本馆 CIP 数据核字（2024）第 065963 号

浦东新区蓝皮书

上海浦东高品质生活发展报告（2024）
——浦东新区创造高品质生活的探索

主　　编／高恩新　曹绪飞
副 主 编／吴　津　王英伟

出 版 人／冀祥德
责任编辑／王　展
责任印制／王京美

出　　版／社会科学文献出版社·皮书分社（010）59367127
　　　　　地址：北京市北三环中路甲 29 号院华龙大厦　邮编：100029
　　　　　网址：www.ssap.com.cn
发　　行／社会科学文献出版社（010）59367028
印　　装／三河市东方印刷有限公司

规　　格／开　本：787mm×1092mm　1/16
　　　　　印　张：22.25　字　数：335 千字
版　　次／2024 年 5 月第 1 版　2024 年 5 月第 1 次印刷
书　　号／ISBN 978-7-5228-3449-8
定　　价／158.00 元

读者服务电话：4008918866

摘　要

　　《上海浦东高品质生活发展报告》围绕浦东创造高品质生活、打造社会主义现代化建设引领区的使命，设置总报告、分报告和特色案例三个板块，包括1个总报告、8个分报告和9个特色案例。总报告从创造高品质生活的时代意义、高品质生活的科学内涵、浦东创造高品质生活的战略定位和历史性成就等方面，全面展示了浦东新区围绕"和谐浦东""品质浦东""人民浦东"建设在民生事业上出台的具体举措和成就。8个分报告分别从教育体系、就业服务体系、养老服务体系、社会保障体系、健康服务体系、生态环境优化工程、住房保障体系、公共文化服务体系全面展示了浦东新区贯彻落实习近平总书记关于创造高品质生活系列讲话精神的具体工作部署和成效。9个特色案例展示了浦东新区在托育服务、医养结合、公园城市、非遗保护、国际社区、城中村改造、乡村振兴、平安建设、滨江空间开发等方面创造高品质生活的创新实践和特色做法。

　　浦东新区始终坚持以人民为中心的发展思想，坚持"财力有一分增长，民生就有一分改善"，教育、卫生、文化、养老等各项社会事业加快从均衡走向优质，人民群众的获得感、幸福感、安全感不断提升。作为社会主义现代化建设引领区的浦东新区既有经济的高质量发展，也有人人享有的高品质生活。在全面建成社会主义现代化强国的新征程上，浦东新区将打造具有国际大都市风范的精品城区、现代城镇、美丽乡村，使浦东成为全球投资、贸易、创业的最佳目的地，智慧、灵感、梦想的最佳实践地，充满获得感、幸福感、安全感的最佳居住地。"城市，让生活更美好""人民城市人民建、人民城市为人民"的理念日益变成现实，一幅高品质生活的新画卷正在浦东大地上舒展。

关键词： 浦东新区　引领区建设　高品质生活

目 录 ⤴

Ⅰ 总报告

Ⅱ 分报告

Ⅲ 特色案例

皮书数据库阅读**使用指南**

总 报 告

B.1
迈向高品质生活的社会主义
现代化建设引领区

——浦东新区高品质生活建设的探索

高恩新*

摘 要: 美好生活是人类特有的价值追求。党的十八大以来,以习近平同志为核心的党中央围绕人民对美好生活的向往做出了系列论断,提出创造高品质生活的目标。更好的教育、更稳定的工作、更满意的收入、更可靠的社会保障、更高水平的医疗卫生服务、更舒适的居住条件、更优美的环境、更丰富的精神文化生活构成了高品质生活的基本面,为创造高品质生活工作指明了方向。浦东新区围绕建设和谐浦东、品质浦东、人民浦东的战略目标,持续健全体制机制,不断加大社会民生事业投入,在实现经济高质量发展的同时,推动人民生活品质持续提升。经过30多年的开发建设,浦东新区已建成公平普惠、优质均衡、特色创新的高品质教育体系,实现了更加充分、

---

* 高恩新,华东师范大学公共管理学院党委副书记,教授、博士生导师,研究方向为行政体制改革与应急管理。

更高质量的社会就业，城镇居民收入增长幅度持续高于国民经济增幅，建成覆盖全民、城乡统筹、保障适度的高质量多层次社会保障体系，居民普遍享有更高水平的医疗卫生服务和更加舒适的居住条件，美丽宜居生态城区建设成效显著，人民群众近距离享有更加丰富的精神文化生活。浦东新区创造高品质生活的探索更好地向世界展示了全面建设社会主义现代化国家的中国理念、中国精神、中国道路，成为彰显"四个自信"的实践范例。

关键词： 高品质生活　中国式现代化　浦东新区

1990 年 4 月 18 日，党中央、国务院宣布开发开放浦东地区，为上海新一轮发展提供了强大的动力。经过 30 多年的建设，浦东新区已经成为上海"五个中心"建设的核心承载区，成为中国高水平开放的试验田和桥头堡，成为社会主义国际大都市建设的示范样本。浦东新区开发开放取得的历史性成就凸显了中国特色社会主义的制度优势，为中国式现代化建设提供了最生动的案例。2021 年 4 月 23 日，党中央、国务院发布《关于支持浦东新区高水平改革开放打造社会主义现代化建设引领区的意见》，支持浦东成为更高水平改革开放的开路先锋、全面建设社会主义现代化国家的排头兵、彰显"四个自信"的实践范例，更好地向世界展示中国理念、中国精神、中国道路。在习近平中国特色社会主义思想的指导下，浦东新区全面贯彻落实党的二十大、第十二次市党代会和十二届市委二次全会精神，以更高水平改革开放牵引高质量发展、创造高品质生活、实现高效能治理，推动打造社会主义现代化建设引领区工作走深走实。

一　创造高品质生活的时代意义

在全面推进社会主义现代化建设引领区的新征程上，浦东新区深入贯彻落实"以人民为中心"的思想，在城市建设和城市治理中统筹优化公共服务体系，大力增加优质资源供给，不断提升公共服务均衡化、优质化水平，持续改善人民生活品质，让人民群众有更大的获得感、更高的满意度和更强的幸福感，在创造高品质生活上做出引领示范，为人民城市理论在中国式现代化实践中谱写光辉篇章。

（一）创造高品质生活是中国特色社会主义的发展方向

2018 年 3 月，在参加第十三届全国人大一次会议重庆代表团分组审议时，习近平总书记明确提出"努力推动高质量发展、创造高品质生活"。2020 年 10 月，党的十九届五中全会提出要坚持深化改革开放，坚决破除制约高品质生活的体制机制障碍，专辟一章阐述"改善人民生活品质，提高社会建设水平"，正式在党的文件中首次写入"高品质生活"的概念和"改善人民生活品质"的要求。在 2021 年 3 月召开的全国"两会"上，习近平总书记再次阐述了高质量发展和高品质生活的关系，提出"把高质量发展同满足人民美好生活的需要紧密结合起来，实现坚持生态优先、推动高质量发展、创造高品质生活有机结合、相得益彰"。2023 年 3 月，习近平总书记在参加第十四届全国人大第一次会议江苏代表团审议时强调高质量发展必须"以满足人民日益增长的美好生活需要为出发点和落脚点"。在全面推进中国式现代化的过程中，我们要深入贯彻习近平总书记"以人民为中心"的发展思想，推进高品质生活建设，实现人民群众对美好生活的向往。习近平总书记有关"高品质生活"的系列讲话和指示精神对我国新发展阶段经济社会工作提出了明确要求，指明了创造高品质生活的发展方向。

（二）创造高品质生活是对新时代社会矛盾变化的准确回应

经过 40 多年的改革开放，中国共产党领导人民创造了经济社会发展的奇迹，生产力持续实现高质量发展，经济总量已经踏入世界前列。党的十九大报告指出，新时代中国社会的主要矛盾已经转化为人民日益增长的美好生活需要和不平衡不充分的发展之间的矛盾。在推进中国式现代化、建设中国特色社会主义的新征程上，中国共产党需要带领全国人民着力解决两个突出的问题：一方面，人民群众对美好生活的追求更加强烈，需要的品类愈加丰富，层次更为鲜明，个性更加突出，即"人民对美好生活的需要日益广泛，不仅对物质文化生活提出了更高的要求，而且在民主、法治、公平、正义、安全、环境等方面的要求日益增长"①；另一方面，城乡之间、区域之间发展的不均衡问题比较突出，人民群众享有基本公共服务存在不均衡不充分的问题制约着推进国家治理体系与治理能力现代化的进程。创造高品质生活是回应新时代我国社会主要矛盾发生变化的时代需求，也是满足人民日益增长的美好生活需要的内在要求。

（三）创造高品质生活是立党为公、执政为民的本质要求

党的二十大报告提出，江山就是人民，人民就是江山。我们党的百年奋斗历史和实践充分证明，党的根本政治立场是人民立场，离开了人民的支持和信任，党的一切工作都无从谈起。中国共产党立党为公、执政为民要求党的一切工作必须实现为民造福，必须坚持在发展中保障和改善民生，鼓励共同奋斗创造美好生活，不断实现人民对美好生活的向往。习近平总书记指出，"我们的目标很宏伟，但也很朴素，归根结底就是让全体中国人都过上更好的日子"，"我们的人民热爱生活，盼望有更好的教育、更稳定的工作、更满意的收入、更可靠的社会保障、更高水平的医疗卫生服务、更舒适的生活条件、更优美的环境，期盼孩子们能成长得更好、工作得更好、生活得更好"②，人民群众对美好生活的向往，就是我们的奋斗目标。③ 我们要实现好、维护好、发展好最广大人民的根本利益，紧紧抓住人民最关心最直接最现实的利益问题，采取更多惠民生、暖民心的举措，着力解决好人民群众

---

① 习近平：《决胜全面建成小康社会 夺取新时代中国特色社会主义伟大胜利》，《人民日报》2017 年 10 月 28 日。
② 习近平：《在河北省阜平县考察扶贫开发工作时的讲话》，《求是》2021 年第 4 期。
③ 《习近平谈治国理政》第一卷，外文出版社，2014，第 4 页。

"急难愁盼"的问题。① 带领人民创造美好生活是中国共产党矢志不渝的奋斗目标。

二　高品质生活的科学内涵与衡量标准

美好生活是人类特有的价值追求，从人的生存性需要到发展性需要，从人的物质需要到精神需要，从人的单向度需要到多向度需要，人民对美好生活的向往越来越具有多维性和整体性。党的十八大、十九大、二十大报告围绕人民对美好生活的向往做了深入系统的阐述，并将关系民生福祉的有关指标写入党的决议和国民经济社会发展规划中。高品质生活擘画了中国人民美好生活的崭新图景，是美好生活的高层次和新形态，是新发展阶段党对人民追求的美好可期未来的系统回应，是统筹高质量发展、高效能治理的终极目标。

（一）从小康生活迈向美好生活

生活是指人为了生存而必须满足的一定的需要，追求美好生活是人的一种本性。马克思指出：为了生活，首先就需要吃喝住穿以及其他一些物质生活资料。从需要结构层次来看，人的需要是一个分层次、全面的体系。在马克思主义者看来，人类的第一个历史活动就是生产满足这些需要的物质资料，即生产物质生活本身。除了受有机体生理过程所决定的吃喝住穿等物质的基本需要，人类有对于审美、艺术、归属、尊重和爱的精神需要，以及实现自我价值的发展需要。马克思主义认为，人的需要是无限的、不断被超越的，人用以满足需要的手段和方法也是多样的、无限的。因此，不断追求美好生活是人的本质的体现，也是社会物质生产和精神生活创新的基础动力。

党的十一届三中全会以来，改变中国人民贫穷和落后的生活状态、满足

---

① 习近平：《高举中国特色社会主义伟大旗帜　为全面建设社会主义现代化国家而团结奋斗——在中国共产党第二十次全国代表大会上的报告》，人民出版社，2022，第46页。

人民日益增长的物质文化生活需求是建设中国特色社会主义的根本任务。中国特色社会主义建设将"富起来"作为新的历史起点，告别了绝对贫困，跨越了基本温饱阶段，实现了建成小康社会的历史性承诺。在中国传统文化中，"小康"是一种民生概念，特指一种宽裕、殷实、稳定、安宁的生活状态。从"小康"这一概念的意指来看，小康生活是与贫困生活、穷苦生活相对而言的一种生活水平和生活状态，总体上介于温饱与富裕之间。20 世纪 80 年代提出的"小康生活"更多从经济生活水平的角度界定，侧重于人民群众现实的生活物资充裕程度和生活水平高低，是一种物质性需求的真实反映和衡量标准。1979 年 7 月 28 日，邓小平在山东青岛考察时指出，"如果我们人均收入达到 1000 美元，就很不错，可以吃得好，穿得好，用得好"。1980 年 1 月，邓小平指出："争取国民生产总值每人平均达到 1000 美元，算个小康水平。"[①] 此后，小康生活成为提高中国人民生活水平的一个阶段性目标。

进入 21 世纪，我国经济发展驶入快车道，连续十多年保持高速增长，人民生活水平显著提升。截至 2022 年底，中国 GDP 已经达到 121 万亿元，位居世界第二；人均 GDP 已经达到 1.3 万美元，超过世界人均水平；城镇化率已经达到 65.22%，达到中高收入国家水平。[②] 新时代，全国人民对美好生活的向往不再是满足于吃喝住穿等基本生存性、物质性需要，人民群众越来越追求更高水平的生活品质、更加便捷的生活条件、更加优美的生活环境，并且对政府法治水平、社会公平正义和生活安全感提出了更高要求。[③] 进入 21 世纪，人民追求的美好生活不再单纯以生存性、物质性需要为主导，而是以发展性、文化性需要为统领，涵盖充满正义的政治生活需求、和谐有序的社会生活需求、丰富多彩的文化娱乐和精神生活需求、优美健康的生态环境需求等多层次、多领域，是内涵更加丰富、形态更加多样的经济社会发

---

① 《邓小平文选》第二卷，人民出版社，1994，第 237 页。
② 国家统计局：《2022 年国民经济和社会发展统计公报》。
③ 习近平：《决胜全面建成小康社会 夺取新时代中国特色社会主义伟大胜利》，《人民日报》2017 年 10 月 28 日。

展目标。① 在建设中国特色社会主义现代化强国的历史征程中，人民向往的美好生活涵盖多重维度：人们的物质需求已经转向更高层次，从"有没有"的阶段转向"好不好"的要求；物质生活之外的"软需求"日益上升，参与民主政治生活的愿望日益强烈；平安也成为老百姓解决温饱问题后的第一需求，获得感、幸福感、安全感成为社会和谐发展的基本环境；丰富的精神文化需求是美好生活的新期待，决定了美好生活质量的优劣；天蓝、地绿、水清的优美生态环境成为美好生活的前提保障和重要维度，生态文明建设成果成为满足人民对美好生活向往的普惠民生。

美好生活凝结着人民对更好生活的向往和追求，突出强调了需求的丰富性、多样性，涵盖生存性需求和发展性需求、物质性需求和文化性需求，成为统筹推进"五位一体"总体布局的时代基点。② 在"五位一体"总体布局中，政治、经济、文化、社会和环境构成一个有机统一体，全面概括了人民对美好生活的新期盼。中国特色社会主义现代化建设不再单纯看重经济总量增加，而是主要看人民群众生活品质是否不断提升、实际生活困难是否妥善解决、核心利益是否得到切实维护。在"五位一体"总体布局引领下，城乡居民收入持续增加，覆盖全民的多层次社会保障体系基本建成，基本公共服务均等化水平不断提升，人民幸福感日益增强。"美好生活"与"五位一体"总体布局相辅相成，是党的十八大以来取得的历史性新成就的光辉篇章。

（二）高品质生活的科学内涵

党的十九大以来，创造高品质生活成为满足人民日益增长的美好生活需要的新课题，是中国特色社会主义进入新发展阶段、贯彻新发展理念、构建新发展格局的必然要求。创造高品质生活就是满足人民群众对美好生活的需

---

① 杨金华、耿文秀：《论从"小康生活"到"美好生活"的逻辑演进》，《思想理论教育导刊》2022 年第 2 期。

② "五位一体"总体布局是指党的十八大提出经济建设、政治建设、文化建设、社会建设和生态文明建设"五位一体"，全面推进。

要，是对当前我国社会发展新的历史阶段社会主要矛盾变化的最新回应，为新时代我国经济社会发展和中国式现代化指明了方向。

什么是高品质生活？高品质生活的定义呈现多样性，缺乏统一的认识和界定。最初，关于高品质生活的研究主要是对居民生活质量的衡量，很多学者探讨了经济生产、社会平等、环境质量、精神富足等方面的生活目标。至20世纪80年代，生活质量研究开始转向生活品质研究和高品质生活研究。邓嵘认为，高品质生活就是在经济、文化和物质发展到一定的阶段之后，在社会生产、生活条件和手段比较丰富的前提下，社会成员对健康、精致、休闲的生活以及情感生活等唯美生活状态的追求。[①] 有的学者认为，高品质生活就是人民群众在经济、社会、政治、文化和生态等各方面的美好生活需要都得到更好的保障和满足的生活。[②] 有的学者提出，高品质生活就是指人民群众在日常生活中获得感、满意度、幸福感、安全感不断提升并持续下去的生活，这种生活既是物质生活极大丰富的生活，也是精神文化更加充盈的生活。[③] 有的学者认为，高品质生活是指人民在日常生活中所呈现的具有一定的品位和质量的生活方式，是个体对自己的物质生活、精神生活、生活环境等高度认可和满意的生活状态的反映。有的学者认为，高品质生活是充实、有保障、可持续的生活状态，是与人民群众美好生活追求一致的理想，高品质生活就是美好生活的升级形态。[④]

习近平总书记围绕创造高品质生活做出了一系列论断，用更好的教育、更稳定的工作、更满意的收入、更可靠的社会保障、更高水平的医疗卫生服务、更舒适的居住条件、更优美的环境、更丰富的精神文化生活概括高品质生活的基本内涵。从习近平总书记关于创造高品质生活系列论述中可以看到：第一，高品质生活是一个由若干要素组成的有机整体，既有宏观层次的

---

① 邓嵘：《设计创造高品质生活》，《艺术百家》2012年第6期。
② 姚树杰：《怎样理解"创造高品质生活"》，《当代党员》2018年第11期。
③ 石凤珍、王牡丹：《艺术融入社区：高品质生活建构中的社区文化治理实践》，《山西大同大学学报》（社会科学版）2020年第5期。
④ 徐国祥、张正、苏杰：《上海高品质生活评价指标体系研究》，《统计科学与实践》2019年第6期。

经济、政治、社会、文化和环境要素，也有微观层面的生活状态和主观感受；第二，高品质生活既有物质生活的富裕性，也有精神需求的丰富性，是量的累积向质的跃升的转变；第三，高品质生活是美好生活在更高层次的体现，是一个动态发展和开放包容的概念体系；第四，高品质生活的最终目标是提升人民群众的主观感受，包括获得感、幸福感、安全感、满意感、成就感、尊严感、归属感等主观体验，只有在物质生活、精神生活、自我发展三个层次的需求都得到满足，才能说实现了高品质生活。高品质生活的科学内涵体现了人民群众追求美好生活的系统整体性、持续提升性、多维动态性、评价主观性等特征，要通过推动高质量发展创造高品质生活，以高标准规划、高起点建设、高质量推进提高人民群众的生活品质。

党的十八大以来，以习近平同志为核心的党中央，坚定不移增进民生福祉，不断满足人民对美好生活的向往。2017 年 10 月，党的十九大首次把民生事业上升到国家治理层面，对民生工作提出新要求，提出幼有所育、学有所教、劳有所得、病有所医、老有所养、住有所居、弱有所扶。[1] 2021 年 3 月，十三届全国人大四次会议通过了《国民经济和社会发展第十四个五年规划和2035 年远景目标纲要》，提出聚焦教育、医疗、养老、抚幼、就业、文体、助残等重点领域，加强普惠性、兜底性、基础性民生建设，加快健全覆盖全民、统筹城乡、公平统一、可持续的多层次社会保障体系，持续提升人民群众的获得感和满意度。2022 年 10 月，党的二十大将增进民生福祉、提高人民生活品质作为新时代新征程上党的中心任务，从完善分配制度改革、实施就业优先战略、健全社会保障体系、推进健康中国建设四个方面明确增进民生福祉工作的发力点。[2] 实现人民对高品质生活的追求已经成为新时代民生工作的重点任务。

（三）高品质生活的测度指标

高品质生活的科学内涵具有广泛性、包容性、多样性、动态性特征。20

---

[1]　习近平：《决胜全面建成小康社会 夺取新时代中国特色社会主义伟大胜利》，《人民日报》2017 年 10 月 28 日。

[2]　褚松燕：《增进民生福祉，走好创造美好生活的社会建设之路》，《理论视野》2022 年第11 期。

世纪 50 年代末，美国学者最早从个体对生活的主观体验来测度生活质量，测量指标包括生活满意度和自我价值实现程度。20 世纪 90 年代，研究生活质量的学者开始将教育、健康、公平等社会指标纳入生活质量评价体系。2000 年，荷兰率先发布了生活质量综合评价指标体系，涵盖政治和经济发展、人口老龄化、公共领域、劳动市场、卫生健康、教育、公平、社会保障、住房、闲暇、媒体与文化等领域。经济合作与发展组织也发布"美好生活指数"（BLI），从社会福利和主观感受分析欧洲国家居民生活质量。在经合组织"美好生活指数"体系中，社会福利测量主要包括健康状况、工作生活平衡、教育与能力、社会联结、公共参与及治理、环境质量、个人安全、主观幸福感等 8 个一级指标和 15 个二级指标；物质条件部分则涵盖收入与财富、工作与报酬、住房等 3 个一级指标和 9 个二级指标。2016 年，德国政府提出涵盖生活、环境、国家三个层面，包含 12 个维度 48 项主客观指标的"品质生活评价指标体系"。在国际上，人类发展指数（HDI）、美好生活指数、社会进步指数（SPI）、快乐星球指数（HPI）等品质生活测度指标体系受到广泛关注，得到国际组织和各国研究者的高度认可。

随着创造高品质生活成为党的中心任务，国内学者也开始重视高品质生活测量指标体系构建工作，但尚未形成一致、权威的标准。上海市城市社会经济调查队从主观感受和客观数据两个维度出发，构建了包括收入、消费、教育、文娱休闲、健康、居住、生活设施、生态环境、社会保障 9 个二级指标 36 个三级指标的评价体系，客观评价生活质量，从总体感觉、收入状况、消费水平、居住条件、教育状况、健康状况、医疗条件、道路交通状况、城市生态环境、社会治安、社会保障、娱乐休闲生活等 12 个方面主观评价生活质量。2019 年，上海财经大学课题组发布了"上海高品质生活评价指标体系"，从获得感、幸福感、安全感三个目标层次，81 个具体指标测度市民的高品质生活水平。孟东方从居民感知的角度构建了高品质生活评价指标体系，包括幸福感、安全感和认同度 3 个一级指标，物质生活、身心健康、个人发展、人际关系、个人安全、社会治安、环境安全、经济发展、公共管理、文化建设、社会服务、生态环境 12 个二级指标以及 28 个三级指标。[①] 雷晓康等从公民需求的角度出发，以经济生活、政治生活、文体教育、社会生活、生态环境 5 个一级指标，18 个二级指标，49 个三级指标构建高品质生活指数，涵盖了客观现实和主观感受两个维度。[②]

高品质生活是人们体验到的高质量物质生活和高品位精神生活的现实状态，具有整体系统性、全面均衡性和动态发展性。高品质生活指标体系构建为科学衡量高品质生活提供了实践工具，有利于正确认识新时代高质量发展、高效能治理取得的成效和存在的短板，明确未来工作改进方向。但是，高品质生活的测量又具有动态性和时代性：一方面，受到国家发展规划、地区发展规划和经济社会发展进程的影响，指标体系不可能一成不变，需要跟随时代的步伐及时调整优化；另一方面，测量高品质生活质量关键在于数据的可靠性、可获得性。科学构建衡量高品质生活的关键指标，尽可能还原人民群众对于高品质生活的真实体验至关重要。

三　浦东新区创造高品质生活的蓝图

开发开放 30 多年来，浦东新区相继诞生了第一个出口加工区、第一个金融贸易区、第一个保税区、第一个自贸试验区等 50 多个"全国第一"，成为中国改革开放的"大试验田"。[③] 浦东开发开放以来，人民生活水平实现整体性跃升，2022 年全区国民生产总值超过 1.6 万亿元，城乡居民人均可支配收入达到 8.4 万元。[④] 习近平总书记提出"要把浦东新的历史方位和使命放在中华民族伟大复兴战略全局、世界百年未有之大变局这两个大局中

---

① 孟东方：《高品质生活的居民感知与创造路径——基于重庆市 39 个区县的调查分析》，《西部论坛》2021 年第 3 期。
② 雷晓康、张琇岩：《高品质生活的理论意涵、指标体系及省际测度研究》，《西安财经大学学报》2023 年第 2 期。
③ 刘坤：《浦东如何成为更高水平改革开放的开路先锋》，《光明日报》2021 年 7 月 21 日。
④ 数据来源于《2023 年浦东新区统计年鉴》和《2022 年上海市浦东新区国民经济和社会发展统计公报》。

加以谋划，放在构建以国内大循环为主体、国内国际双循环相互促进的新发展格局中予以考量和谋划"。① 2021 年 4 月，党中央、国务院发布《关于支持浦东新区高水平改革开放打造社会主义现代化建设引领区的意见》，明确提出加大基本服务设施和公共活动空间配套建设力度，统筹布局优质公共服务资源，不断提高公共服务均衡化、优质化水平，把城市建设成为人与人、人与自然和谐共生的美丽家园，持续提升居民生活品质。

（一）"十二五"期间"和谐浦东"建设（2011~2015年）

"十一五"期间，浦东新区持续加大社会事业投入力度，社会民生持续改善。据统计，"十一五"期间浦东新区以民生改善为重点的社会建设投入年均增长 18%；全区引进和建成一批教育、医疗、文化、体育等重大项目和服务性设施，城乡基本公共服务均等化水平进一步提高。至 2010 年底，浦东新区城镇和农村居民人均可支配收入分别达到 32300 元和 13900 元，高于全市平均水平。从统计数据来看，"十一五"期间全区城镇登记失业人数控制在市下达目标以内，全区社会保障基本做到"应保尽保"。"十一五"期间，浦东城区绿化覆盖率达到 35% 以上，城镇污水集中处理率达到 83%，空气质量优良率达到 93%，生态环境质量持续提升。② "十一五"时期浦东建设的成就，为"十二五"时期"和谐浦东"建设奠定了良好基础。

2011 年 1 月 14 日，浦东新区四届人大四次会议审议通过了《浦东新区国民经济和社会发展第十二个五年规划纲要》（以下简称《浦东新区"十二五"规划》），系统谋划了浦东新区"十二五"期间（2011～2015 年）国民经济社会发展目标和主要任务。长期以来，浦东社会事业建设相对滞后于经济建设，城市和生活功能相对滞后于产业和生产功能，多重"二元结构"矛盾交织，社会资源及配套设施总量不足、配置不均。针对浦东"十一五"期间社会民生事业建设的短板，《浦东新区"十二五"规划》明确提出"坚

---

① 王珍：《总书记给了更重的担子更新的任务》，《解放日报》2020 年 11 月 13 日。
② 《上海市浦东新区国民经济和社会发展第十一个五年规划纲要》。

持以人为本，努力建设共建共享和谐社会"的目标。"十二五"期间，浦东新区切实解决关系群众切身利益的难点热点问题，把改善民生作为转变经济发展方式的根本出发点和落脚点，努力促进社会公平正义和人的全面发展。"十二五"期间，浦东新区资源整合、功能拓展等联动发展效应持续显现，世博精神、世博理念、世博经验的延续和世博园区后续开发，引领带动浦东的品牌形象、服务功能和国际化程度加快提升。

"十二五"期间，浦东新区坚持绿色发展，积极倡导绿色健康的生产生活方式，促进人口、资源、环境相协调。浦东新区进一步加快城乡一体化建设步伐，着力优化城市形态和功能布局，促进经济功能与社会功能、产业功能与城市功能、生产功能与生活功能协调发展。"十二五"期间，浦东新区推进以保障和改善民生为重点的社会建设，形成城乡一体、均衡公平的基本公共服务体系，不断增强群众的幸福感和满意度，努力建设"和谐浦东"。至 2015 年底，浦东城乡基本公共服务均等化水平进一步提高，社会保障、住房保障体系更加完善，利益协调、诉求表达、矛盾调处和权益保障机制进一步健全，居民幸福感和满意度不断增强。至 2015 年底，浦东新区生态环境明显改善，人居环境质量显著提高，居民交通出行更为便捷，生活便利化程度不断提高，国际化居住和商务环境进一步优化，多元文化交流更加丰富多彩，城区文明程度、市民综合素质和国际化素养不断提高，基本建成国际化的生态宜居家园。

"十二五"时期，浦东综合配套改革取得新进展，稳步实施促进城乡统筹发展的制度措施，试点实施农村土地制度改革、村集体经济组织产权制度改革，推动教育"办学联合体"和全科医师家庭责任制改革，制定引导和激励教育、医疗人才向农村地区流动的办法等。五年中，浦东新区坚持以人为本，围绕人民群众日益增长的多样化需求，努力完善方便可及、公平均等的公共服务体系。"十二五"期间，浦东新区社会民生财政累计投入 1300 亿元，教育、卫生等基本公共服务均等化、优质化发展取得显著成绩。"十二五"期间，浦东新区基础教育新增独立法人学校 78 所（98 个校区），医疗机构新增床位 6300 张，养老机构新增床位 4945 张，每年新增就业岗位 15

万个以上，累计建设（筹措）保障性用房 1890 万平方米。① 与"十一五"时期相比，浦东新区"十二五"期间养老机构床位增加 15%，医疗机构床位增加 43%，基础教育阶段新增学校数量增加 14%。

（二）"十三五"期间"品质浦东"建设（2016~2020 年）

进入"十三五"时期，浦东新区经济社会发展面临新的挑战和要求。互联网时代全面到来，提升以绿色低碳、文化活力为核心的城市吸引力成为全球城市竞争的新趋势。经过持续努力，上海市基本建成"四个中心"和社会主义现代化国际大都市，成为具有全球影响力的科技创新中心，在更高水平上全面建成小康社会的目标也已经明确。但是，浦东的转型发展也面临土地增量空间有限、环境问题突出、人口增长过快等刚性约束。相对于经济发展来看，浦东城市"软实力"建设明显滞后，文化活力和影响力不足，公共服务配套有待完善，城乡发展不平衡、不协调问题比较突出，郊区城镇整体发展水平相对滞后。

面对这些经济社会发展中的问题，浦东新区提出继续高举改革开放旗帜，实现更大程度的民生改善，建设开放、创新、高品质的浦东。2016 年 1 月 13 日，浦东新区第五届人大第七次会议通过《浦东新区国民经济和社会发展第十三个五年规划纲要》（以下简称《浦东新区"十三五"规划》）。《浦东新区"十三五"规划》提出，浦东必须始终坚持均衡协调发展，更加统筹人口、空间、产业、公共服务的整体布局，更加注重以文化为重点的"软实力"建设，加快建设资源节约、环境友好型社会，更加注重区镇联动、城乡一体、产城融合发展，不断增强人民群众的获得感和满意度。到 2020 年，浦东新区争取基本建成开放型、多功能、现代化的新城区，全区居民人均可支配收入保持和经济同步增长，基本公共服务水平持续提高，养老基本公共服务的保障覆盖率达到 100%，文化创意产业增加值占地区生产

---

① 《浦东新区国民经济和社会发展第十三个五年规划纲要》。

总值比例超过 12%，全区森林覆盖率达到 18%，生态环境显著改善。[1] 通过贯彻"多规合一"，浦东新区统筹人口、空间、土地、产业要素布局，推动基础设施、公共服务整体优化，实现人口均衡发展、生产空间集约高效、生活空间宜居适度、生态空间山清水秀的目标，打造更具文化品质的"魅力浦东"。

"十三五"期间，浦东新区继续打造"优质均衡、开放融合、特色创新"的教育品牌，满足群众多层次的教育服务需求，加快推动浦东从教育大区向教育强区迈进。在公共卫生服务领域，浦东新区建立健全覆盖城乡的基本医疗卫生制度和现代医院管理制度，全面完善城乡一体、公平高效、方便可及的医疗卫生服务体系，加快建设健康城区。"十三五"期间，浦东新区以生态文明建设为引领，以解决突出环境问题为重点，努力打造环境优美、舒适宜居、低碳环保的现代城区。在文化服务方面，《浦东新区"十三五"规划》提出积极传承和发展中华优秀传统文化，完善公共文化服务体系，全面提升浦东新区文化活力和文化影响力，满足人民群众日益增长的精神文化需求，打造更具文化品质的"魅力浦东"。《浦东新区"十三五"规划》提出，到 2020 年浦东新区全区范围内的社区文化活动中心、村居综合文化活动室覆盖率达到 100%，使城市化地区居民步行 10 分钟、农村地区居民步行 15 分钟能够到达公共文化活动场所。[2] 浦东新区强化政府保基本、促公平的职能，扩大公共服务供给，推动全面实现基本公共服务均等化，满足群众多层次多样化的服务需求，持续提升公共服务质量。

在统筹城乡协调发展方面，浦东新区坚持以城带乡、城乡一体化发展，农村建设更加生态宜居，农民生活更加幸福美满。浦东新区紧紧围绕"有魅力的乡村环境、有尊严的乡村生活、有乡愁的乡村文化"，打造田园风景秀美、浦东特色鲜明、人文内涵丰富的美丽乡村，建设宜居、宜业、宜游的现代化新农村。到 2020 年，浦东新区争取创建 20 个左右的市级美丽乡村示

---

[1] 《浦东新区国民经济和社会发展第十三个五年规划纲要》。

[2] 《浦东新区国民经济和社会发展第十三个五年规划纲要》。

范村。① 在创新社会治理方面，浦东新区坚持系统治理、依法治理、综合治理、源头治理，努力构建党委领导、政府主导、社会协同、公众参与、法治保障的良性互动格局，营造安定有序又充满活力的社会环境，努力建设法治浦东、平安浦东。

经过 30 多年建设，浦东已经从过去以农业为主的区域变成一座功能集聚、要素齐全、设施先进的现代化新城。② "十三五" 期间，浦东新区全面实施 "四高战略"（高水平改革开放、高质量发展、高品质生活、高素质队伍），全方位推进 "五大倍增行动"（即到 "十四五" 末期，浦东经济总量要突破 2 万亿元大关，实现产业能级倍增、项目投资倍增、功能优势倍增、土地效益倍增、服务效能倍增），顺利完成《浦东新区 "十三五" 规划》确定的经济社会发展目标和任务。"十三五" 期间，浦东新区坚定不移贯彻创新、协调、绿色、开放、共享的新发展理念，基本建成社会主义现代化国际大都市核心区。五年中，浦东新区有效推动城乡互动、产城融合发展，城乡环境面貌发生根本性改变。通过开展美丽乡村建设行动，浦东新区着力推进城乡一体、协调发展，有力改善了城郊农村居住环境。遍布浦东全区的多层次公园体系基本建成，人均公园绿地面积从 1995 年的 2.85 平方米增加到 2020 年的 13 平方米，森林覆盖率达到 18.2%。

"十三五" 期间，浦东全区人民生活水平实现整体性跃升，"家门口" 服务体系覆盖全区所有居村，全面完成社会事业 "15 分钟生活圈" 三年行动计划，并加入国家基本公共服务标准化试点。五年来，浦东实施积极促进就业政策，平均每年新增就业岗位超过 10 万个。五年中，浦东基础教育资源总量快速增加，拥有全市 1/4 的独立法人基础教育阶段学校，办学质量和水平整体提升，优质资源比例明显扩大。"十三五" 期间，浦东基本建成以市级医学中心为支撑、区级医院为骨干、社区卫生服务中心为基础的整合型医疗服务体系架构，医疗卫生服务质量显著提升，居民平均预期寿命提高到

---

① 《浦东新区国民经济和社会发展第十三个五年规划纲要》。
② 王志彦：《接力！从受益者成长为奋斗者》，《解放日报》2020 年 11 月 14 日。

84.76 岁，达到世界领先水平。在养老服务方面，浦东建设"东西南北中"多点均衡布局的区级养老机构，积极发展城区"嵌入式"养老和郊区"互助式"养老，养老服务创新持续推进。在公共文化服务方面，浦东在"十三五"期间基本建成市、区、街镇、"家门口"四级公共文化服务网络体系，一大批标志性的文化和体育新地标设施正在抓紧建设。

在浦东新区开发开放 30 周年纪念大会上，习近平总书记提出"两个放在"深刻阐明了浦东发展的新方位，打造社会主义现代化建设引领区确定了浦东发展的新定位。① 浦东新区以打造社会主义现代化建设引领区为核心使命，以创新驱动高质量发展、创造高品质生活、实现高效能治理，不断增强人民群众的获得感、幸福感、安全感。② 浦东肩负建设社会主义现代化建设引领区的核心使命，需要对标中央要求、人民期盼，对标最高标准、最高水平，增强解决发展不平衡不充分问题的系统性、针对性，着力提升发展质量和效益，着力回应人民日益增长的美好生活需要，率先建成现代化城区，率先实现现代化治理，努力成为全面建设社会主义现代化国家的排头兵。

（三）"十四五"时期"人民浦东"建设（2021~2025 年）

2021 年 1 月 20 日，浦东新区六届人大八次会议通过《浦东新区国民经济和社会发展第十四个五年规划和二○三五年远景目标纲要》（以下简称《浦东新区"十四五"规划》），提出到 2025 年，浦东新区"人民城市"建设取得更大实效，发展质量、公共服务、基础设施、生态环境、治理水平、生活品质实现全方位提升。"十四五"期间，浦东新区将进一步织密社会民生服务网，构建幼有善育、学有优教、劳有厚得、病有良医、老有颐养、住有宜居、弱有众扶的"大民生"格局，加快建设美好生活新城市，

---

① "两个放在"是指习近平总书记提出的"要把浦东新的历史方位和使命放在中华民族伟大复兴战略全局、世界百年未有之大变局这两个大局中加以谋划，放在构建以国内大循环为主体、国内国际双循环相互促进的新发展格局中予以考量和谋划"。

② 李强：《沿着习近平总书记指引的道路奋勇前进 把上海浦东打造成社会主义现代化建设引领区》，《人民日报》2020 年 12 月 11 日。

使人人都能享有品质生活，人人都能切实感受城市温度。浦东新区公共文化服务更加优质高效，文化地标更加令人向往，文体旅活动精彩纷呈，使群众精神文化生活更加丰富多彩，城区更加可阅读、能漫步、有温度，人人都能拥有城市归属认同。到"十四五"时期末，浦东新区基本建成符合国际大都市郊区特点的绿色田园、美丽家园、幸福乐园，打造天更蓝、水更清、地更绿、环境更优美、人与自然更加和谐共生的美丽宜居生态城。

在推进中国式现代化的新征程上，浦东新区要发挥示范引领作用。到2035年，浦东新区基本建成具有世界影响力的社会主义现代化国际大都市核心区，现代化城区全面建成，高品质生活全面共享，城市风貌彰显时代特色，轨道交通闭环成网，生态网络蓝绿交织，公共服务更加均衡优质，群众多样化、品质化、个性化需求得到更好满足。"人人都有人生出彩机会，人人都能有序参与治理，人人都能享有品质生活，人人都能切实感受城市温暖，人人都能拥有归属认同"的美好愿景将更加彰显。[1] 未来的浦东将成为充满获得感、幸福感、安全感的最佳居住地，可以推窗见绿色、漫步进公园、四季闻花香，街区风貌更具品位，建筑可以阅读，小巷富有韵味，成为处处充满生活温度的现代化城区，成为开放创新高品质的卓越浦东。[2]

四　浦东新区创造高品质生活的建设成效

高品质生活涵盖民生事业的方方面面，件件都是人民群众最关心最直接最现实的利益问题。开发开放30多年来，浦东新区始终坚持以人民为中心，"财力有一分增长、民生有一分改善"，财政社会民生投入连续多年快于一般公共预算支出增长，教育、卫生、文化、养老等各项社会事业加快从均衡走向优质。在社会主义现代化建设引领区的新征程上，浦东新区既有经济发

---

① 刘坤：《浦东如何成为更高水平改革开放的开路先锋》，《光明日报》2021年7月21日。
② 唐玮婕：《浦东：到2025年人均GDP超4万美元》，《文汇报》2021年4月22日。

展的高质量，也有人民生活的高品质。"城市，让生活更美好"、"人民城市人民建，人民城市为人民"的理念日益变成现实的美好生活画卷。

（一）建成公平普惠、优质均衡、特色创新的高品质教育

《浦东新区"十二五"规划》提出，浦东新区确保教育财政拨款增速高于财政经常性收入增速2个百分点，五年间新建和扩建约50所小学、40所初中、10所高中，3~6岁幼儿接受一级及以上的优质幼儿园教育服务比例达到70%，在市、区两级实验性示范高中就读学生比例达到75%，外来务工人员子女义务教育免费就读比例达到100%，基本形成城乡一体、公平普惠、优质均衡的教育布局。①《浦东新区"十三五"规划》提出，浦东着力打造"优质均衡、开放融合、特色创新"的浦东教育品牌，促进基础教育优质均衡发展，加快推动教育大区向教育强区转变。《浦东新区"十四五"规划》提出打造高品质浦东教育，以"五育并举、公平优质、开放融合、活力创新"的新时代高品质教育建设上海市教育综合改革示范区。《关于支持浦东新区高水平改革开放打造社会主义现代化建设引领区的意见》提出统筹布局优质教育公共服务资源，增加高质量和国际化教育优质资源供给，不断促进教育均衡化、优质化。

"十二五"期间，浦东新区教育均等化、优质化发展取得显著成效，新增78所学校，其中新建中学9所、小学3所、幼儿园66所，基础教育机构面积新增60万平方米，基本满足了日益增长的入学需求。五年中，浦东新区教育投入逐年递增，总经费从61.4亿元增长到2015年的100.1亿元，增长了63.03%。② 与此同时，浦东新区在全市率先推出区级示范园建设工程，进一步丰富新区学前教育优质化的制度设计，新增市级示范性幼儿园2所、区级示范幼儿园4所、市一级幼儿园45所，实现了《浦东新区"十二五"规划》提出的"在一级及以上优质幼儿园就读幼儿比例达70%"的目标，

---

① 《浦东新区国民经济和社会发展第十二个五年规划纲要》。
② 《浦东新区国民经济和社会发展第十三个五年规划纲要》。

学前教育呈现公平普惠的发展态势。"十二五"期间，浦东新区通过集团办学、委托管理等多种模式，全面推进教育均衡发展，全区参与学校189所，惠及学生18.2万人。浦东还大力推进"新优质学校"创建工作，培育市、区两级"新优质学校"21所，满足市民对优质教育的需求。通过实施集团化、学区化办学模式，浦东新区在市、区两级实验性示范性高中就读的学生比例达到81%，超额完成《浦东新区"十二五"规划》提出的75%的预期目标。[①]

"十三五"期间，浦东新区创造性地探索通过集团化办学、学区化办学、委托管理、与高校合作办学、局镇合作、办学联合体、城郊结对以及百年老校集群式发展等多种办学模式拓展优质教育资源，受到人民群众的普遍欢迎。"十三五"期间，浦东新区进一步加大优质教师统筹力度，全区公办义务教育学校每所小学均有1名高级职称教师，每所初中至少有5%的高级职称教师，保证区域内校际教师职称比例、专业结构基本合理，缩小学校之间师资队伍水平差距。同时，浦东新区完善区域内校长教师流动制度，通过做好校长聘任、完善教师区内流动、开展教师区内支教与进修等途径，均衡配置区域内优质教师资源，全区义务教育优质均衡水平显著提升。

浦东新区积极探索名师队伍培养培育工作，持续扩大优质教师队伍规模。截至2020年10月，浦东新区各级各类普通学校专任教师达3.8万人，比2015年底增加14.1%；各级各类普通学校专任教师中本科及以上学历比例达到92.8%，具有研究生学历的教师占比为7.7%，比2015年底增加4.2个百分点。截至2020年10月，浦东新区区属学校有在职特级校长22名、特级教师50名、正高级教师35名，共有学科带头人405名、骨干教师2393名、优秀教师后备1500余名。职业教育"双师型"教师占专任专业教师的比例达到52.5%，位居全市前列。[②]

"十四五"以来，浦东新区坚持高起点高质量开办新园（园区），鼓励

---

① 吴燕、符佳：《"教育大区"浦东实现跨越式发展》，《浦东时报》2016年1月5日。
② 龚洁芸：《服务浦东社会经济发展30年，浦东从教育大区到教育强区》，《解放日报》2020年12月30日。

市、区示范园和市一级园开设新园区或作为支持主体开办新园，以"优"带"新"，将优质学前教育资源迅速辐射到更广泛的区域，推动浦东学前教育高质量发展。2021 年，浦东新区全区新开办学校 15 所，新开工 10 所，公办学校学区化集团化办学覆盖率达到 94.1%；新增公民办托幼一体化幼儿园 56 个、社会力量办托育机构 30 个，新增托额 3415 个；新增普惠性托育点 7 个，全区实现"一街镇一普惠"托育服务点整体布局；成功创建 5 所市一级幼儿园，5 所市示范性幼儿园。[①] 截至 2022 年末，浦东新区全区共有各类托育机构 270 家、办学点 295 个，可提供托额约 1.3 万个，其中普惠性机构 155 家、办学点 172 个，可提供托额 5895 个。[②] 浦东以紧密型学区化集团化建设为抓手，促进基础教育优质均衡发展。2023 年 2 月，浦东新区 17 个新学区挂牌成立，全区 36 个街镇实现了学区化办学全覆盖，公办学校学区化集团化办学覆盖率达到 100%。[③] 学区化集团化建设对浦东新区优质教育资源示范辐射、区域义务教育优质均衡发展，尤其是对新开办学校、农村偏远地区学校、相对薄弱学校快速提升办学水平起到了很好的推动作用。[④] 浦东新区作为上海首个教育综合改革示范区，把供给高品质教育作为教育服务国家和区域发展核心功能之一。

（二）从充分就业迈向更加充分、更高质量的就业

党的二十大报告提出"强化就业优先政策，健全就业促进机制，促进高质量充分就业"。就业是最大的民生。高质量充分就业对改善人民生活品质、提升潜在经济增长率、实现全体人民共同富裕具有重要意义。推动实现高质量充分就业，能够有效提高低收入群体的收入水平，进而缩小收入分配差距，对促进社会公平正义至关重要。只有实现高质量充分就业，才能让人

---

① 《2022 年浦东新区政府工作报告》。
② 《2023 年浦东新区政府工作报告》。
③ 第一教育：《浦东 36 个街镇实现学区全覆盖！所有义务教育阶段学校全部纳入》，《上观新闻》2023 年 2 月 26 日。
④ 龚洁芸：《浦东新区深化教育领域综合改革 紧密型学区集团建设迈上新台阶》，《解放日报》2023 年 3 月 27 日。

民群众获得感、幸福感和安全感更加充实、更有保障、更可持续，是创造高品质生活的工作基础。只有不断促进就业量的扩大和质的提升，才能更好地提高人民的生活品质。①

《浦东新区"十一五"规划》提出，浦东新区每年新增就业岗位数达到7万个，年均职业技能培训总人数达到5万人次，中高层次培训比例达到50%以上，高技能人才占技术性从业人员比重达到25%以上，公益性职业介绍机构就业推荐成功率达到30%以上，就业困难援助率达到100%。② 到2010年底，浦东新区全年新增就业岗位14.21万人，城镇登记失业人数在4.69万人以内，成功扶持创业人数达到2600人，带动就业1.5万人以上，均较好地完成了市下达指标。③《浦东新区"十二五"规划》提出，进一步加强就业公共服务，促进充分就业，到2015年浦东城镇登记失业人数每年控制在5万人以内。"十二五"期间，浦东新区实施就业优先战略，优化公共就业服务机构的服务功能和网点布局，加快建设以公共就业服务机构为主体、基层劳动保障事务所为基础、营利性职业介绍机构为补充的人力资源市场；进一步健全基层公共就业服务平台，完善实训体系，满足产业发展对技能人才的需求。④"十二五"期间，浦东新区年均新增就业岗位15万个，城镇登记失业人数每年控制在5万人以内，城镇人口登记失业数持续下降，实现了预定目标和任务。⑤

《浦东新区"十三五"规划》提出，浦东新区以促进更加充分、更高质量的就业为目标，实施就业优先战略，实现充分就业、公平就业、稳定就业、体面就业，带动居民收入增长；建立面向所有人的创业服务平台，为创业者提供低成本、便利化、全要素、开放式的发展空间；坚持劳动者自主择

① 李志明：《实现高质量充分就业意义重大》，《经济日报》2023年7月5日。
② 《市浦东新区国民经济和社会发展第十一个五年规划纲要》。
③ 《关于浦东新区2010年国民经济和社会发展计划执行情况与2011年国民经济和社会发展计划草案的报告》。
④ 《浦东新区国民经济和社会发展第十二个五年规划纲要》。
⑤ 浦东新区发改委：2011~2015年度《国民经济和社会发展计划执行情况》。

业、市场调节就业、政府促进就业和鼓励社会创业的方针。① 在新区实施的一系列项目和支持性政策中，政府优先安排创造就业岗位多、就业质量好的项目。各级地方政府实施"青年启航计划"，提升青年人职业能力和素养；继续健全就业困难群体托底安置机制，支持长期失业青年、大龄青年、残疾人等困难人员就业。2016 年，浦东新区实施优化离土农民等重点群体的就业服务，启动职业技能培训"互联网+"试点工作。2017 年，浦东新区深化区、街镇、居村三级公共就业服务网络，为有就业意愿人员制订个性化就业帮扶计划。2019 年，浦东新区相继出台了《浦东新区关于进一步做好就业创业工作的实施意见》等政策文件，初步形成了"1+4+1"的政策扶持体系。2016~2020 年，浦东新区新增就业岗位累计超过 62.5 万个。②

《浦东新区"十四五"规划》提出坚持就业优先战略和积极就业政策，稳定就业和扩大就业并重、促进就业和提升职业技能并重，构建以市场为主体、政府引导、社会参与的多元化就业服务体系，实现更加充分、更高质量的就业。《浦东新区"十四五"规划》提出多措并举稳就业扩就业，做实精细化公共就业服务体系，健全覆盖区、街镇、村居的三级公共就业服务网络，加强对各类重点人群的就业服务和就业援助，持续做好高校毕业生、退役军人、就业困难人群等就业援助工作。此外，浦东进一步加大创业扶持政策力度，鼓励创业带动就业，支持高校毕业生、农民返乡创业，带动更加充分的就业。

"十四五"以来，浦东新区促进更加充分、更高质量就业取得显著成效：2021 年，浦东新区全年新增就业岗位 15.3 万个；精准服务大学生群体就业，开展 3 轮户籍应届毕业生需求摸排，推进精准就业帮扶工作，新区户籍应届毕业生就业率达 97%；开设青年就业能力训练中心，帮助 1914 名长期失业青年实现就业，完成下达指标（1240 名）的 154%；推动校企合作培养技能人才，通过"理论模块化定制、仿真加实训"，提高员工技能水平，

---

① 《浦东新区国民经济和社会发展第十三个五年规划纲要》。
② 浦东新区发改委：2016~2020 年度《国民经济和社会发展计划执行情况》。

全年开展新型学徒制培训 2933 人，完成下达指标（2300 人）的 128%。[1] 2022 年，浦东新区全年新增就业岗位 13.55 万个，帮扶引领成功创业 2371 人，帮助 1626 名长期失业青年实现就业创业，累计完成补贴性职业培训 20.4 万人次，高校未就业毕业生实现就业比例为 91.5%，城镇失业登记人数 2.93 万人，超额完成各项指标和任务。[2]

2023 年初，浦东新区完成对 1.3 万名 2023 届浦东户籍高校毕业生的全覆盖精准摸排，对有就业服务需求的应届生提供"1+1+3"就业服务（一次政策咨询、一次职业指导、三次岗位推荐）。浦东新区从就业补贴、创业资助到落户政策再到安居保障，全力服务和支持青年人才选择浦东、扎根浦东。截至 2023 年 7 月底，浦东新区共发放应届毕业生一次性就业补贴资金 4500 余万元；为在浦东首次择业的博士后提供 10 万元资助；设立大学生创业基金，发放免息免抵押小额信用创业贷款；为在重点产业创办科技企业的博士后提供 30 万元资助。浦东新区进一步强化落户支持，将人才引进落户政策向青年人才倾斜，允许在中小微科创企业工作满半年的毕业生获得推荐资格；推荐将承担重大项目的企业纳入应届生就业重点扶持用人单位。此外，浦东新区政府做好人才安居保障服务，近两年筹措区级人才公寓 7800 余套，优先供应高校毕业生；赋予用人单位人才租房补贴自主使用额度，降低新引进青年人才住房成本。未来，浦东将全力推动实现更高质量的充分就业，以更高效的实际行动、更集成的资源整合、更紧密的协同联动，兜住兜好社会就业底线，为引领区建设做出应有的贡献。

（三）城镇居民收入增长幅度明显高于国民经济增幅

"十一五"时期是浦东经济结构转型的关键时期，综合配套改革深入推进，成功举办世博会，经济社会平稳发展。据统计，截至 2010 年底，浦东

---

[1] 上海浦东：《推动实现更加充分更高质量就业》，上海市人力资源和社会保障局网站，2022 年 2 月 16 日，http://www.mohrss.gov.cn/SYrlzyhshbzb/dongtaixinwen/dfdt/202202/t20220225_436790.html。

[2] 浦东新区发改委：2021~2022 年度《国民经济和社会发展计划执行情况》。

新区城镇和农村居民人均可支配收入分别达到 32300 元和 13900 元，均高于全市平均水平。①《浦东新区"十二五"规划》提出，城乡居民收入持续较快增长。2011 年，浦东新区城镇居民家庭人均可支配收入增长 13.9%；2012 年，浦东新区城镇与农村居民人均可支配收入分别为 40901 元和 17641 元。2013 年，浦东新区全年城乡居民可支配收入增速分别达到 10.5% 和 10.7%，继续保持高于总体经济增速、高于全市平均增速、农村居民收入增速高于城镇居民收入的目标。2014 年，浦东新区城乡居民人均可支配收入分别达 49629 元和 21814 元，增长 9.8% 和 11.7%，均超过全市平均水平。随着城乡发展一体化进程的加快，2015 年，浦东新区居民人均可支配收入增长 8.6%，农村居民人均可支配收入达到 25142 元，顺利实现农村居民收入倍增计划，新区城乡居民收入比缩小到 2.14∶1。②

"十二五"期间，浦东新区生产总值年均增长 9.8%，占全市比重较"十一五"时期末提高了 4 个百分点，人均国内生产总值超过 2 万美元。③《浦东新区"十三五"规划》提出更加注重城乡一体化发展，不断增强人民群众的获得感、满意度。《浦东新区"十三五"规划》明确提出，到 2020 年浦东新区居民人均可支配收入保持与经济同步增长。到"十三五"时期末，浦东新区地区生产总值达到 1.32 万亿元，人均国内生产总值达到 3.37 万美元，相当于中上等发达国家水平。伴随经济快速发展，浦东新区居民人均收入持续增长：2016 年，全体居民人均可支配收入为 55776 元，增长 10% 左右；2017 年，全体居民人均可支配收入为 60715 元，增长 8.9%，高于全市平均水平；2018 年，全体居民人均可支配收入达到 66179 元，增长 9.0% 左右；2019 年，全体居民人均可支配收入达到 71647 元，增长 8.2% 以上。截至 2020 年底，浦东新区全体居民人均可支配收入超过 7.4 万元，基本达到中等收入国家水平。④

---

① 《浦东新区国民经济和社会发展第十二个五年规划纲要》。
② 浦东新区发改委：2011~2015 年度《国民经济和社会发展计划执行情况》。
③ 《浦东新区国民经济和社会发展第十三个五年规划纲要》。
④ 浦东新区发改委：2016~2020 年度《国民经济和社会发展计划执行情况》。

2016 年，浦东城乡居民收入增幅达 73.8%，居民收入增长较快的行业主要集中在住宿和餐饮业、建筑业、居民服务、修理和其他服务业，呈现普遍增收的趋势。从收入来源来看，居民工资性收入达到 33150 元，增长 5.5%，占比达到 59.4%。资产升值也成为推动浦东居民收入增长的"加速器"，拉动居民财产性收入大幅上升。2016 年，居民出租房屋财产性收入上涨 14.4%。多项惠民政策成为保障居民收入增长的"压舱石"。上海市政府稳步调升最低工资标准和离退休人员的养老金、综合补助等福利待遇，统一城乡基本医保标准，提高转让承包土地经营权租金和政策性补贴，为居民收入持续稳定增长提供坚实基础。自 2016 年 4 月 1 日起，上海市提高最低工资标准和小时工资标准，其中月最低工资标准从 2020 元调整为 2190 元，提高 8.4%，小时最低工资标准从 18 元调整为 19 元。至 2020 年，全市全日制就业劳动者的月最低工资标准为 2480 元，适用于非全日制就业劳动者的小时最低工资标准为 22 元。"十三五"期间，上海城乡居民最低生活保障救助标准从每人每月 790 元提高到每人每月 880 元，增加 90 元，增长 11.4%。"十三五"期间，浦东新区居民收入实现持续稳定增长，居民收入增幅超过国民经济年增长率。[1]

《浦东新区"十四五"规划》提出，到 2025 年浦东经济总量和人均可支配收入再迈上新的台阶，人均国内生产总值达到 4 万美元以上。2021 年，浦东新区地区生产总值达到 1.54 万亿元，增长 8.3%；浦东新区城乡居民家庭人均可支配收入从 2015 年的 50726 元提高至 2021 年的 80746 元，年均增长 8.1%；人均消费支出从 2015 年的 35999 元提高至 2021 年的 49611 元，年均增长 5.5%。[2] 2022 年，浦东新区实现地区生产总值 1.6 万亿元，比上年增长 1.1%；全体居民人均可支配收入达 84089 元，比上年增长 4.1%。[3]

---

① 许素菲：《"更满意的收入"提升人民群众获得感》，《浦东时报》2017 年 10 月 13 日，第 1 版。
② 许素菲：《【非凡十年·奋进浦东】浦东实现了哪些里程碑式跨越？十年数据告诉你！》，《新民晚报》2022 年 9 月 20 日。
③ 《2022 年上海市浦东新区国民经济和社会发展统计公报》。

浦东新区居民人均可支配收入增幅持续超过国民经济增长率,人民生活迈向更高品质有了坚实保障。

(四)建成覆盖全民、城乡统筹、保障适度的高质量社会保障体系

社会保障是推进高品质生活建设取得实质性进展的重要标志,应保尽保、应助尽助、应享尽享是高品质社会保障体系建设的基本要求。"十一五"期间,浦东新区进一步完善社会保障体系,按照广覆盖、保基本、均衡化的要求,基本实现了"应保尽保"。"十二五"期间,浦东新区建立城乡统筹、梯次合理、水平适度的社会保障体系,加快完善社会保险、社会福利、住房保障等综合一体的大社会保障体系。① 结合国家有关改革工作部署和浦东实际,浦东新区在"十二五"期间推进基本社会保险制度整合,形成以城镇综合保险和新农村合作保险为核心的基本养老保险制度体系,积极稳妥推进外来务工人员、镇保企业从业人员参加本市城保,建立新型农村社会养老保险制度,实现农保最低养老金标准翻一番,确保在 2012 年拉平浦东南北农保差距。浦东新区将企业职工、城镇老年居民、农民、支援外地建设退休(退职)回沪定居人员等人群纳入社会保障,实现社会保障全覆盖。

2011 年,浦东贯彻落实四类退休人员发放"一次性补贴"及"社会救助和保障标准与物价上涨挂钩的联动机制"等保障民生新举措,惠及各类救助对象 208.77 万人次,累计发放各类救助帮困资金 6.11 亿元;提前半年实现农保"三年对接到位"的目标,参保者每月最低可领养老金 485 元;实现"新农保"制度全覆盖,农保南北养老金标准实现统一,"新农保"缴费人数 6.3 万,领取养老金人数 6.7 万。2012 年,浦东新农保月平均养老金水平提高至 601.5 元,共落实征地安置人数 6852 人,救助各类帮困对象超过 250 万人次。2013 年,浦东全区新农保养老金平均水平从上年的 601.5 元提高到 673 元,高于全市平均水平(580 元);落实征地安置 4259 人,救

---

① 《浦东新区国民经济和社会发展第十二个五年规划纲要》。

助各类困难对象 11.43 万户 12.84 万人。2014 年，浦东城乡居民养老保险制度合并实施，全区城乡居民参保人数达 14.6 万人，近 6.4 万名征地养老被纳入镇保的人员参加本市镇保门急诊统筹。2015 年，城乡居保每人每月增加 120 元，惠及 14.5 万人；征地养老人员每人每月增加 170 元，惠及 2674 人；审核批准各类救助帮困对象 147.3 万人次，发放各类救助帮困资金 6.6 亿元。① 经过"十二五"时期的建设，浦东新区应保尽保社会保障体系基本建成，社会保障水平超过全市平均水平。

"十三五"时期，浦东新区继续完善全覆盖、保基本、多层次、可持续的社会保障体系。在全市统一框架内，浦东新区实现城乡居民基本养老和医疗保险人人享有，城镇居民医疗保险和新型农村合作医疗保险制度并轨，鼓励有条件的企业给职工开办补充保险，扩大企业年金和职业年金覆盖面。在社会救助方面，浦东新区在"十三五"期间调整完善支出型贫困家庭生活救助、受灾人员救助、临时救助政策和社会救助与物价联动机制，加强和改进针对收入困难家庭的医疗救助、教育救助、住房救助、就业救助等专项救助，扩大社会救助的政策覆盖面，努力实现低保人员应保尽保。

2016 年，浦东新区全年开展各类救助帮困 196.6 万人次，发放各类救助帮困资金 8.34 亿元。2017 年，浦东新区原镇保人员整体上被纳入城镇职工基本养老和医疗保险，在川沙新镇、塘桥街道和航头镇实施社会救助分类帮扶"4+X"项目试点工作，当年 1~11 月共帮扶救困 6088 人次。2018 年，浦东新区强化"9+1"现代社会救助制度体系建设，积极开展最低生活保障、特困人员供养等社会救助工作，当年 1~11 月共审核批准各类救助帮困对象 199 万人次，发放各类救助帮困资金 9.6 亿元。2019 年，浦东新区审批核准各类救助帮困对象 190 万人次，合计发放各类救助资金 10.1 亿元。2020 年，浦东发放社会救助资金 11.19 亿元，增长 3.4%；为 31.1 万人次发放失业保险金，增长 15.7%。② 至"十三五"时期末，浦东新区基本建成

---

① 浦东新区：2011~2015 年度《国民经济和社会发展计划执行情况》。
② 浦东新区：2016~2020 年度《国民经济和社会发展计划执行情况》。

全面覆盖、城乡统筹、可持续的多层次社会保障体系。

"十四五"时期是浦东以创新驱动高质量发展、创造高品质生活、实现高效能治理的战略机遇期。浦东新区提出聚焦全国养老服务业综合改革试点地区建设，构建居家社区机构相协调、医养康养结合的养老服务体系，鼓励社会力量参与养老服务，形成"大城养老"的浦东模式。至2025年，浦东新区力争全面建成多点均衡布局的较大规模的养老机构，养老机构床位数不低于户籍老年人口数的3.1%，护理型床位占养老床位数比例达到60%以上。在社会保障方面，浦东新区按照兜底线、织密网、建机制的要求，建设完善与城市发展进程相同步、与经济发展水平相适应，覆盖全民、城乡统筹、权责清晰、保障适度、可持续的多层次社会保障体系。① 在"十四五"期间，浦东新区稳步提高各类群体社会保障水平，积极引导未就业、失业、未参保人员及残疾人、低保特殊人群参加城乡居民养老保险，努力做到应保尽保；继续扩大工伤保险覆盖面，积极探索新经济新业态从业人员职业伤害保险。浦东新区初步建成有梯度、分类别、全覆盖的社会救助制度体系，社会救助逐步从基础保障向适度普惠发展，形成具有浦东特色的现代社会福利体系。

2021年，浦东新区加快落实社区养老设施三年行动计划，确保养老设施达标，全年新增养老床位1814张，新增综合为老服务中心8家、老年人助餐点33家、老年日间服务中心3家；居家养老环境继续优化，居家环境适老化改造试点实现全区36个街镇全覆盖，在塘桥、洋泾等11个街道开展老年认知障碍友好社区建设试点；扩大家庭照护床位试点，完成555张认知障碍床位改造工作。在社会救助方面，浦东新区2021年救助32036人次，支出救助金4.33亿元；促进生存型救助向发展型救助转变，实施"家庭成长计划""新启成""心希望"三个项目，打造浦东"成长系"救助品牌。②

截至2022年末，浦东新区基础养老金标准从每人每月1200元提高到

---

① 《浦东新区国民经济和社会发展第十四个五年规划和二〇三五年远景目标纲要》。
② 《关于浦东新区2021年国民经济和社会发展计划执行情况与2022年国民经济和社会发展计划草案的报告》。

1300 元，全区共有 77.53 万人参加城乡居民基本医疗保险，长期护理保险待遇享受人数为 42387 人。截至 2022 年底，全区建有社区综合为老服务中心 72 家、老年助餐服务场所 235 个（日供餐能力 3.8 万客）、睦邻互助点 804 家、老年活动室 1537 家、养老机构 177 家（包括长者照护之家 33 家，设有床位 34715 张，其中保基本床位 24366 张）；养老服务机构护理员共有 6541 人，其中机构护理员 3499 人、居家护理员 3042 人。

2022 年，浦东新区城乡居民月最低生活保障标准从 1330 元调整为 1420 元，同步调整特困人员供养标准等社会救助标准，全年共有 15626 人享受城镇最低生活保障金，比上年减少 1445 人，发放保障金 21636.39 万元，增长 1.6%；有 1288 人享受农村最低生活保障金，比上年减少 291 人。至 2022 年末，全区合计支出社会救助资金 5.06 亿元，其中城乡低保资金（含重残无业人员）4.51 亿元。全年共发放残疾人两项补贴资金 19736.96 万元，其中享受困难残疾人生活补贴 19635 人，列支资金 9251.93 万元；享受重度残疾人护理补贴 41451 人，列支资金 10485.03 万元。[①] 截至 2023 年 10 月，"大城养老浦东样板"已初显成效。浦东新区共建成养老机构 177 家、综合为老服务中心 79 家、老年人日间照料中心 207 家（含微日托）、社区长者食堂 51 家、老年助餐点 302 个（含微助餐）、老年活动室 1511 家、社区养老睦邻点 827 家，"15 分钟养老服务圈"能级不断提升。

（五）普遍享有更高水平的医疗卫生服务

"十一五"期间，浦东新区医疗服务体系和公共卫生服务体系基本形成，满足了人民群众的基本医疗卫生服务需求，保障了区域社会经济的发展。浦东新区政府对社区卫生服务中心实施管办分离和郊区镇村一体化管理，使社区卫生服务中心"六位一体"的服务功能不断完善，社区居民对社区卫生服务的总体满意度达到 80% 以上。2010 年，浦东新区卫生事业经费为 11.36 亿元，比 2006 年增加 1.65 倍；按常住人口计算，2010 年浦东新

---

① 《2022 年上海市浦东新区国民经济和社会发展统计公报》。

区人均卫生事业经费为 225.20 元，是 2006 年的 1.79 倍；卫生事业经费占 GDP 的比重为 0.24%，比 2006 年增加 0.06 个百分点；卫生事业经费占地方财政支出的比重为 2.17%，比 2006 年增加 0.52 个百分点。"十一五"期间，浦东新区居民健康水平进一步提升。2010 年，浦东新区居民的平均期望寿命达到 82.57 岁，孕产妇死亡率为 7.28/10 万，婴儿死亡率为 2.95‰。浦东新区社会经济和卫生事业的发展，使区域内居民的健康水平明显提高，主要健康指标达到世界发达国家水平。[①]

《浦东新区"十二五"规划》提出改革医疗卫生管理体制与运行机制，缩小城乡卫生资源配置差异，满足城乡居民多层次医疗卫生服务需求，保障区域内居民享有公平、优质、方便和负担得起的基本医疗服务和基本公共卫生服务，形成"保基本、全覆盖"与"高端化、广辐射"并存的医疗服务格局，基本缓解看病难问题，居民主要健康指标达到世界先进水平。[②]《浦东新区"十二五"规划》提出，到 2015 年，浦东新区每千名常住人口医疗机构床位数和卫生技术人员数分别达到 5.0 张和 6.0 人，每千人口执业医师数达到 2.5 人、每千人口注册护士数达到 2.5 人，居民平均预期寿命保持在 82 岁以上。《浦东新区"十二五"规划》提出，到 2015 年，浦东新区每 5 万~10 万人口设置 1 家社区卫生服务中心或分中心，使每个街道或乡镇至少有 1 家社区卫生服务中心；每 1 万~2 万人口或 3~5 个居委会设置 1 个社区卫生服务站；在农村地区，通过改造村卫生室或中心卫生室，使每 1~3 个村设有一个标准化的社区卫生服务站。通过社区卫生服务网络的构建，使浦东新区居民到达最近的基本医疗服务机构的时间明显缩短，社区卫生服务的设备与设施达到上海市同类机构的先进水平。[③]

《浦东新区"十三五"规划》提出全面完善城乡一体、公平高效、方便可及的医疗卫生服务体系，提升医疗健康服务能级，加快建设健康城区。"十三五"期间，浦东加快健全布局合理、上下联动、衔接互补、资源共享

---

① 《浦东新区卫生事业发展"十二五"规划》。
② 《浦东新区国民经济和社会发展第十二个五年规划纲要》。
③ 《浦东新区卫生事业发展"十二五"规划》。

的三级医疗卫生服务体系，加快提升社区医疗卫生服务能力。至 2020 年，浦东每万人全科医师人数达到 3.5～4 人。① "十三五"期间，浦东新区公立医院服务能力再提升，公利医院、浦东医院、浦东新区人民医院、周浦医院等 4 家医院成功创建成为三级乙等综合性医院，成为全市首批区域性医疗中心建设单位，区属三级医院达 6 家；建成 9 个区域医疗联合体、6 个专病专科联盟，儿科、妇产科联合体发展不断深化。"十三五"期间，浦东新区医疗服务资源布局持续优化，共增加医疗机构床位 5545 张，初步形成由医学中心、区域医疗中心、社区卫生服务中心组成的服务网络，急救平均反应时间缩短至 12 分钟以内。浦东家庭医生"1+1+1"签约服务（"1+1+1"签约服务即居民根据自愿原则，在与家庭医生签约基础上，可再选择 1 家区级和 1 家市级医院签约）不断优化。至 2020 年底，浦东新区常住人口签约 188.00 万人，签约率达 37.36%，其中 60 岁以上签约 86.73 万人；重点人群签约 98.87 万人，签约率达 85.76%，做到有效签约、有效服务和有效控费。浦东新区推动分级诊疗体系持续优化，基本建成优质、公平、可及、便捷、综合、连续的医疗卫生服务体系。②

"十四五"期间，浦东新区要建设与经济社会发展水平相适应、与社会主义现代化建设引领区定位相匹配、以人民健康为中心的整合型、智慧化、高品质健康服务体系，实现更高效率的资源配置，开展更高标准的行业监管，建设更高水平的公共卫生体系、更高质量的医疗服务体系、更高素质的人才队伍。浦东新区提出进一步优化医疗资源的空间布局和梯度配置，建好群众身边的每一所医院。"十四五"期间，浦东新区计划新增床位 8000 张左右，高标准新建航头、曹路、祝桥、沪东四个区域医疗中心，做实以家庭医生为基础、区域医疗中心为支撑的分级诊疗格局。至 2025 年，浦东新区每千人口全科医生数达到 0.45 人左右。③ 到"十四五"时期末，浦东新区区域内三级医院增加到 20 家左右，推动浦南医院、周浦医院、浦东新区人

---

① 《浦东新区国民经济和社会发展第十三个五年规划纲要》。
② 《浦东新区卫生健康发展"十四五"规划》。
③ 《浦东新区国民经济和社会发展第十四个五年规划和二〇三五年远景目标纲要》。

民医院等区属二级、三级综合性医院的改扩建，着力加强远郊地区区域性医疗中心能力建设，重点提升急诊、胸痛、卒中、创伤、产科、儿科等服务能力，新建社区卫生服务中心床位不少于 100 张。"十四五"期间，浦东新区以服务半径和人口为依据，加强医疗资源配置，每 100 万人口配置 1 家三级综合医院，合理配置三级专科医院；每 30 万~50 万人口配置 1 家区域医疗中心；按标准配置社区卫生服务机构，确保 15 分钟慢行时间内获得医疗卫生资源，以百姓高品质生活为目标，加快建设健康浦东。①

2021 年，浦东新区市级优质卫生资源加快聚集，区域医疗中心建设有序推进，全年新增床位 1100 张，新增东方医院、市第七人民医院、浦南医院等市级区域医疗中心，全区区域医疗中心累计达到 7 家；新建急救站 3 家，实现全区街镇急救分站配置全覆盖；"1+1+1"家庭医生签约服务持续改善，常住人口签约率高于全市平均水平；建成 6 家互联网医院，医疗服务覆盖全区所有村级卫生室。② 2022 年，浦东持续推进医疗卫生服务体系建设，增强卫生服务能力。截至 2022 年底，浦东新区全区户籍人口平均期望寿命达 83.18 岁，户籍人口婴儿死亡率为 1.29‰，常住人口孕产妇死亡率为 3.33/10 万，主要健康指标已达到发达国家水平。至 2022 年末，常住人口家庭医生签约 209.32 万人，总签约率为 36.29%；60 岁以上签约 93.90 万人，签约率为 76.41%；重点人群签约 104.94 万人，签约率为 72.87%。大团、新场社区卫生服务中心入选首批上海市公立医院高质量发展试点，30 家社区卫生服务中心成功创建社区医院，47 家社区卫生服务中心全部达到"优质服务基层行"国家推荐型标准，社区卫生服务综合改革取得显著成效。③

（六）居民拥有更加舒适的居住条件

当前人民群众对住房的要求从"有没有"转向"好不好"的阶段，

① 《浦东新区卫生健康发展"十四五"规划》。
② 《关于浦东新区 2021 年国民经济和社会发展计划执行情况与 2022 年国民经济和社会发展计划草案的报告》。
③ 《2022 年上海市浦东新区国民经济和社会发展统计公报》。

"住上更好的房子"和"提升住房品质"既是住宅建设发展模式转变的必然要求,更是广大人民群众高品质居住需求的重大变革。"十五"期间,浦东新区人均住房使用面积达到23.2平方米,高于全市平均水平。"十一五"期间,浦东全面完成塘桥街道、周家渡街道、金杨新村街道、沪东新村街道等10个地块共24.3万平方米房屋的改造,稳步有序推进三林镇、花木镇、沪东新村街道等22个预备项目共130万平方米二级旧里以下房屋的旧改工作。[①]

《浦东新区"十二五"规划》提出,完善以廉租住房、公共租赁住房、动迁安置房、经济适用房为主要形式的住房保障制度,满足群众基本居住需求,保障性住房五年累计开工(筹集)面积达到2000万平方米左右,规划建设动迁安置房约1500万平方米,建设公共租赁房360万平方米,筹集和建设125万平方米的经济适用房,规划筹集和建设廉租住房15万平方米左右。[②] 此外,《浦东新区"十二五"规划》提出居民交通出行更为便捷,生活便利化程度不断提高,国际化居住和商务环境进一步完善的目标。浦东新区逐步完善以菜市场、大卖场为主,连锁超市、便利店为补充的商业必备业态网点建设,推进菜市场标准化、信息化建设,加强农资网络配送、万村千乡农村供销网络建设,提高城乡居民购物便利程度。至"十二五"时期末,浦东城区文明程度、市民综合素质和国际化素养不断提高,城市信息化和管理水平率先迈入国际先进城区行列,基本建成国际化的生态宜居家园。

2011年,浦东新区新开工保障性住房近400万平方米,全年市、区两级累计新开工各类保障性住房666万平方米。第一批经济适用房申请家庭共计3225户通过审核、公示并摇号选房,廉租住房受益家庭实现"应保尽保"。2012年,浦东全年新开工各类保障性住房463万平方米,竣工318万平方米,廉租住房新增受益家庭782户(累计受益7929户)。2013年,全

---

① 《浦东新区国民经济和社会发展第十二个五年规划纲要》。
② 《浦东新区国民经济和社会发展第十二个五年规划纲要》。

年新开工各类保障性住房超过 127 万平方米，竣工 206 万平方米。2014 年，开工建设 245 万平方米保障性住房（区级），全年竣工 174.86 万平方米。2015 年，全年区级征收安置房开工 225 万平方米，解决逾期在外过渡居民 3029 户。①

"十三五"期间，浦东新区加快公共空间优化开发，着眼于"世界一流滨水区域"建设，打造国际文化旅游休闲区，为市民提供更加舒适的生活环境。《浦东新区"十三五"规划》提出，到 2020 年，实现杨浦大桥到徐浦大桥之间的滨江公共开放空间贯通，建设步行道、骑行道，构建安全、连续、舒适、便捷的慢行网络系统。②"十三五"期间，浦东进一步加强基础设施建设，构建便捷畅达的交通网络，基本形成以公共交通为主体的集约绿色交通模式。"十三五"期间，浦东继续完善以征收安置房、共有产权房、公共租赁住房、廉租住房构成的"四位一体"分层次、多渠道、成系统的住房保障体系，重点推进大型居住社区保障性住房配套设施建设，加快推进"城中村"和旧住房改造，改善居民居住环境。到 2020 年，浦东新区争取筹措征收安置房 900 平方米，公共租赁住房（含廉租住房）90 万平方米。至"十四五"时期末，浦东将建设筹措保障性租赁住房 12.9 万套，房源主要集中在陆家嘴-世博区域、大张江片区及轨道交通站点周边等生产生活便捷、交通便利的区域，满足不同层次住房需求。③

美丽乡村是浦东建设社会主义现代化建设引领区的重要组成部分。"十三五"以来，浦东新区以深入实施乡村振兴战略为抓手，努力建设稻香蛙鸣的田园乡村，展示城乡融合发展的美好图景，打造百业兴旺、百花齐放、百村示范的美丽乡村。在农村地区，通过创建"美丽乡村示范村"，浦东新区显著改善农村人居环境，打造了田园风光秀美、人文内涵丰富、宜居宜业宜游的美丽乡村。2022 年，浦东新区区委、区政府对照"人民城市"理念和引领区建设目标，创造性地提出了以"精品城区、现代城镇、美丽乡村"

① 《关于浦东新区国民经济和社会发展计划执行情况报告》（2011~2016）。
② 《浦东新区国民经济和社会发展第十三个五年规划纲要》。
③ 《浦东新区国民经济和社会发展第十三个五年规划纲要》。

三个圈层推进现代化城区建设的战略构想，着力推动实现城乡面貌更加亮丽、基础设施布局更加完善、公共服务更加优质均衡、生态环境更加宜人、城区和乡村更加融合发展。

2016 年，上海市首次提出"15 分钟社区生活圈"理念，努力解决人民群众最为关心的"老小旧远"等"急难愁盼"问题，及时回应广大群众对高品质生活的热切期盼。"十三五"以来，浦东创造性提出以社区为单位、以居村委会为起点，在 15 分钟慢行区域范围内配置居民生活所需的基本服务设施。在标准上，"15 分钟社区生活圈"划分城市地区、城镇化地区、远郊地区，按照不同的标准配置服务体系。在城市地区，以从居委会步行 15 分钟可达为标准；在城镇化地区，以从居委会步行 15 分钟可达、村委会骑行 15 分钟可达为标准；在远郊地区，以从居村委会骑行 15 分钟可达为标准。2016 年以来，浦东先后推进两轮"15 分钟社区生活圈"建设行动计划，累计投入超 500 亿元，消除缺项 771 个，实现公共服务设施增量 1479 个。浦东全区基础保障类公共服务设施 15 分钟可及可达覆盖率从 2018 年的 36% 上升至 2022 年的 93%，基本建成城乡一体、方便可及、公平高效、均衡普惠、高质量发展的公共服务体系。[①] 据《2020 年度上海市基本公共服务资源布局与高质量发展报告》分析，浦东公共服务资源均衡度处于全市领先水平。2022 年，浦东居民对基本公共服务设施的知晓度和满意度均达到 95% 以上。

2022 年，浦东新区率先启动《浦东新区街道整体提升打造精品城区专项行动计划（2022~2025）》，明确了 12 个街道的具体目标：计划实施 390 个项目、总投资 125 亿元。截至 2023 年 3 月底，浦东新区已启动 147 个项目，完成 72 个项目。在"精品城区"建设中，浦东新区 12 个街道形成了各自的特色，例如塘桥街道打造"小而精""精而优""优而美"的现代城市治理样板社区，东明路街道整体塑造"宜居东明"。此外，浦东新区还有

---

① 《打造"人民城市"新样板，浦东全面推进"15 分钟社区生活圈"行动》，《上观新闻》2023 年 4 月 28 日。

"璀璨陆家嘴""耀华上钢""大道潍坊""美好周家渡""七彩南码头""人文沪东""美丽浦兴""品质洋泾""幸福金杨""锦绣花木"等精品项目，每个街道的精品城区建设各有特色。2023 年，对标引领区建设要求以及居民对美好生活的向往，浦东新区全面推动"15 分钟社区生活圈"提质增效行动，不断完善公共服务资源配置标准体系，有效提升公共服务水平和服务能力，为全国基本公共服务标准化建设提供了可复制、可推广的"浦东样本"。①

浦东新区多年来在服务群众上大胆探索、成效显著，但群众的基本服务供给仍存在一些问题：一是"远"，浦东区域大，很多村居享受不到"15 分钟生活圈"的便利；二是"散"，村居服务功能和资源分散在各个条线，很多居民办事往往找不到对应的点、对应的人；三是"虚"，基层居委会"有牌子无服务"，服务不落地，群众对此有较多意见。2017 年开始，浦东新区提出构建村居层面"家门口"服务体系，实现"生活小事不出村居、教育服务就在身边"，破解服务群众"最后一公里"难题。浦东新区坚持以区域化党建为引领，积极整合各类服务资源，为群众提供全方位、多层次、多样化的便利服务。② 在建设"家门口"服务体系过程中，浦东新区推动分散在 26 个区级职能部门的 147 个与群众生活紧密相关的服务项目下沉社区，打造系统集成的"一站式"服务。2017 年以来，浦东积极推进"家门口"服务体系标准化建设，发布上海首个区级标准《"家门口"服务规范》，村"家门口"服务中心统一设置"四站一室"，包括党建服务站、市民事项受理站、文化服务站、社会治理联勤联动站和村卫生室；社区"家门口"服务站统一设置接待区、服务区、议事区、活动区、办公区五大功能区域，确保基本服务功能保障到位。③ 目前，浦东新区全区已建成社区"家门口"服务中心（站）1308 个，实现城乡社区全覆盖，并

---

① 许素菲：《浦东新区通过国家基本公共服务标准化专项试点验收持续推进"15 分钟社区生活圈"建设》，《浦东时报》2023 年 6 月 16 日，第 2 版。
② 黄晓春：《从"家门口"服务改革看社区治理创新》，《社会治理》2020 年第 4 期。
③ 杨婷：《浦东社会治理创新的主要实践探索》，《社会治理》2020 年第 4 期。

不断深化细化各项服务流程，提升服务质量，以精细服务"绣"出百姓美好生活。

（七）美丽宜居生态城区建设取得显著进展

党的十八大以来，浦东新区积极践行"两山""两城"重要理念，牢牢把握生态优先、绿色发展战略，以生态环境高水平保护推动高质量发展、创造高品质生活。十多年来，浦东新区协同推进降碳、减污、扩绿，人民群众的生态满意度、绿色获得感和安全感显著提升。在推动高质量发展的过程中，必须站在人与自然和谐共生的高度谋划发展，牢固树立和践行"绿水青山就是金山银山"的理念，以生态环境高水平保护推动高质量发展、创造高品质生活，把最好的资源留给人民，把最美的生态献给人民，建设人与自然和谐共生的美丽浦东。

"十一五"期间，浦东新区城市生态环境不断优化，城区绿化覆盖率达到35%以上，城镇污水集中处理率达到83%，空气质量优良率达到93%，主要污染物排放总量完成削减目标。[①]《浦东新区"十二五"规划》提出建设资源节约型、环境友好型社会，积极倡导绿色健康的生产生活方式，促进人口、资源、环境相协调，加快建设生态文明示范城区。"十二五"期间，浦东新区每年环保投入占地区生产总值比例达到3.5%，优先发展低碳、清洁、资源使用效率高的新型产业。2015年，浦东新区建成区污水收集管网覆盖率达到98%左右，城镇污水处理率达到85%以上，空气质量优良率保持90%以上，空气质量稳定在二级水平。"十二五"期间，浦东建设"滨江滨海、两环七廊、多片多点"的绿地空间，启动滨江森林公园二期、临港滨河文化公园、外高桥和张家浜楔形绿地、川杨河生态廊道建设，完成一批居住区配套公园建设及现有绿地改造。2015年，浦东人均公共绿地面积达到21平方米，建成区绿化覆盖率达到36%，步行500米公园绿地覆盖率

---

① 《浦东新区国民经济和社会发展第十二个五年规划纲要》。

达到40%。[①]

《浦东新区"十三五"规划》提出生态环境明显改善、生产空间集约高效、生活空间宜居适度、生态空间山清水秀，营造美丽、低碳的城市生态环境，打造天蓝水清、植被葱郁、人与自然和谐的生态宜居浦东。"十三五"期间，根据生产生活形态和功能需要，构建形态多元、功能复合的城市生态开放空间，打造"一核、双环、三网、多点"生态网络结构，继续推进"滨江滨海、五道七带、多片多点"的绿地林地系统建设，推进三林、张家浜、森兰等楔形绿地建设。到2020年，浦东新区净增各类绿地1400公顷，建成区城市绿化覆盖率保持在36%，森林覆盖率达到18%。"十三五"期间，浦东进一步加强全区水系的连通连接，推进骨干河道、小流域水环境整体治理，2020年水面率达到10.56%，骨干河道整治率达到60%。"十三五"期间，浦东全面贯彻清洁空气行动计划，加强重点领域源头治理，2020年全区空气质量优良率超过80%，工业固体废物综合利用率达到96%，生活垃圾无害化处置率保持在100%。2020年，浦东空气质量持续优化，PM2.5平均浓度从2015年的50微克/米^{3}下降到30微克/米^3，人均公园绿地面积从1995年的2.85平方米增加到12.9平方米，森林覆盖率达到18.2%。[②]

《浦东新区"十四五"规划》提出实行最严格的生态保护制度，建设美丽宜居生态城，实现天更蓝、水更清、地更绿、环境更优美、人与自然更加和谐共生。"十四五"期间，浦东新区以"生态之城"建设目标为引领，推进绿地、林地、湿地融合发展，加快形成"一核、双环、三网、多点"的生态空间结构，促进生态空间系统性、均衡性和功能性持续提升，实现"开放共享、多彩可及"的绿色健康生活。至2025年，浦东行政区划内森林覆盖率争取达到19.5%，人均公园绿地面积争取达到13.5平方米。截至2022年10月，浦东新区森林覆盖率已达到18.46%，建成区绿地覆盖率达

---

① 《浦东新区国民经济和社会发展第十二个五年规划纲要》。
② 《浦东新区国民经济和社会发展第十三个五年规划纲要》。

到 40.19%，人均公共绿地面积提升至 13 平方米。

到"十四五"时期末，浦东新区力争空气质量优良率达到 85% 及以上，PM2.5 等大气常规污染物年均浓度全面稳定达到国家二级标准，部分指标优于国家一级标准，地表水达到或好于Ⅲ类水体比例稳定达到 60% 以上，受污染耕地及污染地块安全利用率均达 100%。[1] "十四五"期间，浦东新区将结合"金色中环"、乡村振兴、人居环境改善等重点工作，建成"7+X"个生态清洁小流域，远期还将建成与浦东引领区定位相适应的水生态体系，努力实现"河湖通畅、生态健康、清洁美丽、人水和谐"的美好愿景。

浦东新区积极推动"公园城市"建设，全力增加绿色空间、提升绿色品质，满足广大人民群众对绿色开放空间的需求，打造高品质生活。浦东新区根据《关于推进上海市公园城市建设的指导意见》要求和"十四五"末达到"公园200+"的目标，全力推进"公园城市"建设。2022 年，浦东新区建成 25 座口袋公园，覆盖全区 13 个街镇，全区公园总数达到了 114 座。浦东绿地建设还在不断推进——通过环城生态公园带等重点项目，每年新增 300 公顷左右绿量；环上规划环城绿带面积 31.47 公顷，目前建成 23.71 公顷，占规划总量的 76%；重点推进 16 座公园改造提升及三林环外生态绿地建设，环内推进碧云、森兰、北蔡和三林楔形绿地建设；适时启动三岔港楔形绿地建设研究。作为践行"人民城市"重要理念的举措之一，"公园城市"的建设，正越发让浦东新区呈现"开窗见绿色、漫步进公园、四季闻花香"的高品质城区特色。

（八）为市民提供更加丰富的精神文化生活

一座城市最有味道、最有魅力的就是城市文化。开发开放以来，浦东新区始终坚持完整、准确、全面贯彻新发展理念，积极践行人民城市重要理念，文体新地标不断崛起，文化产业项目持续集聚，文体活动丰富多彩，文化"质""数"齐升，建设属于人民、为了人民、造福人民的引领区，成为把最

---

[1] 《浦东新区国民经济和社会发展第十四个五年规划和二〇三五年远景目标纲要》。

好的资源留给人民的生动实践。"十一五"期间，浦东按照"一轴五个重点区域和社区文化服务网络"的建设格局，抓紧文化设施布局和大型功能性文化设施建设，以现代艺术、现代科普、现代展览为特点，集聚演艺文化、博览文化、时尚文化、创意文化、旅游休闲文化，形成沿小陆家嘴到花木的现代城市文化核心带，打造花木行政文化区、陆家嘴现代文化娱乐区、世博会展文化区、张江文化科技创意产业区、川沙旅游文化区等特色文化区。[①]

《浦东新区"十二五"规划》提出，浦东新区加快构建全面覆盖、布局均衡、功能互补、运行有序的城市公共文化服务体系，推进社区文化中心建设，建设一批居委文化活动室、文化活动广场、社区图书馆等基础性社区公共文化设施，新建现代艺术博物馆、大型综合体育文化中心、大型现代电影娱乐中心、图书馆新馆、大型书城、自然博物馆和大型主题公园等，丰富居民文化生活，提升人民群众文化活动参与率和感受度。2015年，浦东新区80%以上街镇建成上海市文明社区（镇），40%以上的小区建成市级文明小区，35%以上的村建成市级文明村。[②] 对照全国先进文化区的标准，浦东新区不断加大财政投入，按照公益性、均衡性、便利性的要求，加快建设公共文化设施，推动文化设施向居民集聚区、交通集散区、商贸旅游区集聚，加快构建覆盖全区、惠及城乡的公共文化服务体系。"十二五"期间，浦东稳步构建与公共服务中心体系相适应、与城镇体系相协调，梯度明显、互为补充、共同促进的区级、街镇和村居三级公共文化服务网络，基本实现城市化地区步行10分钟、农村地区步行15分钟即可享受文化服务。2015年，浦东每千常住人口公共文化设施面积保持在180平方米以上，文化遗产保存完好率达到95%，超过全市平均水平。[③] "十二五"期间，浦东积极推动文化及创意产业发展，重点发展数字出版、网络视频、网络游戏、动漫等以信息网络技术为依托的新兴文化产业，展会面积达到800万平方米，会展旅游业增加值占地区生产总值比重达到5%以上，文化及创意产业增加值占地区生

---

① 《上海市浦东新区国民经济和社会发展第十一个五年规划纲要》。
② 《浦东新区国民经济和社会发展第十二个五年规划纲要》。
③ 《浦东新区国民经济和社会发展第十二个五年规划纲要》。

产总值比重达到 10%。① 浦东新区不断提高城区文明程度，城市文明指数高于全市平均水平。

"十三五"期间，浦东新区提出建设更具有文化品质的"魅力浦东"，满足人民群众日益增长的精神文化需求。"十三五"期间，浦东以全国文明城区复评为抓手，形成全民参与、同创共建的良好氛围，强化了文明社区、文明镇、文明行业的先进性和示范性作用。2020 年，全区市级文明社区（街道）创建覆盖率达到 100%，全国和市级文明单位数量达到 400 家，全区市区两级文明镇比例不低于 80%、文明村比例不低于 50%。"十三五"期间，浦东加快推进基本公共文化服务标准化、均等化建设，率先建设国家公共文化服务体系示范区。2020 年，社区文化活动中心、村居文化活动室覆盖率达到 100%，城市化地区居民步行 10 分钟、农村居民步行 15 分钟能够到达公共文化活动场所。浦东围绕公共文化服务效能提升不断创新体制机制，加快与专业院校和剧团合作，推出更多受大众欢迎的公共文化产品。至2020 年底，浦东"十三五"期间开工建设的"3+3"重点文化项目中的三大区级项目——浦东美术馆、区青少年活动中心、区群艺馆，已全部建成并投入运行。2016 年 10 月，浦东新区获评第二批国家公共文化服务体系示范区。2022 年 11 月，第一、第二批国家公共文化服务体系示范区创新发展复核结果发布，浦东获评"优秀"。

浦东"十四五"规划提出以培育和践行社会主义核心价值观为根本任务，以弘扬城市精神和城市品格为价值引领，以用好用活红色文化、海派文化、江南文化资源为关键支撑，健全现代公共文化服务体系，优化文化体育设施布局，提升公共服务均衡化优质化水平，推动文体旅深度融合发展，积极培育国际化、现代化的浦东文化特色，打响文化品牌，加快建设具有世界影响力的国际文化大都市核心区，全面提升城市软实力。"十四五"期间，上海图书馆东馆、上海博物馆东馆、上海大歌剧院、浦东青少年活动中心、区群艺馆、上海浦东足球场、国际马术中心、周浦体育中心、川沙体育场等一批市

---

① 《浦东新区国民经济和社会发展第十二个五年规划纲要》。

级、区级代表性重大文体设施相继完成建设，为市民提供了更高品质的文化服务。浦东新区通过建设一批地区级文体设施、优化各分区域公共文化中心服务功能，逐步完善公共文化服务的"市—区—街镇—家门口"四级网络体系，着力打造"15分钟公共文化服务圈"，显著提升公共文化服务的可及性、便捷性和满意度。

截至2022年底，上图东馆、上海天文馆、浦东美术馆等文化地标投入运营。上图东馆面积达11.5万平方米，设有22个主题阅读服务空间，打造市民乐享其中的"书房、客厅、工作室"，融合借阅、展陈、活动和全媒体服务的无边界服务模式，传递"阅人、阅城、阅世界""读文、读艺、读科技"的阅读意境。① 比邻上图东馆、定位为"世界顶级的中国古代艺术博物馆"的上海博物馆东馆将构建海内外最完整的以中国古代艺术通史为核心的展陈体系。在黄浦江畔绽放的最美"中国扇"——上海大歌剧院已封顶，作为未来亚洲演艺中心，建成后的上海大歌剧院将成为中国第一座集演出交流、创制排演、艺术教育等于一体，兼顾歌剧艺术交流、历史展示、理论研究等功能的剧院综合体。② 重大文化体育设施项目建设事关城市高质量发展、高品质生活，是展现城市软实力的重要载体。浦东孕育出与城市相融共生的文化艺术空间，织就了触手可及的公共文化服务供给网络。浦东争创具有世界影响力的社会主义现代化国际大都市核心区、社会主义现代化建设引领区，将打造更多与目标定位相匹配的城市地标和亮丽名片，让文化体育蕴含的魅力竞相绽放，更好地彰显城市文化软实力。

浦东因改革而生，因改革而兴。开发开放30多年来，浦东始终坚持以人民为中心的发展思想，财力有一分增长，民生就有一分改善，社会民生公共财政投入连续多年快于一般公共预算支出增长，教育、卫生、文化、养老等各项社会事业加快从均衡走向优质，人民群众的获得感、幸福感、安全感不断提升。浦东新区既在改革开放、创新发展上当先锋、打头阵，又努力在

---

① 唐玮婕：《改革突破，打造自主创新发展时代标杆》，《文汇报》2022年10月16日。
② 王筱丽：《文化新地标"花"开两岸，诗意栖息地"遇见"身边》，《文汇报》2022年6月15日。

民生改善上树标杆、作示范，建设属于人民、为了人民、造福人民的社会主义现代化建设引领区。作为社会主义现代化建设引领区的浦东新区既有经济的高质量发展，也有人人享有的高品质生活。在全面建成社会主义现代化强国的新征程上，浦东新区将奋力拼搏、只争朝夕，打造具有国际大都市风范的精品城区、现代城镇、美丽乡村，使浦东成为全球投资、贸易、创业的最佳目的地，智慧、灵感、梦想的最佳实践地，充满获得感、幸福感、安全感的最佳居住地。"城市，让生活更美好"、"人民城市人民建、人民城市为人民"的理念日益变成现实，一幅高品质生活的新画卷正在浦东大地上舒展。

参考文献

习近平：《决胜全面建成小康社会 夺取新时代中国特色社会主义伟大胜利》，《人民日报》2017 年 10 月 28 日。

习近平：《在河北省阜平县考察扶贫开发工作时的讲话》，《求是》2021 年第 4 期。

《习近平谈治国理政》第一卷，外文出版社，2014。

《马克思恩格斯文集》第 9 卷，人民出版社，2009。

《邓小平文选》第二卷，人民出版社，1994。

邓嵘：《设计创造高品质生活》，《艺术百家》2012 年第 6 期。

姚树杰：《怎样理解"创造高品质生活"》，《当代党员》2018 年第 11 期。

石凤珍、王牡丹：《艺术融入社区：高品质生活建构中的社区文化治理实践》，《山西大同大学学报》（社会科学版）2020 年第 5 期。

徐国祥、张正、苏杰：《上海高品质生活评价指标体系研究》，《统计科学与实践》2019 年第 6 期。

褚松燕：《增进民生福祉，走好创造美好生活的社会建设之路》，《理论视野》2022 年第 11 期。

孟东方：《高品质生活的居民感知与创造路径——基于重庆市 39 个区县的调查分析》，《西部论坛》2021 年第 3 期。

雷晓康、张琇岩：《高品质生活的理论意涵、指标体系及省际测度研究》，《西安财经大学学报》2023 年第 2 期。

分 报 告

B.2
优质均衡：浦东新区高品质教育体系建设

孙 兰*

摘 要： 在国家对浦东新区高定位、高期待的时代新局中，浦东也迎来了由教育大区向教育强区飞跃的新目标。浦东立足"教育引领区"和"教育综改示范区"建设，不断深化教育领域综合改革，奋力打造"五育并举、公平优质、开放融合、活力创新"的新时代浦东教育品牌。浦东新区通过建好学校、办好教育、育好新人、带好队伍，不断塑造教育发展新动能、开辟学校发展新赛道、打造教师发展新领域、把握学生成才生长点。浦东高质量教育体系初步形成，教育强区建设取得重大进展，如优质教育资源供给大幅提升、托育服务体系建设不断完善、学前教育安全普惠优质发展、紧密型学区集团建设加快、义务教育优质均衡发展、高中教育优质特色发展、科创教育凸显特色等。当前浦东正处在教育领域综合改革纵深推进、教育强区建设水平进一步提高的关键期。对标更高标准和高品质目标，下一步浦东将聚焦教育资源布局、教育扩优提质、教师队伍建设重点发力。

---

* 孙兰，中共上海市浦东新区委员会党校公共管理教研部讲师，研究方向为应用心理学、公共管理。

关键词： 教育 教育综改示范区 浦东新区

教育是民生之基。新时代的教育不仅承载着家庭的希望，还承载着国家战略发展的重要任务。党的二十大报告首次把教育和科技、人才一体部署，强调教育优先发展、科技自立自强、人才引领驱动，为中国式现代化建设提供基础性、战略性的支撑。

在国家对浦东新区高定位、高期待的时代新局中，浦东也制定了由教育大区向教育强区飞跃的新目标①。作为上海市唯一的区域教育综合改革示范区，同时立足"打造社会主义现代化建设教育引领区"，浦东教育扎根上海、立足中国、放眼世界、面向未来，以更高远的历史站位、更宽广的国际视野、更深邃的战略眼光，加强党对教育事业的全面领导，全面贯彻党的教育方针，落实立德树人的根本任务，加快建设高水平、高质量的现代化教育体系，办好人民满意的教育。通过不断深化教育领域综合改革，奋力打造"五育并举、公平优质、开放融合、活力创新"的新时代浦东教育品牌。

一 浦东打造新时代高品质教育的缘起和背景

浦东的基础教育体量巨大，犹如一艘巨型"教育航母"。截至 2023 年 3 月，浦东公办中小学和幼儿园达到 652 所，有 994 个校区，占全市的 1/5。浦东基础教育学段学生数达 55 万名，在校教师达到 5.5 万人，是名副其实的教育大区。

教育是民生之基，办好人民满意的教育是时代赋予浦东教育的重大使命和重要职责。浦东对于教育的财政支出不遗余力，仅 2022 年就达到 227 亿元，占一般公共预算支出的 13.3%。多建学校、建高品质学校、办好每一所家门口的学校，打造一支优秀的教师队伍，让孩子们能够健康快乐地成

---

① 李百艳：《构建区域教育高质量发展"研究立交桥"的探索与实践——以上海市浦东新区为例》，《中国教师》2023 年第 1 期。

长，让所有的家长放心，打造宜学的环境，增强社区居民对美好教育的体验感、幸福感和获得感，是浦东打造新时代高品质教育的不懈追求。

浦东经历了从教育大区向教育强区逐渐转变的发展历程。《浦东新区国民经济和社会发展第十二个五年规划》提出，浦东新区确保教育财政拨款增速高于财政经常性收入增速2个百分点，基本形成城乡一体、公平普惠、优质均衡的教育布局。"十二五"期间，浦东新区教育均等化、优质化发展取得显著成效，新增78所学校，基础教育机构的占地面积新增60万平方米。教育投入逐年递增，总经费从61.4亿元增长到2015年的100.1亿元，增长了63.03%。与此同时，浦东新区在全市率先推出区级示范幼儿园建设工程，新增市级示范幼儿园2所、区级示范幼儿园4所、市一级幼儿园45所。"十二五"期间，浦东新区通过集团办学、委托管理等多种模式，全面推进教育均衡发展，全区参与学校189所，惠及学生18.2万人；大力推进"新优质学校"创建工作，培育市、区两级"新优质学校"21所，满足市民对优质教育的需求。通过实施集团化、学区化办学模式，浦东新区在市、区两级实验性示范性高中就读的学生比例达到81%。①

《浦东新区国民经济和社会发展第十三个五年规划》提出，浦东着力打造"优质均衡、开放融合、特色创新"的浦东教育品牌，促进基础教育优质均衡发展，加快推动教育大区向教育强区转变。"十三五"期间，浦东新区创造性地探索学区化办学、集团化办学、委托管理、与高校合作办学、局镇合作、办学联合休、城郊结对以及百年老校集群式发展等多种办学模式，有效拓展优质教育资源，受到人民群众的普遍欢迎。"十三五"期间，浦东新区进一步加大优质教师统筹力度，全区公办义务教育学校每所小学均有1名高级职称教师，每所初中至少有5%的高级职称教师，保证区域内校际教师职称比例、专业结构基本合理，缩小学校之间师资队伍水平差距。同时，浦东新区完善区域内校长教师流动制度，通过做好校长聘任、完善教师区内流动、开展教师区内支教与进修等途径，均衡配置区域内优质教师资源，全

---

① 吴燕、符佳：《"教育大区"浦东实现跨越式发展》，《浦东时报》2016年1月5日，第1版。

区义务教育优质均衡水平显著提升。

引领区建设和人民城市建设对教育事业发展提出了新的更高要求，浦东要努力办出与广大人民群众期待相契合的一流教育，让教育成为浦东引领区建设的一张闪亮名片。《浦东新区国民经济和社会发展第十四个五年规划和二〇三五年远景目标纲要》提出打造高品质浦东教育，以"五育并举、公平优质、开放融合、活力创新"的新时代高品质教育建设上海市教育综合改革示范区。《中共中央国务院关于支持浦东新区高水平改革开放打造社会主义现代化建设引领区的意见》提出，提升居民生活品质，统筹布局优质教育公共服务资源，增加高质量和国际化教育优质资源供给，不断提高教育均衡化、优质化水平。"十四五"以来，浦东新区在逐年扩大办学规模、升级硬件设施、做强做大优质教师队伍的基础上，着力推动各项改革重点工作。中小学校党组织领导的校长负责制、学校自我督导体系建设等一批制度创新举措落地实施。制定基础教育人才专项政策，推出《浦东新区关于促进教育人才发展的实施意见》。启动教育立法、"五育并举"学段化推进的浦东模式、创新人才早期培养模式、公办学校国际部扩容等试点探索。深化高校合作办学，推动优质品牌学校开办分校，推进示范学校打造特色教育，高质量办好每一所学校。创新托育服务供给模式，获评"上海市婴幼儿照护服务示范区"，全力创建"全国婴幼儿照护服务示范城市"。构建浦东教育数字化转型"1134"体系，推进智慧校园建设，促进区域教育数字化转型。

浦东新区作为上海首个教育综合改革示范区，把供给高品质教育作为教育服务国家和区域发展核心功能之一，不断加强优质教育资源供给，形成全社会协同育人合力，彰显教育的基础性、先导性、全局性作用。

二　浦东打造新时代高品质教育的目标和定位

（一）教育引领区、教育综改示范区建设

2019 年 7 月，上海市教委与浦东新区人民政府达成战略合作协议，浦

东新区成为上海首个区域教育综合改革创新示范区。依据协议，浦东新区将开展教育现代化区域创新试验，积极探索、先行先试，打造上海教育改革创新发展新标杆，为上海深化教育综合改革、加快推进教育现代化提供可复制、可推广的经验。2022年1月，《浦东新区全面深化教育领域综合改革示范区建设方案（2021~2025年）》正式发布，启动建设"十四五"上海首个教育综合改革示范区，全面深化教育综合改革，把浦东建设成为新时代中国特色社会主义教育"五育并举、公平优质、开放融合、活力创新"的生动范例。浦东将通过建设高品质的育人体系和高效能的保障体系，着力促进基础教育高质量发展，提升人民群众对教育的满意度和获得感，打造具有浦东品牌价值的创新机制和制度模式。

（二）目标和定位

浦东新区对接社会主义现代化建设引领区任务目标，形成改革合力，将《浦东新区教育发展"十四五"规划》《浦东新区全面深化教育领域综合改革示范区建设方案（2021~2025年）》确定的任务举措细化为125项任务清单，形成"一任务一方案"，逐条逐项明确时间表、路线图。建立和完善各类支持和保障机制，着力在重点领域有所突破，全面深化教育领域综合改革，全力推进教育综合改革示范区建设。

一是塑造教育发展新动能。浦东将强化教育改革驱动，进一步与上海市教委建立定期沟通协商机制，聚力改革攻坚突破。推动市级层面就示范区建设涉及的相关事权授权浦东先行先试。推进教育评价改革和"双减"工作。建立科学教育评价体系，打造浦东版中小学生学业质量绿色指标体系，以全新的"绿色标尺"推动区域基础教育优质均衡、可持续发展，撬动学校评价、教师评价、学生评价改革。按照"1年内有效减轻、3年内成效显著，人民群众教育满意度明显提升"的目标，充分发挥学校主阵地作用，推动高质量校本作业体系建设和课后服务全面升级。深化校外培训机构治理，完善综合治理体系，加强培训机构风险防范和维稳处置工作。

二是开辟学校发展新赛道。优化区域教育体系，推进各级各类教育高质量发展。到 2025 年，学区化集团化学校联盟等办学模式参与学校占比力争达到 100%。进一步强化部门合力，从规划布局入手，统筹推进学校建设，打造与社会主义现代化建设引领区相适应的校园综合体，促进各级各类教育内涵发展。

三是打造教师发展新领域。强化教师思想政治素质。按照"到 2025 年，骨干队伍比例达到 15%、'两特''正高'教师人数增长 60% 以上"的目标，加大内培外引力度，帮助青年教师尽快成长为教学骨干，扩大高级教师比例。推进浦东"优师计划""名校园长培养计划""引智计划"等实施。努力在解决教师编制缺口、"两特一正"队伍扩容和提高教师薪酬等事项上推出一批突破性政策举措。

四是把握学生成才生长点。落实立德树人根本任务，开启全面育人新格局。推进"五育并举"的学段化发展，深化"家校社"协同育人体系建设。加强对创新拔尖人才和艺体类人才的培养。着力构建数理拔尖人才培养模式，通过打造基础学科拔尖创新人才培养基地，探索匹配国家和城市发展所急需拔尖创新人才早期培养的有效路径。

三 浦东打造新时代高品质教育的举措和机制

浦东始终坚持教育优先发展。"建好学校、办好教育、育好新人、带好队伍"是打造"五育并举、公平优质、开放融合、活力创新"的高品质浦东教育的重大举措。

（一）建好学校

多建学校、建高品质学校、办好每一所家门口的学校，不断增加"15分钟生活圈"的教育资源。

1. 高标准建好学校

2022 年浦东新建了 25 所学校。结合市教委高品质示范性校园建设项目，着力推进高桥中学森兰校区、三林前滩初级中学、惠南民乐大居高级中学新建工程，建设高标准、设施可共享的校园综合体。按照"开办即优质"的标准高起点开办好学校，强化与高校科研院所合作，与上海交大签订合作办学协议，开办华东师大附属浦东临港小学、幼儿园。推动优质品牌学校开办分校，新开办川沙中学友仁分校、福山唐城外国语小学（培德校区）、建平城东小学（听惠校区）等7所学校。

2. 在临港新片区打造区域教育高质量发展样板

上海中学东校高中部已建成投入使用，浦东教发院临港分院、临港青少年活动中心、浦东职业技术学院临港校区顺利落地，形成从基础教育到职业教育、从校内教育到校外教育、从公办学校到民办学校、从办学机构到教科研机构种类齐全、体系完整的区域教育发展新格局。根据目前已批控规，临港新片区4镇规划学校140所，规划为非教育用地（含控规范围外）的公办学校5所，总计145所。目前已建成开办50所（滴水湖核心片区20所）；正在推进建设中的学校26所（滴水湖核心片区17所）；已确定列入2024年开办计划的学校2所（滴水湖核心片区1所）；另有8所学校（滴水湖核心片区5所）正在全力推进，力争按期通过综合验收后列入2025年开办计划。随着新学校的投入使用，临港主城区的入学压力将得到缓解。

3. 加快学校数字化转型

制定《浦东新区教育数字化转型工作方案》，规划了"1134"总框架及六大任务、16项举措，统筹推进智慧校园建设与应用新场景。"教智能"与"智能教"双向发力，在学生侧开展人工智能与编程教育，在教师侧开展大数据驱动的智能化精准教学，增强信息化服务教育教学的能力。

（二）办好教育

浦东的教育体系涵盖了从托幼、学前教育、基础教育、职业教育到终身教育等全年龄段的各级各类教育。浦东始终坚持优质导向、质量发展，努力办出与广大人民群众期待相契合的一流教育。

1. 提升"幼有善育"服务能级

持续推进托幼一体化，2022年全区170所公民办幼儿园开设托班256

个，占比约 60%，可提供托额 5120 个，较上年增加 1280 个。[①] 推动多元主体办托，完善机构申办、人员培训、资金补贴、监控管理、育儿指导等管理机制和服务体系，新增 10 家社会力量办托育机构，包括 1 家企业办托（中国商飞开办大飞机梦栖托育园）。增加普惠性托育服务资源供给，落实 10 个普惠性托育点建设，将设立普惠性托育点纳入街镇绩效考核，实现全区 36 个街镇普惠性托育服务资源全覆盖，指导街镇启动社区"宝宝屋"试点建设。

2. 构建优质普惠的学前教育体系

推动 15 所新开办幼儿园实现高起点办园，新增 9 所上海市示范性幼儿园、3 所上海市一级幼儿园。深化集团化建设内涵发展，新增 3 家教育集团，集团化办学覆盖 146 所公办幼儿园，占比约 70%。以创建优质园、帮扶薄弱园为抓手，不断完善支持帮扶机制，推动集团园所优质均衡发展。加强办园质量监测，以多元评价促进园所自主发展。努力创建学前教育普及普惠区，通过招生政策调控、严格制度管理等方式，提升班额和保育员配备达标率。平稳招生入园，2022 年满足 3.8 万名新生入园需求。

3. 促进义务教育优质均衡发展

浦东作为上海唯一紧密型学区化办学示范区，不断深化建设机制，首批形成 3 个紧密型学区和 9 个紧密型集团。截至 2023 年 3 月，浦东已经建成了 31 个学校集团，参与校达到了 107 所，实现了 36 个街镇学区化办学全覆盖。[②] 在学区化过程中，一个街镇当中所有的基础教育公民办的学校作为学区共同研讨，特别关注辖区内的中小幼学校，通过学术化平台进一步提升教学和教研质量。2022 年平稳有序完成 45771 名小学新生、36246 名初中新生招生入学。[③]

4. 促进普通高中教育特色多样化发展

积极支持高桥中学创建市实验性示范性高中、浦东中学创建市级特色高

---

① 浦东新区教育局。
② 浦东新区教育局。
③ 浦东新区教育局。

中，开展全市展示活动，挖掘有一定基础的学校发展特色教育项目，建设特色办学空间。深化合作办学，由新区政府与华东师范大学续签第四轮合作共建东昌中学、周浦中学、张江实验学校等学校的协议；完善与上海第二工业大学合办龚路中学的协议。规范有序做好招生工作，落实中考改革和高中扩招要求，审慎制定本区市实验性示范性高中名额分配方案，2022年全区普通高中学校实际招生17309人，比上年增加23%。①

5. 持续推进特殊教育发展

优化特殊教育设点布局，满足特殊学生就近入学需求，新增小学阶段特教班2个、初中阶段特教班2个。完善特殊教育管理制度，印发《浦东新区教育局关于规范特殊教育护理员管理的实施办法（试行）》。全面深化医教结合，加强特殊、残疾学生的健康评估和康复训练，成立送教上门工作指导小组，提升教育的科学性、针对性和有效性。

6. 推动职业教育高质量发展

积极推进新型（五年一贯制）职业院校筹建准备工作，如专业申报、师资招聘、硬件建设等。持续推进中高职贯通、中本贯通工作，航空服务学校等4所职校新增"飞行器数字化制造技术"等5个中高职贯通试点专业，振华职校新增"税收学"中本贯通试点专业，全区中高职贯通试点专业达到27个，中本贯通试点专业达10个。加强职业教育质量监控、项目建设和技能比赛等，促进职教内涵提升。

7. 推进终身教育和学习型社会建设

丰富终身教育学习资源，打造"智慧学·浦东新区社区老年教育慕课专区"，首批建设10门慕课，建设市区级"名师名课"特色主题课程资源。继续推进老年教育三类学习点建设工作，深入开展市民终身学习人文行走项目，打造"星空之境海绵公园"南汇新城人文行走路线。开展上海市学习型城区监测，助力建设学习型社会。

8. 深化民办义务教育规范工作

制定《浦东新区深化民办义务教育规范工作方案》和各民办学校风险

---

① 浦东新区教育局。

应对"一校一表",通过加强民办义务教育学校党建工作、规范公参民学校、规范要素公参学校、规范民办义务教育学校名称、调控民办义务教育阶段学校规模、规范民办学校资产财务管理等六大重点工作,完成28所民办学校规范工作。稳妥有序做好民办新金童小学终止办学托底工作和民办欣竹中学信访处置有关工作。

9. 做好教育对外开放工作

开展增加国际教育资源供给可行性研究,探索优化针对特殊急需人才子女的入学政策和机制。持续推进"基于区域特色的学校综合课程创造力研究和实践"项目,推荐优秀案例代表参加世界创造力教育峰会。持续推进中外融通的国际化课程项目等主题式课程项目和中外课程的比较与借鉴研究,培养学生国际视野。着力提升国际教育服务能力,组织开展"诗情画意"浦东新区境外学生中文风采展示活动,开展国际教育创新、全球素养等校长和教师涉外研修等。

(三)育好新人

学生和教师是教育的两个主体。浦东新区坚持以人为本,落实立德树人的根本任务。

1. 打造"五育并举"学段化推进的浦东模式

针对学生主体,坚持办学的政治方向,系好人生第一颗纽扣,落实立德树人的根本任务,坚持德智体美劳"五育并举"、促进学生健康成长的全面发展教育,培育"五育并举"的社会主义现代化建设者和接班人。启动"五育并举"实验校建设,在全市率先开设"××中国系列"浦东版思政课程,形成学段化劳动教育浦东课程范例并在全市推行。完善大数据评估指数管理平台,进一步完善学校素质教育过程性评价体系。

2. 打造"家校社"协同的育人体系

学校、家庭、社会不是孤立的,习近平总书记深刻指出办好教育,家庭、学校、政府、社会都有责任。一方面,浦东新区汇集资源,融入思想道德教育、文化知识教育和社会实践教育各个环节。在思政领域,和爱国主义教育基地共建，做好爱国主义教育。在科技领域，与科创企业、机构深入合作，比如气象馆、上海科技馆等成为科技教育基地，2022 年开发 103 项科普课程，建设 64 个"双减"实践基地。在社会实践领域，全区目前有 214 个学校社会实践基地，让孩子们能够走出校门、走进社会，在社会中学习、体检，参与社会实践活动。另一方面，浦东新区推出"五环行动"，加强对未成年人的关心关爱，通过学生关爱系统、全员导师制、家庭教育有机融合，努力构建和谐的师生关系、生生关系、亲子关系，形成浦东关心关爱学生的工作品牌。

（四）带好队伍

浦东通过深化教师队伍改革制定了教育专项人才政策，推出了《浦东新区关于促进教育人才发展的实施意见》（"教育人才十条"），完善教育人才的引进、招聘、培养、激励保障机制，打造具有引领区特征的新时代友好教师队伍。

1. 深化人事制度改革

对标引领区、教育综改示范区建设要求，完善"教育人才十条"，以教育人才的培养和引进为主线，从构建人才发展平台、推动校长梯队建设、加强高端教育人才引进、营造良好从教环境四个方面构建教育人才政策体系，并被纳入区人才政策框架体系作为首批试点政策。研究专技—管理岗位对应政策，优化干部任用口径，破解教育系统青年干部成长周期较长这一历史难题，从制度角度助力青年干部快速成长。创新"互联网+"、教育集团代招联招等招聘模式，2022 年全区公办学校录用进编教师 3080 人，储备教师教辅 967 人。[①] 率先启动 2023 年公办学校教师招聘，抢占人才赛道。

2. 做好优秀教师梯队培养

加强师德师风建设。开展分层分类教师培训，加强区内流动支教。规范

---

① 浦东新区教育局。

开展评优评先工作，加大惠师力度，营造尊师重教氛围。加强线上线下干部培训工作。选派 7 位校园长参加教育部"双名"计划、国培计划，3 位校园长、4 位后备干部参加长三角名校长、后备干部联合培养，2 位青年校长参加市教委中青年校长论坛，28 位干部参加区委党校主题班次培训。

四　浦东打造新时代高品质教育的成效与问题

总体而言，浦东高质量教育体系初步形成，浦东教育强区建设取得重大进展，一系列具有浦东品牌价值的可复制可操作创新机制和制度模式已经产生显著成效，但在教育资源结构性矛盾和对标高品质目标上还存在一些短板。

（一）浦东打造新时代高品质教育的成效

1. 供给、优质、均衡水平大幅提升

"十二五""十三五"期间 2 批 36 所公建配套学校已基本建成。"十四五"期间基础教育基本建设项目 138 个（含"十三五"结转、含临港、含改扩建）已开工 112 个，已建成开办 44 个，推进建设 68 个。2022 年教育预算经费财政拨款投入资金 227 亿元，比上年增长 20%。[1] "幼有善育"的布局体系不断完善，2022 年浦东新区被评为"上海市婴幼儿照护服务示范区"，正全力创建"全国婴幼儿照护服务示范城市"。截至 2023 年 7 月，浦东新区学区化集团化建设已实现 100%，《学区化集团化办学的浦东实践》荣获上海市基础教育教学优秀成果一等奖。浦东新区被确定为"上海市普通高中新课程新教材实施研究与实践项目区"（第二批），建平中学等 18 所学校被确定为"上海市普通高中新课程新教材实施研究与实践项目学校"。中小学生科创素养不断提升，在各类赛事中斩获丰硕奖项，荣获国际奖项 18 个、国家级奖项 46 个、市级奖项 2115 个，在第 20 届"明日科技之星"、

---

[1]　浦东新区教育局。

第 37 届市创新大赛中获奖数量居全市首位。

2. 教育人才队伍质量提升

全区"两特一正"高层次教育人才达到 247 人，其中特级校长 33 人、特级教师 87 人、正高级教师 127 人，比 2020 年的 107 人增长 130.8%，提前完成"十四五"预期目标。骨干教师 2023 年达 1800 人，占比达 13%，指标有望于 2024 年提前完成。2022 年新评 442 名学科带头人、2761 名骨干教师、518 名青年新秀、60 名领军人才后备暨学科工作坊主持人。[①] 浦东新区特殊教育学校周美琴被评为"全国教书育人楷模"。2023 年浦东教育发展研究院院长李百艳被评为"上海市教育功臣"，17 位教师获评上海市特级教师，1 位教师获评上海市"四有"好教师（教书育人楷模）提名。北蔡高级中学马淑颖入选教育部新时代"双名计划"。

3. 教育评价改革和"双减"工作效果显著

立德树人成效是检验学校工作的根本标准。浦东在学校考核、经费分配、教师招聘等领域破除唯分数、唯升学率、唯文凭等现象，在全市率先建设学校自我督导体系，印发《浦东新区学校自我督导体系项目实施方案（2021~2025 年）（试行）》，遴选第一批 20 所实验校，通过督导的专业视角优化学校内部治理机制。"双减"工作成效显著，发挥学校主阵地作用，持续提高课后服务质量，2022 年秋季学期全区义务教育阶段学生参与课后服务约 33.8 万人，占比为 97.5%，参与课后服务的教职工为 2.3 万余人。提高作业管理水平，加强对学校高质量校本作业体系设计与实施的研究指导，试点开展市高质量作业体系单元作业样例使用，在 2022 年上海市中小学单元作业设计比赛中，小学、初中英语学科获得 7 个奖项，初中英语学科特等奖团队将代表上海向教育部做项目汇报。规范校外培训行为，全区线下学科类培训机构压减到 138 家，义务教育阶段线下学科类校外培训机构压减率为 85.7%，线上学科类校外培训机构压减率为 100%，线上、线下培训机构总压减率为 86.16%。坚持校外培训机构常态化监管，依托区培训机构治理

---

① 浦东新区教育局。

工作专班，有效处置"精锐教育""小音咖"等 20 起因培训机构非正常停业引发的涉稳事件。

（二）浦东打造新时代高品质教育的问题

首先，教育资源结构性矛盾依然存在。未来学龄人口时空格局的不断变化会带来新的挑战。现在的人口变化非常快，2022 年中考可报考的人数达到 3 万人，比 2021 年增长 30%，未来 5 年中考人数将持续增加，到 2027 年中考人数将超过 4 万人，初中和高中的建设需要进一步加快速度，否则 2035 年以后会面临新的矛盾。其次，对照浦东高质量发展、高效能治理、高品质生活的发展要求，浦东教育还存在一些不足和短板，主要表现为超大教育体量中的优质资源规模质量与浦东作为排头兵和先行者的地位之间仍有差距、校际优质均衡水平与人民群众对家门口好学校的热切盼望之间仍有差距、名校长名师短缺与全社会对高水平师资队伍的期待之间仍有差距等。①

五　浦东打造新时代高品质教育的经验与启示

（一）坚持党对教育事业的全面领导

坚持党对教育事业的全面领导，健全党对教育工作全面领导的体制机制。在全市率先启动中小学校党组织领导的校长负责制。优化组织设置，在 23 所幼儿园设立独立党支部，为制度落地做好组织保障。以"1+2+4"的方式，稳步推进校（园）长、书记培训全覆盖。加强全面从严治党，保障重点工作落实，推进教育引领区和教育综改示范区建设攻坚，推动党的建设与中心工作相互促进、联动推进，形成责任闭环，确保各项工作落到实处。

---

① 李百艳：《构建区域教育高质量发展"研究立交桥"的探索与实践——以上海市浦东新区为例》，《中国教师》2023 年第 1 期。

（二）紧密型学区化的办学模式推动教育优质均衡发展

浦东超大的教育规模为紧密型学区化的办学模式奠定了基础，也有力推动了教育资源的优质均衡发展，让浦东更多的学校能够发挥力量。一是引进资源。目前浦东新区与全市大学、科研院所开展了一系列合作，复旦、华师大、上外、上师大、上海海洋大学等高校已经与浦东开展了多元合作，办学成效良好、社会认可度较高。2022年浦东新区与华师大合作在临港地区开办了浦东临港中学、临港幼儿园；与交通大学签约共建基础教育，在张江共建小学、初中，合作建设科创人才培养基地。2023年将继续加强与高校和科研院所的合作，实现上海985、211高校在浦东全覆盖办学，进一步将优质资源引到浦东，培育新的优质品牌。二是开枝散叶。不断拓展优质品牌学校的办学成果，把原来成熟的分校区拆成独立的学校，成为独立法人后培育新的品牌学校，让优质资源尽量地开枝散叶。例如把福山外国语小学拆成三个独立校区；将建平实验中学拆分为建平实验中学和建平实验张江中学、建平实验地杰中学。三是加速造血。努力提高浦东特色品牌学校彰显度，让新品牌的培育为浦东教育整体高质量发展注入新的活力和动力。

六　打造新时代高品质浦东教育的对策与建议

当前浦东正处在教育领域综合改革纵深推进、教育强区建设水平进一步提高的关键期。对标更高标准和高品质目标，下一步浦东将聚焦教育资源布局、推动教育扩优提质、教师队伍建设重点发力。

（一）主动适应学龄人口变化趋势，进一步优化教育资源配置

一是前瞻布局初高中教育资源。将土地空间资源优先保障教育所需，高标准建设和改扩建一批高中和初中，进一步挖潜、扩大学位供给。二是公办幼儿园建设由增量向提质转变，对部分难以实现高质量发展的幼儿园进行撤

并调整，逐步关停民办三级幼儿园，统筹学前资源用于托育服务。三是学段间资源调整优化。在生源增加区域提高小学、初中、高中的空间利用率，在不同学段内科学调拨，促进有限空间的合理利用。在部分生源减少、有条件的学校尝试实施小班化教学。

（二）推动基础教育扩优提质，激发学校办学活力

学前教育普及普惠安全优质发展，大力支持新建园高起点办园，有力推进示范园创建，有效建立薄弱园帮扶机制，统筹学前资源用于托育服务。义务教育加快优质均衡发展，通过优质学校开办分校，以及加大与高校、科研院所合作办学力度，高起点开办新学校。进一步推进紧密型学区集团建设、强校工程，推动偏远农村地区、薄弱学校提质增效。高中教育优质特色发展，推进高桥中学创建市实验性示范性高中，推进浦东中学、大团高级中学创建市特色普通高中，推进川沙中学友仁分校、建平中学筠溪分校、进才中学根林分校建设，持续提高优质高中占比，探索从拔尖创新人才的"精准识别""专项培育""贯通培养"等方面，构建区内优质高中与国内一流大学联合培养数理拔尖人才模式。

（三）建设高质量干部教师队伍，进一步提高师资保障水平

一是持续推动教师队伍扩容。加大编制统筹力度，争取编制突破，弥补未来编制缺口。科学配置编制资源，灵活运用"编制+储备"统筹机制，招聘计划和编制向高学段学校适当倾斜，低学段学校落实储备教师、教辅额度与待遇，在保障用工需求的同时提升编制使用效率。用好绩效激励机制，在义务教育绩效标准逐年提升的基础上，加大对高中的绩效支持力度。二是建设高素质干部教师队伍。提升整体师德水平，培养教育家精神。以"以德立身""以德立学""以德施教"三大工程，着力培育新时代浦东教育的"大先生"。加强教师培养培训，打造高素质专业化教师队伍，构建高校、教育行政部门和基础教育学校合作培养的浦东模式。

参考文献

李百艳：《构建区域教育高质量发展"研究立交桥"的探索与实践——以上海市浦东新区为例》，《中国教师》2023 年第 1 期。

吴燕、符佳：《"教育大区"浦东实现跨越式发展》，《浦东时报》2016 年 1 月 5 日，第 1 版。

B.3

高效服务：浦东新区就业促进
服务体系建设

周彦如*

摘　要：　构建高品质就业服务体系，是浦东打造宜居宜业城市治理样板的应有之义，更是推进上海人民城市建设、落实国家就业优先战略的应然要求。"十四五"以来，浦东新区在高品质就业目标的引领下，强化实施就业优先政策，使就业形势延续了总体平稳、稳中有进发展态势，实现了经济社会平稳运行。但同时，稳就业基础还有待进一步夯实，根治欠薪工作仍需深入推进，培训补贴资金监管需要强化，新形态招用工亟待规范。面向未来，浦东新区需坚持以习近平新时代中国特色社会主义思想为指导，围绕社会主义现代化建设引领区核心使命，扎实做好促进高质量充分就业工作，落实劳动法强化权益保障，完善培训资金监管机制和新形态招用工规范，不断满足人民群众对高品质就业的迫切需要。

关键词：　就业服务　公共服务　劳动关系　高品质就业

就业是民生之本，乐业才能安居。我国有9亿劳动力，解决好就业问题始终是经济社会发展的一项重大任务。党的十八大以来，以习近平同志为核心的党中央高度重视就业工作，把就业作为最大的民生工程、民心工程、根基工程，强化就业优先政策，推动就业工作取得历史性成就。新时代的十

---

* 周彦如，中共上海市浦东新区区委党校公共管理教研部助教，研究方向为城市治理、应急管理。

年，我国就业局势保持总体稳定，在 14 亿多人口的大国实现了比较充分的就业，更高质量的就业一步步成为现实。新时代十年就业工作取得的伟大成就，是以习近平同志为核心的党中央深入贯彻以人民为中心的发展理念的真实写照，谱写了更高质量和更充分就业的新篇章。

党的十八大以来，浦东新区坚持贯彻落实习近平总书记的重要指示精神，以"就业是最大的民生"为宗旨，勇于探索创新、坚持主动作为、着力齐抓共管，就业服务体系逐步完善提升，实现就业服务提质增效，促进更充分更高质量就业，破解就业"急、难、愁、盼"问题，努力交出让人民满意的就业服务答卷。进入"十四五"时期，浦东新区通过制定实施就业发展规划，完善就业服务体系，增强就业服务能力，努力打造高品质就业的社会主义现代化建设引领区。

一　浦东新区构建高品质就业服务体系的缘起背景

当前，全球经济面临复苏、波动和不确定性并存的局面，全球范围内的就业形势不容乐观。为实现更高质量的充分就业，党中央、国务院作出了实施就业优先战略的重大决策部署，上海市委、市政府出台了落实中央有关部署的具体举措，为浦东新区抓好就业工作、实现人民群众高品质就业指明了方向。

（一）高品质就业是落实国家就业优先战略的内在要求

近年来，面对错综复杂的国际形势、艰巨繁重的国内改革发展稳定任务，党中央、国务院始终坚持以人民为中心，将就业摆在经济社会发展优先位置，创新实施就业优先政策。党的十九大提出，坚持就业优先战略和积极就业政策，实现更高质量和更充分就业，提高就业质量和人民收入水平[①]。国家"十四五"规划提出，实施就业优先战略，健全有利于更充分更高质

---

① 习近平：《决胜全面建成小康社会 夺取新时代中国特色社会主义伟大胜利》，《人民日报》2017 年 10 月 28 日。

量就业的促进机制，扩大就业容量，提升就业质量，缓解结构性就业矛盾[①]。"十四五"前期，我国保持了就业局势总体稳定，但由于外部环境不确定性加剧就业风险等多重因素，"十四五"时期就业结构和就业主要矛盾也发生了深刻变化。面对这些新形势新挑战，党的二十大进一步提出，实施就业优先战略，强化就业优先政策，健全就业促进机制，促进高质量充分就业[②]。

（二）高品质就业是推进上海人民城市建设的必然要求

近年来，上海始终把扩大就业放在经济社会发展的突出位置，实施就业优先战略和积极就业政策，有效应对新冠疫情、国际形势变化等超预期因素对本市就业形势的叠加影响，就业工作保持稳中向好态势。同时，上海就业事业发展也面临一定压力，一些瓶颈和短板问题有待突破和解决。面对内外部环境的深刻变化，上海提出在"十四五"时期强化就业优先政策，实施更加积极的就业政策，实现更高质量的充分就业[③]。2022年以来，受疫情影响，上海市整体就业人数出现下降趋势，登记失业人数迅速上升，劳动力市场流动性急剧收缩，高校毕业生等重点群体就业难度明显加大，各项就业目标进度滞后于计划预期，就业形势面临风险挑战。对此，上海市出台《关于做好本市当前和今后一个时期稳就业工作的意见》，全面落实党中央、国务院决策部署，积极应对疫情影响，进一步保企业、稳就业、惠民生。

（三）高品质就业是浦东打造宜居宜业城市治理样板的题中应有之义

当前和今后一个时期，我国发展仍然处于重要战略机遇期，但面对世界

---

① 《中华人民共和国国民经济和社会发展第十四个五年规划和2035年远景目标纲要》。
② 习近平：《高举中国特色社会主义伟大旗帜 为全面建设社会主义现代化国家而团结奋斗》，《人民日报》2022年10月26日。
③ 《上海市国民经济和社会发展第十四个五年规划和二○三五年远景目标纲要》。

格局之变、发展阶段之变、发展格局之变和科技革命之变，机遇和挑战都有新的发展变化。浦东处在改革开放最前沿，对这种变化感受更早、更直接。"十四五"时期，是浦东新区深入学习贯彻习近平总书记在浦东开发开放30周年庆祝大会上的讲话精神，奋力打造社会主义现代化建设引领区的关键时期。与此同时，浦东新区稳就业面临的形势依然严峻，新冠疫情影响深远，产业变革加速，新经济新业态不断产生，产业结构和就业形势迎来考验。对此，浦东新区在"十四五"规划中提出，坚持就业优先战略和积极就业政策，稳定就业和扩大就业并重、促进就业和提升职业技能并举，构建以市场为主体、政府引导、社会参与的多元化就业服务体系①。

二 浦东新区构建高品质就业服务体系的目标定位

（一）浦东新区高品质就业目标形成的现实基础

"十四五"前期，在国家、上海市和浦东新区政府的一系列减负稳岗保就业举措下，浦东就业形势延续了总体平稳、稳中有进发展态势，为"十四五"时期实现高品质就业目标打下了坚实基础。

一是就业规模不断扩大，经济发展和促进就业良性循环。2021年，浦东新区累计新增就业岗位15.4万个，已大幅超额完成全年10万个目标任务，较2020年同期增长43.9%，为近四年最高水平（见图1）。

二是城乡登记失业人数②趋于平稳，城镇调查失业率恢复至疫情前水平。截至2021年底，浦东新区城乡登记失业人数为2.95万人，处于市下达控制数优秀标准3.16万人之内。从历年变化来看③，处于近五年的低位水平（见图2）。

---

① 《浦东新区国民经济和社会发展第十四个五年规划和二〇三五年远景目标纲要》。
② 城乡登记失业人数是指本区劳动力至就业保障服务窗口登记失业人员数量。
③ 2021年起纳入农村户籍登记失业人数指标，故历年仅分析城镇登记失业人数。

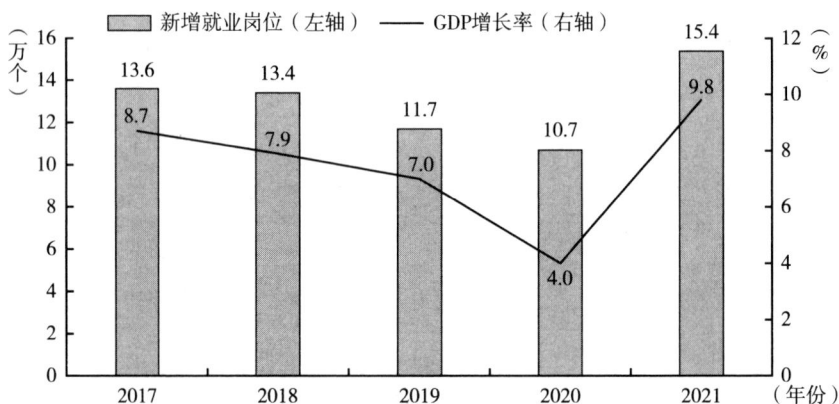

图1　2017~2021年浦东新区新增就业岗位变化及GDP增长率

资料来源：浦东新区人力资源和社会保障局。图2、图3同，不再赘述。

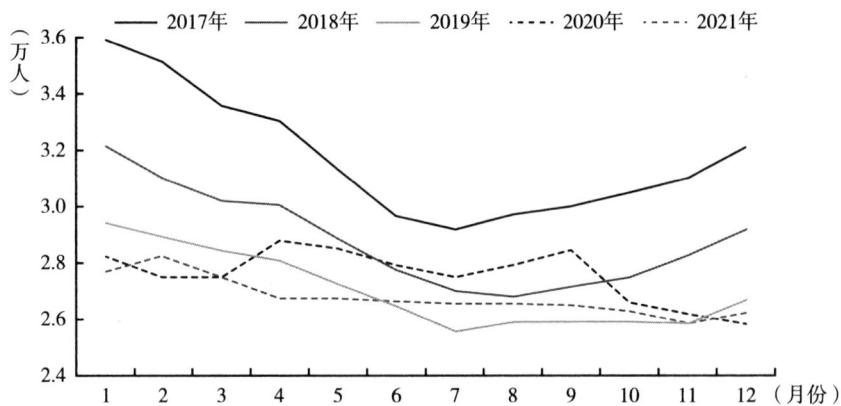

图2　2017~2021年浦东新区城镇登记失业人数变化情况

三是用工总量逐年递增。2021年，浦东新区企业用工①198.5万人，同比增加5.6万人。其中，浦东新区企业本地从业人员（本劳）88.5万人，同比增加2.3万人；外地从业人员（外劳）110.0万人，同比增加3.3万

---

① 企业用工数量为企业社保缴纳人数，不包含灵活用工人数。

人。从历年变化来看，用工总量呈现逐年递增趋势，且 2019～2021 年增量稳步攀升（见图 3）。

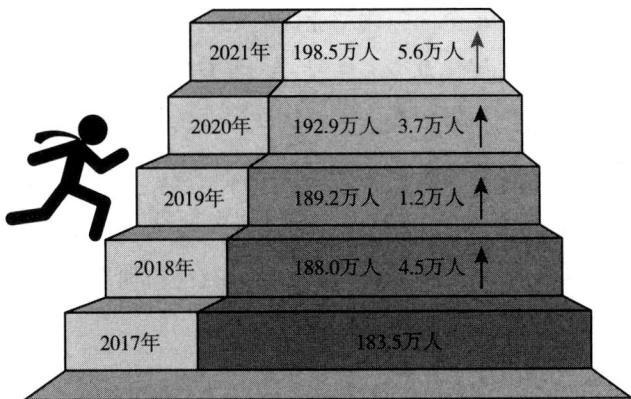

图 3　2017～2021 年浦东新区企业用工人数变化情况

（二）浦东新区高品质就业目标的具体内容

高品质的经济生活是一种分配更加公平、就业水平更有提升的生活状态①。就业水平一般包括数量、质量和结构三个观察维度。在国内外研究中，个人的就业质量一般可以采用工作的稳定性、工作待遇和工作环境、提升和发展机会、工作和生活的平衡度、意见表达和对话机制等指标进行衡量②。根据《浦东新区国民经济和社会发展第十四个五年规划和二〇三五年远景目标纲要》的整体要求，对照《上海市就业和社会保障发展"十四五"规划》的分解任务，《浦东新区就业和社会保障发展"十四五"规划》设定了包括就业创业培训和劳动关系在内的两大类共 9 项主要指标，体现了定性描述和定量要求相结合的原则。

一是促进更高质量和更充分就业。从定性的角度看，主要是深化做好

---

① 雷晓康、张琇岩：《高品质生活的理论意涵、指标体系及省际测度研究》，《西安财经大学学报》2023 年第 2 期。

② 赖德胜：《高质量就业的逻辑》，《劳动经济研究》2017 年第 6 期。

"六稳"工作、落实"六保"任务，坚持目标导向、需求导向，不断完善就业服务机制，构建市场调节就业、政府引导和托底就业、社会力量参与就业的多元化就业服务体系；全面强化就业优先政策，加强政策协同配合；推动精细化公共就业服务，聚焦重点群体就业，提升技能改善就业，鼓励创业带动就业，加强就业援助托底就业。不断拓宽就业渠道，促进新业态发展和灵活就业；加强劳动力市场监管，不断优化营商环境。从定量的角度看，主要包括城镇新增就业岗位数、本市户籍城乡登记失业人数、帮助长期失业青年就业创业人数、帮扶引领成功创业人数、职业技能培训规模等5项约束性指标，新增高技能人才数量1项预期性指标。

二是促进劳动关系和谐稳定。从定性的角度看，主要是完善劳动关系协调机制，处理好促进企业发展和维护职工权益的关系；进一步完善协调劳动关系三方机制建设，深入开展和谐劳动关系创建活动，加强信用监管，完善群体性劳动纠纷预警机制；不断提升劳动人事争议调解和仲裁工作水平，坚持调解为主、依法办案。从定量的角度看，主要包括劳动人事争议仲裁年度结案率、劳动保障监察举报投诉按期结案率2项约束性指标，和谐劳动关系达标企业数1项预期性指标（见表1）。

表1 "十四五"时期浦东新区就业发展主要指标

指标名称		"十四五"主要目标	指标属性
就业创业培训	1. 城镇新增就业岗位数	累计50万个以上	约束性
	2. 本市户籍城乡登记失业人数	控制在市政府下达的指标范围内	约束性
	3. 帮助长期失业青年就业创业人数	参照市下达指标	约束性
	4. 帮扶引领成功创业人数	累计1万人	约束性
	5. 职业技能培训规模	超过50万人	约束性
	6. 新增高技能人才数量	4万人以上	预期性
劳动关系	7. 和谐劳动关系达标企业数	保持在1200家以上	预期性
	8. 劳动人事争议仲裁年度结案率	不低于92%	约束性
	9. 劳动保障监察举报投诉按期结案率	不低于98%	约束性

资料来源：《浦东新区就业和社会保障发展"十四五"规划》。

三　浦东新区构建高品质就业服务体系的举措机制

"十四五"以来，浦东新区强化就业优先政策，促进高质量充分就业，努力构建和谐劳动关系，实现高品质就业目标。在《浦东新区就业和社会保障发展"十四五"规划》的基础上，2021年、2022年分别颁布了《浦东新区关于支持企业扩大就业的若干措施》的2.0版、3.0版政策，2023年，颁布了《关于进一步做好稳定和扩大就业工作的实施意见》，主要举措机制包括如下三个方面。

（一）提高劳动者技能

一是加强技能人才培养载体建设。在新区范围内推进符合条件的职业院校、企业建设技师学院，推荐上海飞机制造有限公司成为本市首批新型技师学院，推动行业企业与学校开展各类产教融合协同育人项目，促进技能培训和职业教育联动，推动技能人才培养。做好高技能人才培养基地服务管理工作，进一步发挥高技能人才培养基地在促进技能人才培养和助力产教融合、产业发展中的作用。联合浦东重点产业园区和企业集团，深化"产业+技能"模式，挂牌成立"技能湾"，融合创业服务、技能评价、竞赛承办、课程开发、人才服务等综合功能，辐射园区及周边企业，不断优化产业深度联动的技能人才培养模式。

二是完善技能人才保障支撑。用足用好地方教育附加专项资金。充分发挥企业培训主体作用，鼓励企业利用地方教育附加专项资金开展职工培训，配套市级新政制定区"1+1+3"政策体系。加大高师带徒、首席技师等项目推进力度，对获得市首席技师、技能大师工作室工作资助的，加大配套资助力度。加强培训资金监管。对于培训机构开展的农民工补贴培训和区级补贴培训资金，开展常规事后审计。对本辖区内培训机构开展的社会评价项目培训实行全过程智能督导监管，进一步增强个人技能提升补贴的有效性。提升技能人才服务保障水平，加大优秀技能人才表彰奖励力度。支持紧缺急需技能人才引进，加强技能人才安居保障，推进技能人才倍增计划，褒奖优秀技能人才。发布技能人才专项配套政策，大力弘扬工匠精神，激发技能人才荣誉感。

三是广泛开展职业技能比武竞赛活动。围绕引领区建设的核心使命，聚焦三大先导产业、六大重点产业以及新产业、新业态、新模式，打响竞赛品牌，扩大竞赛效应，借鉴国赛、市赛办赛标准开展浦东新区职业技能大赛，推进新区职业技能竞赛进一步向规范化、专业化的"赛展结合"方向发展。提高技能竞赛的社会参与度，加大技能竞赛奖励力度，鼓励新区各类单位和个人广泛参与技能竞赛。2021年采用"3+X"新模式依托技能湾、街镇、园区等开展技能比武"竞赛季"，2022年进一步推进高技能人才培养选拔。

（二）提升公共服务水平

一是纾困市场主体助力复工复产。及时出台区级稳就业政策，通过实施稳岗、就业、社保、机构推荐和企业新型学徒培训等一次性补贴，多渠道稳定和扩大就业。结合大走访、大排查，浦东新区主要领导带头深入一线，调研重点企业，针对性提供帮助支持，坚定企业在浦东发展的信心。开展"就·在浦东"专项行动，分片区成立工作专班，为重点企业持续提供"管家式"服务，支持稳岗稳就业。针对"招工难、求职难"两难问题，举办280场线上招聘会，参与企业达7700家。积极支持小微企业发展。疫情期间率先启动创业贷款支持企业复工复产，联合银行向小微企业发放创业贷款，减免创业孵化基地房租。发放地方教育附加企业职工职业培训补贴及受疫情影响企业职工职业培训补贴。

二是完善重点群体就业支持体系。全过程做好浦东新区户籍毕业生就业服务，与12所高校合作，开展191场线上线下招聘会，提供了15.1万个岗位。发放高校毕业生求职补贴，共涉及6936人，金额693.6万元。募集1.25万个见习岗位，为大学生及求职青年提供了更大的岗位容量、更多的就业准备机会。浦东新区基层单位公务员、国企、事业单位、社工等招聘岗位向高校毕业生倾斜。实施失业人员再就业"人人乐业"专项活动，用好街镇就业援助基地平台，摸排新退工人员、大龄低学历人员、退役军人等重点群体5.3万名，推进"1+1+3"循环式精准就业帮扶，全力推进"暖心拓岗"行动。依托"农民就业季"行动，多措并举帮助4100名农民实现非农就业。

三是推动以创业带动就业。聚焦精准创业服务，支持创业载体建设，增强创新创业活力，形成了广覆盖、多层次的创业孵化体系。累计帮扶引领成功创业5992人，其中青年大学生3412人，直接带动3万人实现就业。累计发放市、区级创业类资金补贴合计1.09亿元，受理申请组织5298家，发放创业见习补贴2099人次。新区现有创业孵化基地73个，其中国家级基地2个、市级基地10个，覆盖人工智能、工业互联网等重点产业领域，为浦东产业发展提供了源源不断的创新动力。有序推进各级创业赛事推荐选拔，助赛管家"一对一"进行集成跟踪帮扶，提升创业新秀评选等创业赛事影响力，挖掘一批具有浦东产业特色的潜力创业项目。

四是积极推进数字化转型。全力推动政务服务智能化发展，深化人社经办业务"一网通办"。加快各项补贴政策的审批、拨付流程，实时对接市社保系统和新区大数据中心，自动比对社保缴纳等相关信息，推行不见面审批，加快审批速度。推出五个"一次性"补贴政策后，将就业、培训等方面的五个单列补贴政策，有机整合成稳定和扩大就业补贴"一件事"。企业可完成一次性稳岗补贴等五项补贴政策全程网办。经办时间从45日缩短至10日，审批效率和准确率大大提高。

（三）加强劳动关系管理

一是深入推进根治欠薪工作。持续畅通农民工欠薪案件绿色通道，切实保障劳动者合法权益，稳妥处置突发性群体劳资矛盾156起，为16.11万名劳动者补发各类工资5.49亿元。扎实开展根治欠薪"冬病夏治""冬季专项"行动，在全区范围对欠薪问题实施集中专项治理，对新区2429个工程建设项目展开"地毯式"排查，对157个项目开展重点抽查。持续推进根治欠薪联合处置工作，不断完善欠薪线索查办模式，探索建立区、街镇两级条条联动、条块协同的欠薪治理新格局。进一步加大对重大、恶意劳动保障违法行为的社会公布力度。

二是完善劳动关系协同工作机制。持续完善与区政法委、法院、检察院、公安分局等部门的信息共享、协同配合，坚决筑牢预警预防、协商调解、监察仲裁、依法打击等四道防线，实现重要节点、重点任务、重大问题的齐抓共管、联动共处。完善同区政法委、公安分局、信访办、建交委等部门、各街镇的协同配合和联合处置机制。以践行"把非诉讼纠纷解决机制挺在前面"为导向，以解决各街镇现有力量不均衡、阶段性调解资源不足等问题为目标，不断完善多元化调解机制，成立了7个街镇区域联调中心分中心。

三是持续深化劳动用工监管服务。积极营造保障平等就业环境，对重点行业领域、大型企业用工高峰期等加强重点监管，集中开展人力资源行业专项整治月、"就业歧视"专项检查、"女职工权益"专项检查，督促重点用工单位规范用工，给予员工尊重和关爱，进一步营造平等良好的就业和用工环境。综合日常监管情况，聚焦重点主动出击，持续强化对职业中介、劳务派遣机构、用工密集型企业等的联合长效监管。迅速响应、成立非正常停业应急处置专班，制定应急处置预案并形成闭环，稳妥处置大型企业、教培行业等劳资矛盾。对和谐企业进行三级梯度评定，提供分级分类守信激励服务。

四是不断提升劳动仲裁效能。采取"8+4""5+2"等工作措施，争取基层、工会等多元化调解力量增援，快结案、多结案、结好案。依托浦东新区"1+7+4+36+N"的劳动争议调解体系，进一步加大仲裁引导调解力度，调动调解组织的工作积极性，加强区域街镇分中心分层化解，加强调裁衔接，探索简易程序。在张江地区探索形成的"三庭五位"模式基础上，进一步健全、完善基层调解、劳动仲裁、起诉立案、诉讼裁判、强制执行一站式全流程闭环的劳动人事争议解决机制，经区人大表决通过，形成了引领区特别管理措施，并在临港新片区、陆家嘴地区推广复制。持续加强对调解员、兼职仲裁员的业务指导和培训，通过指定审理庭一对一指导对接，建立观摩庭审、老带新组庭审理等方式，进一步提升调解员、兼职仲裁员的业务能力，增强软实力。

五是探索劳动维权"智能办"改革。在全国率先探索劳动维权"智能办"改革，实现劳动维权"网上办""智能办"。群众在线上即可申请维权，勾选案情诉求，即可由系统智能生成请求、自动计算金额、自动填写表格，大幅降低填表难度，提升申请便利度。实现案件分类"自动办""系统办"，通过对维权申请的智能分析，由系统自动引导基层调解分流至劳动监察、劳动仲裁受理处理。

四 浦东新区构建高品质就业服务体系的成效与不足

"十四五"以来，浦东新区始终把做好就业工作摆在突出位置，强化就业优先政策，推动实现高质量充分就业。按照中央、市委和市政府决策部署，浦东新区扛起稳就业保民生的政治责任，推动一系列减负稳岗保就业举措落地，保持就业形势的总体平稳，逐步迈向高品质就业目标。同时，部分工作与高品质就业目标相比还存在一定差距。

（一）取得的主要成效

截至 2023 年 6 月，浦东新区人社事业"十四五"规划关于就业工作的 9 项主要指标整体达到进度要求，总体完成情况良好（见表 2）。

一是就业目标保持时序一致。城镇新增就业岗位完成 35.89 万个，总任务完成率达 71.8%；本市户籍城乡登记失业人数控制在市政府下达的年度指标的 90% 之内；帮助长期失业青年就业创业 4687 人，超额完成了年度指标；累计帮扶引领成功创业人数为 5992 人，总任务完成率达 59.9%；职业技能培训规模为 56.3 万人，完成率达 112.6%，已提前完成整体任务；累计新增高技能人才 16873 人，总任务完成率达 42.2%。

二是劳动关系保持和谐稳定。和谐劳动关系达标企业数保持在1200家以上，均完成了年度指标；劳动人事争议仲裁年度结案率均高于92%；劳动保障监察举报投诉按期结案率均高于98%。

表2 "十四五"就业规划主要指标的中期完成情况

	指标名称	2021年	2022年	2023年6月	目标	完成比例
就业创业培训	1. 城镇新增就业岗位数（万个）	15.44	13.55	6.9	累计50万个以上	71.8%
	2. 本市户籍城乡登记失业人数（万人）	2.95	2.93		控制在市政府下达的指标范围内	每年均完成
	3. 帮助长期失业青年就业创业人数（人）	1918	1626	1143	参照市下达指标	每年均完成
	4. 帮扶引领成功创业人数（人）	2370	2328	1294	累计1万人	59.9%
	5. 职业技能培训规模（万人）	19.6	20.4	16.3	超过50万人	112.6%
	6. 新增高技能人才数量（人）	10776	5027	1070	4万人以上	42.2%
劳动关系	7. 和谐劳动关系达标企业数（家）	1241	1298		保持在1200家以上	每年均完成
	8. 劳动人事争议仲裁年度结案率（%）	92.84	92.98		不低于92%	每年均完成
	9. 劳动保障监察举报投诉按期结案率（%）	100	100		不低于98%	每年均完成

资料来源：浦东新区人力资源和社会保障局。图4同，不再赘述。

（二）存在的不足

一是稳就业基础有待进一步夯实。新增就业岗位增长势能需要保持。"十四五"以来，外部环境日趋复杂严峻，经济持续增长动力不足，市场预期和信心总体偏弱，部分重点产业增长疲软，实体经济恢复面临困难，直接影响了浦东新区的整体就业规模。2021年，浦东新区新增就业岗位数量突破15万个后，2022年新增数量减少了近2万个。浦东新区完成的总量超过了上海全市的1/4，但是要保持比全市更快的增长速度、做出更大的贡献，需要付出更多的努力。登记失业人数整体压力需要缓解。受经济下行和疫情迟滞效应影响，部分企业业务缩减、裁员增加，中年失业危机、应届生就业结构性矛盾凸显。对比近三年变化情况，浦东新区 2021 年 2 月~11 月登记失业人数逐月下降，2022 年和 2023 年上半年均呈逐月上升趋势（见图 4），2023 年上半年为 3.60 万人，已超过市下达指标，需持续做好失业人员人数控制工作。

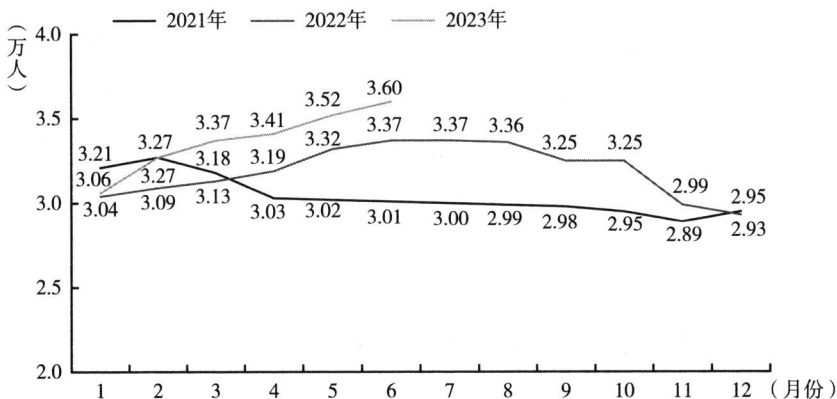

图 4　2021 年至 2023 年 6 月浦东新区城乡登记失业人数变化情况

二是根治欠薪工作仍需深入推进。根治欠薪联合处置机制仍需完善。随着国家及上海市根治拖欠农民工工资工作的不断深入，外部与各职能部门的协调联动仍需加强。区与街镇衔接合作机制仍需完善。自 2014 年起，新区已将劳动监察协管队伍下沉到各街镇，由街镇进行属地化管理。几年来，基层劳动关系板块队伍力量逐渐弱化，已难以适应、匹配国家及上海市关于根治拖欠农民工工资、通过非诉手段多元化解矛盾的工作要求。欠薪入刑查处衔接机制仍需完善。《保障农民工工资支付条例》对拖欠农民工工资欠薪入刑提出了新的工作要求，各部门需要进一步明确办案口径、细化操作流程、规范文书格式、优化衔接配合，形成根治欠薪联合惩戒工作合力。

三是培训补贴资金监管需要强化。在各类社会化培训和企业职工培训中，对培训真实性的直接审核要素较少，培训真实性判断存在的风险较大。与培训成本挂钩的政策，普遍易出现虚构培训成本、委托价格及付款方式不合理等现象。对于培训机构办学资金使用及财务管理问题未作为行业重点进行监管。此外，新形势下职业技能培训补贴资金监管机制也亟待完善。随着政府对职业技能培训的重视程度不断提高，财政补贴资金的投入力度不断加大，各类群体参与培训积极性明显增强，补贴性培训量逐年增加，培训补贴资金管理使用方面也暴露了一些问题。

四是新形态招用工亟待规范。近年来，不少企业在招录用工方面采用了线上模式。有别于传统的"面对面"招录，劳资双方都产生了一些新情况、新问题。如企业的岗位展示、薪酬待遇描述不清，劳动者个人情况存在差异，等等，给入职及入职后的一系列用工管理带来了矛盾隐患，给大体量的用工单位带来的矛盾隐患更为突出。部分单位在线上招聘时甚至出现了与《就业促进法》相悖的情况。

五 浦东新区构建高品质就业服务体系的经验启示

"十四五"以来，浦东新区高品质就业服务体系建设取得了显著成绩，充分体现了浦东"挑大梁、作贡献"的担当作为，实现了"十四五"良好开局。从浦东新区构建高品质就业服务体系的过程，可以得出如下几点启示。

（一）高品质就业离不开高质量发展

习近平总书记指出，"就业是民生之本，解决就业问题根本要靠发展"[①]。党中央、国务院始终把稳定和扩大就业作为经济社会发展的重要目标，逐步探索出经济发展与促进就业良性互动的有效路径。"十三五"期间，我国经济仍保持中高速增长。浦东新区就业形势总体平稳，就业规模不断扩大，经济发展和促进就业形成良性互动，经济增长带动就业成效显著。但随着经济下行压力的增大，浦东新区就业形势也更加严峻。这就要求，必须加强经济政策和就业政策协调，创新调控方法，实行有利于促进就业的财

---

① 习近平：《在天津考察时的讲话》，《人民日报》2013年5月16日。

税、金融、产业、贸易等宏观政策，使经济持续健康发展的过程成为就业持续扩大的过程，使经济结构调整的过程成为对就业拉动能力不断提高的过程。

（二）高品质就业离不开共建共治共享

建设中国特色社会主义伟大实践，必须充分发挥人民群众首创精神。为促进高质量充分就业，浦东新区充分调动群众创业就业的积极性、主动性和创造性，开展劳动者技能提升行动，创新技能人才培养载体建设，充分发挥企业培训主体作用，鼓励企业利用地方教育附加专项资金开展职工培训，广泛开展岗前培训和岗位技能培训，提升劳动力技能水平；以创业带动就业、创新促进发展为目标，强化创业政策扶持，推进创业带动就业。新形势下促进高品质就业，要全面贯彻劳动者自主就业、市场调节就业、政府促进就业和鼓励创业的方针，充分发挥群众就业创业的内在动力。

（三）高品质就业离不开政府兜底功能严格落实

习近平总书记在福建考察时强调，"要着力提高人民生活品质，拓展居民收入增长的渠道，统筹做好高校毕业生、农民工、退役军人等重点群体就业"①。浦东新区不断完善重点群体就业支持体系，组织开展"春风行动""就业援助月""民营企业招聘周""退役军人推介专场活动"等就业专项行动，实施失业人员再就业"人人乐业"专项活动，全过程做好浦东新区户籍毕业生就业服务，集中为返乡返岗农民工等重点对象、用人单位提供就业服务。这些举措确保了浦东就业形势的基本稳定，守住了高品质就业的底线。

（四）高品质就业离不开坚强有力的组织领导

集中力量办大事，彰显中国之治显著优势。2020年以来，浦东新区按照中央、市委和市政府决策部署，坚决扛起稳就业保民生的政治责任，压实

---

① 习近平：《奋力谱写全面建设社会主义现代化国家福建篇章》，《人民日报》2021年3月27日。

各方责任，形成工作合力。区委、区政府主要领导多次考察、调研就业工作并作出批示。充分发挥浦东新区就业工作领导小组、农民工欠薪领导小组作用，统筹领导和推进稳就业工作。各相关部门分工负责、共同参与，各街道乡镇切实承担起稳就业工作的属地责任，全力推动各项稳就业考核指标按时完成，在全市的稳就业工作考核中被列为优秀等级。正是得益于各级党委、政府充分抓好就业工作，高品质就业才有了坚强的组织保障。

六　浦东新区构建高品质就业服务体系的对策建议

就业是最基本的民生，是社会稳定的重要保障。未来，浦东应坚持以习近平新时代中国特色社会主义思想为指导，承担好社会主义现代化建设引领区核心使命，以实施就业优先战略为引领，持续完善高品质就业服务体系。

（一）扎实做好促进高质量充分就业工作

一是推动经济发展，增加就业容量。以实现高品质就业为目标，以大力实施就业优先政策为抓手，着眼中长期多措并举拓宽就业渠道。协同推进经济转型升级和就业民生改善，升级产业增加就业容量，发展产业带动就业。持续推进各项援企纾困政策落实落地，深入实施"拓岗增量"等攻坚行动，持续支持企业稳定和扩大就业。面向浦东新区重点群体和企业职工等广泛开展大规模职业技能培训，持续推进区级职业技能比武竞赛品牌建设，鼓励广泛开展企业新型学徒制培训。围绕重点产业、重点领域的技能人才需求，推进高技能人才培养基地、行业协会、职业培训机构开展高技能人才培养工作，鼓励开展高级工及以上项目评价。

二是健全支持体系，稳住重点群体。开展离校未就业毕业生就业攻坚行动。结合新区产业需求，深入对接开发区资源，不断挖掘适合应届毕业生的就业岗位。建立大学生精准就业预约机制，开展联合培养，扩大就业见习规模，提高就业匹配效率。强化困难群体就业援助。做好对新区户籍的困难群体和退役军人等优抚群体的就业援助，落实就业困难人员各类补贴政策，加大帮扶力度，加密招聘活动，帮助实现市场化就业。支持创业和灵活就业。统筹区域资源，推动与校区、园区的贯通。不断优化创业环境，催生吸纳就业的新市场主体。改进平台经济用工监管与服务，鼓励和促进各类群体通过灵活就业方式实现多渠道就业创业。

三是健全服务体系，促进有效对接。持续开展"就·在浦东"服务企业用工行动，强化企业用工服务专员制度，送政策、送服务上门，鼓励企业稳岗扩岗。结合"春风行动"等活动，持续开展东西部劳务协作。切实保护务工人员合法权益，引导职工工资合理增长。鼓励浦东新区人力资源服务机构提供规范有序的求职招聘等专业化服务。进一步完善公共就业服务体系的建设，重点强化对开发区、企业端的就业服务水平提升。推进建设"15分钟就业服务圈"，完善社区就业服务网点布局。积极推进"数字人社"演进，打造更高效的标准化、智能化、便民化、市场化的公共就业服务模式。合理配备专业服务和管理人员工作力量，不断增强社区基层就业队伍的服务能力和水平。完善就业形势研判处置体系。

（二）落实劳动法律强化权益保障

一是继续推进根治拖欠农民工工资工作。进一步健全浦东新区保障农民工工资支付工作联动机制，完善领导小组办公室会议的议事规则，会同各成员单位进一步明确、细化职责分工，形成任务清单。健全联合约谈、联合督导、联合查处、联合惩戒联动机制，形成制度性文件，进一步提升新区根治欠薪专项整治、联合整治能力。

二是进一步整合提升基层协调管理职能。在督促指导各街镇按时按要求完成整合工作的基础上，持续做好对各街镇劳动关系协调员队伍的日常指导、服务工作。建立完善市、区两级分级分层培训机制，积极搭建常态化、制度化的交流沟通平台，明确责任到人，支撑街镇全面提升社会治理效能。开展各街镇保障农民工工资支付工作的定期评估，以区领导小组办公室的名义定期通报工作数据、典型案例和经验做法，助推各街镇不断提升保障农民工工资支付工作效能。

三是强化欠薪犯罪案件查处衔接工作。充分发挥区人社局、法院、检察院、公安分局等部门协同配合作用，形成区层面的协调工作办法，对欠薪犯罪行为产生进一步的有效威慑。进一步明确和完善查处、认定标准，依法精准打击浦东新区行政区域内单位或个人的恶意欠薪行为；进一步明确案件移送规则，将人民法院纳入协同协作范畴，形成工作合力、完善工作闭环；进一步完善协同配合机制，建立提前介入调查机制、联络员机制、联席会议机制、联合宣传机制等，对拒不支付劳动报酬行为予以严厉打击。

（三）完善培训资金监管机制和新形态招用工规范

一是做实就业培训资金监管。进一步完善要情报告、违法移送等处置机制，拓展就业资金监管覆盖面，持续开展就业培训资金专项整治。

二是完善新形势下职业技能培训补贴资金监管机制。查找解决职业技能培训和补贴资金监管工作中存在的问题和隐患，形成创新性的制度机制。建立完善政策制定落实、培训过程管理、资金管理使用和政策绩效评估等环节的全链条监管模式，探索培训补贴资金监管的新路径，发挥培训服务就业，为经济社会发展提供人才支撑和技能保障的作用。

三是完善新形态招用工规范。为了积极应对新形态招用工带来的一系列问题，通过对辖区内新形态用工情况进行梳理、汇总，对处置相关矛盾的程序、法律及证据依据进一步规范，探索规范劳资双方在新形态用工中的各项行为，有效避免后续矛盾。

参考文献

雷晓康、张琇岩：《高品质生活的理论意涵、指标体系及省际测度研究》，《西安财经大学学报》2023 年第 2 期。

赖德胜：《高质量就业的逻辑》，《劳动经济研究》2017 年第 6 期。

习近平：《决胜全面建成小康社会 夺取新时代中国特色社会主义伟大胜利》，《人民日报》2017 年 10 月 28 日。

习近平：《高举中国特色社会主义伟大旗帜 为全面建设社会主义现代化国家而团结奋斗》，《人民日报》2022 年 10 月 26 日。

习近平：《在天津考察时的讲话》，《人民日报》2013 年 5 月 16 日。

习近平：《奋力谱写全面建设社会主义现代化国家福建篇章》，《人民日报》2021 年 3 月 27 日。

B.4
老有颐养：浦东新区养老保障
服务体系建设

张继元*

摘　要：　"老有颐养"是浦东新区建设高品质养老服务体系的目标，也是积极应对人口老龄化的内在要求。浦东新区通过"三大基石+四个支撑+两轮驱动"的老龄事业整体布局、"1+N"养老服务政策创新体系，初步建立了与浦东新区打造社会主义现代化建设引领区相匹配、与机构社区居家相协调、与医养康养相结合的养老服务体系，但是仍面临整体布局不均衡、医养结合协同机制不完善、养老服务人才队伍不稳定，以及产业化发展不充分等问题。进一步提升浦东新区高品质养老服务体系，需要开展科学的养老服务需求调研，深化医养康养结合，推动养老服务政策创新，加快养老事业产业的高质量高品质发展。

关键词：　老龄化　养老服务　浦东新区

　　浦东新区实施积极应对人口老龄化国家战略，"十三五"期间多措并举积极完善养老保障体系：通过提高养老金待遇、推动城乡医疗保障一体化、实施并完善长期护理保险制度等措施，增强了养老保障能力；通过优化老年医疗卫生服务网络，提升老年人健康服务可及性；通过全面落实市、区养老服务设施布局专项规划和建设任务，巩固了"9073"养老服务格局；通过

---

　*　张继元，华东师范大学公共管理学院副教授、硕士生导师，研究方向为养老服务政策与国际社会保障。

推进居家生活圈的公共设施和社区无障碍环境改造、家庭养老支撑项目等试点，加强了老年友好型社会建设。"十四五"期间，浦东新区养老服务体系建设目标从"老有所养"升级为"老有颐养"，进入了养老服务体系高品质发展阶段。"老有颐养"是积极应对人口老龄化的美好愿景，是"老有所养、老有所医、老有所学、老有所为、老有所乐"的浓缩提炼，包含养老服务、医疗健康、终身教育、社会参与及文化精神等多方面内容。

一　高品质养老服务体系建设背景

（一）人口老龄化的挑战

截至 2022 年底，全国 60 周岁及以上老年人口达 28004 万人，占总人口的 19.8%，[①] 上海市 60 周岁及以上老年户籍人口达 1505.19 万人，占总人口的 36.8%。[②] 浦东新区户籍老年人口达 108.06 万人，是上海市老年人口规模最大的区，老年人口占总人口的 33%，部分街镇占比高达 40% 以上，预计 2025 年 60 岁及以上户籍老年人口将达到 113.57 万人，[③] 人口老龄化程度持续加剧，养老需求日益多层次化、多元化。为了应对日益严峻的人口老龄化挑战，中央到地方出台多项战略性规划与配套政策文件，不断健全完善养老服务体系。

（二）国家层面的高品质养老服务新征程

党的十九届五中全会通过的《中共中央关于制定国民经济和社会发展第十四个五年规划和二〇三五年远景目标的建议》，重申"实施积极应对人口老龄化国家战略"，并提出了其战略目标、路径与行动方案。《"十四五"国家老龄事业发展和养老服务体系规划》进一步做出了具体部署，提出了

---

① 《2022 年民政事业发展统计公报》。
② 《2022 年上海市老年人口和老龄事业监测统计信息》。
③ 浦东新区民政局：《关于浦东新区养老服务工作的情况报告》，2023 年 6 月 15 日。

要"满足老年人日益增长的多层次、高品质健康养老需求",加快健全老龄事业和产业有效协同、高质量发展,居家社区机构相协调、医养康养相结合的养老服务体系和健康支撑体系。这标志着我国多层次养老服务体系从"十二五"期间的"初步形成"① 发展到"十三五"期间已取得"一系列新成就"②,开启了"十四五"期间高品质养老服务发展新征程。

(三)上海市高品质养老服务新路径

上海市的养老服务体系建设早在"十三五"期间就已经提出了"在更大范围、更高水平上实现老有所养、老有所医、老有所学、老有所为、老有所乐"的发展目标③。进入"十四五"期间,《上海市养老服务发展"十四五"规划》深入践行"人民城市人民建,人民城市为人民"的理念,树立了"老有颐养"的目标,提出了全民参与构建高品质养老的新路径,以长期护理保险、养老服务补贴制度为主体的养老服务支付能力保障,并从医养结合、人才队伍、信息技术等方面着重保障养老服务的内涵式发展,形成了高质量高水平建设养老服务体系的基本格局④。

(四)浦东新区高品质养老服务总体要求

浦东新区作为上海市老年人口总量最大的区,提出了"十四五"期间"实现高品质养老设施供给、高质量养老服务管理、高水平养老资源集聚、高素质人才队伍建设,加快建成与浦东新区打造社会主义现代化建设引领区相匹配,机构社区居家相协调、医养康养相结合的养老服务体系,持续优化'大城养老浦东样板',稳步提升广大老年人的获得感、幸福感、安全感"的养老服务体系高品质发展总体要求⑤。

---

① 《国务院关于印发"十三五"国家老龄事业发展和养老体系建设规划的通知》。
② 《国务院关于印发"十四五"国家老龄事业发展和养老服务体系规划的通知》。
③ 《上海市老龄事业发展"十三五"规划》。
④ 《上海市养老服务发展"十四五"规划》。
⑤ 《关于加快完善社会养老服务体系着力优化大城养老浦东样板的行动方案(2023~2025)》。

二 浦东新区养老服务体系建设的目标定位

浦东新区"十四五"期间养老服务体系建设的目标定位可以总结为"两高""三化""四区""五老有"。

"两高"是对服务质量、生活质量提出的定位，即老龄事业的"高质量发展"，以及老年群体的"高品质生活"。浦东新区自 21 世纪初进入老龄化社会就开始逐步探索并建立由社会保障、养老服务、健康服务、精神文化生活等组成的老龄事业格局，并在党的十八届三中全会以后进入快速健全、完善的发展阶段，党的二十大之后又迎来了全面提质的高质量发展阶段。促进老龄事业的高质量发展、服务老年群体的高品质生活是新时代老龄事业的质量目标。

"三化"是对理念提出的定位，是对老龄化进行的重新定义，即"全力推进积极老龄化、健康老龄化、幸福老龄化"。老年群体的"高品质生活"即生命生活质量有四个尺度，包括身心健康、社会尊严、生活欢乐和实现价值[①]，"三化"的重新定义是实现高品质生活所必需的理念转变。积极老龄化促进老年人的社会参与、提升老年人的社会尊严并实现价值，健康老龄化促进老年人的身心健康、改善生命质量，幸福老龄化促进老年人精神文化生活全面发展，增强老年人的社区归属感、价值认同感、心理获得感和身心幸福感。

"四区"是对浦东新区横向比较的定位，即"将浦东新区打造成为老龄事业高质量发展引领区、老龄政策制度改革创新先行区、老年社会高效能治理示范区、老年群体高品质生活样板区"。老龄事业高质量发展引领区是指对标最高标准，社会保障和养老服务等老龄事业发展主要指标优于全市平均水平，老龄事业发展质量走在全市前列。老龄政策制度改革创新先行区是指

---

① 穆光宗：《老年发展论——21 世纪成功老龄化战略的基本框架》，《人口研究》2002 年第 6 期。

各项老龄事业体制机制和政策改革先试先行，为全市甚至全国老龄事业改革创新提供"浦东样本"。老年社会高效能治理示范区是指加强全区老龄治理平台与"一网通办""一网统管"衔接，不断提高老年社会治理的科学化、精细化、智能化水平。老年群体高品质生活样板区是指"15分钟服务圈"标准化建设等围绕提高老年人生活品质形成可复制样板。

"五老有"是对老年群体高品质生活的具体阐释，即"在更大范围、更高水平上实现老有所养、老有所医、老有所学、老有所为、老有所乐，稳步提升广大老年人的获得感、幸福感、安全感"。"五老有"将高品质生活分解为养老服务、健康服务、教育服务、参与机会、文娱服务五大方面。通过五个方面的老龄事业发展，实现浦东新区老龄事业发展目标——"老有颐养"。

三　浦东新区建设养老服务体系的主要举措

为了实现"老有颐养"，打造"大城养老浦东样本"，浦东新区在2022年11月1日发布《浦东新区老龄事业发展"十四五"规划》，对老龄事业进行了整体布局。在此基础上，2023年3月29日浦东新区发布了《关于加快完善社会养老服务体系着力优化大城养老浦东样板的行动方案（2023～2025）》［以下简称《行动方案（2023～2025）》］，对养老服务体系建设进行了具体部署。

（一）浦东新区老龄事业的整体布局

作为实现"老有颐养"的综合养老保障体系，浦东新区老龄事业发展以坚持"保障基础，兜住底线；多元参与，各尽其责；统筹协调，重点突出；创新引领，科技助力；合作开放，共建共享"为基本原则，建构了"三大基石+四个支撑+两轮驱动"的整体布局。

1.三大基石

三大基石是指更高水平、更加公平、更可持续的老年社会保障体系，更加充分、更加均衡、优质高效的社会养老服务体系，便捷可及、综合连续、更高品质的老年健康服务体系。

第一，健全更高水平、更加公平、更可持续的老年社会保障体系，打好养老服务体系的经济基础。一是健全多样化的养老和医疗保险制度，大力发展企业（职业）年金、个人储蓄性养老保险和商业养老保险，加快优化健全覆盖全民、城乡一体、权责清晰、适度普惠、更可持续的多层次养老保险制度体系。二是建立健全以基本医疗保险为主体，大病保险为延伸，医疗救助为托底，商业健康保险等为补充，医疗保险、慈善捐款、医疗互助共同发展的成熟定型的多层次医疗保障制度体系。

第二，优化更加充分、更加均衡、优质高效的社会养老服务体系。一是加强养老服务设施均衡化，完善规划、土地等政策，适当提高养老服务设施用地比例，实现保基本养老床位街镇全覆盖，打造社区"养老服务联合体"，在郊区重点发展互助式养老，并将农村养老服务设施和服务纳入乡村振兴规划。二是推动养老服务全面化，丰富养老服务内涵，拓宽城乡社区养老服务内容，推进互助式农村养老服务发展，推动养老服务与乡村旅游、绿色农产品开发等融合发展。

第三，完善便捷可及、综合连续、更高品质的老年健康服务体系。一是普及健康生活方式，提高老年人健康水平。二是构建和完善老年医疗三级服务网络，形成以区老年医学中心为引领、综合医院老年医学科为骨干、社区卫生服务机构为基础、社会办医疗机构为补充的老年医疗服务网络。三是坚持以大卫生、大健康的理念，建立整合型老年医疗卫生服务体系，健全"预防—治疗—康复—护理—长期照护—安宁疗护"服务链。四是推进医疗机构与养老机构同步规划、同步建设，推动医疗机构和养老机构建设的项目衔接。

2. 四个支撑

四个支撑是指专业化人才队伍支撑、为老服务科技支撑、老年人主动积极的参与支撑、孝老敬老助老的社会支撑。

第一，专业化为老服务人员队伍是政府购买、市场提供高品质专业化为老服务的重要支撑。推动浦东职业院校设置养老服务相关专业，向一线从业人员、高校毕业生发放岗位补贴、提供培训费补贴，提倡鼓励全龄人群参与为老服务，完善老年协会、老年志愿者团队等组织。推进从业人员贡献与激励褒扬措施相匹配，为符合浦东新区产业发展方向的养老事业人才在办理落户时提供绿色通道。

第二，提高创新型为老服务科技支撑能力。有效利用信息化、智慧化手段，整合物联网、移动终端、信息平台等资源，结合科技助老服务站点，推进智慧化养老社区建设，为新区老年人提供综合性智慧养老服务，构建专业、高效的浦东智能养老模式。

第三，增强老年人社会参与的主动性和积极性。社会参与是积极老龄化的核心要素，鼓励专业型、职业技能型老年人参与科学文化传播、专业技能传授、科学研究和咨询服务等活动，加快培养老龄工作志愿者队伍，倡导和支持老年人开展自助、互助、公益性活动。

第四，营造孝老敬老助老的社会环境。"老有颐养"愿景的实现需要全社会的参与，一是要加强无障碍公共基础设施建设，消除数字鸿沟，积极创建全国示范性城乡老年友好型社区；二是要强化专业、精准、高效、多元化的为老公共法律服务供给，保障老年人合法权益；三是要完善家庭养老支撑服务，打造养老照护家庭环境。

3.两轮驱动

两轮驱动是指促进老龄产业和老龄事业高质量联动发展。在大力推动以政府为主体的老龄事业的同时，积极培育一批在全市乃至全国有影响力和竞争力的养老服务品牌。

（二）浦东新区养老服务体系的主要举措

为了加快"建成与浦东新区打造社会主义现代化建设引领区相匹配，机构社区居家相协调、医养康养相结合的养老服务体系，持续优化大城养老浦东样板"，《行动方案（2023～2025）》具体部署了以下八项主要举措。

第一，完善分级分类保障机制。一是优先保障基本养老服务，充分发挥政府在基本养老服务中的托底保障作用，稳步提升基本养老保障水平。二是加快发展普惠型养老服务，引导国有经济等各类主体建设普惠性养老机构，保障其合理布局和有效供给。三是支持拓展个性化养老服务，规范引导个性化养老服务发展，加快构建与年龄层次、健康状况、收入水平等衔接匹配的立体式健康养老服务供给体系。

第二，优化设施发展布局。一是科学编制专项规划，编制实施《浦东新区养老服务设施布局专项规划（2023~2035）》，确保全区养老床位整体合理布局。二是切实保障规划落地，建立健全民政部门参与评审验收的机制，监督新建居住区养老设施配套规划。三是积极盘活存量资源，结合实施城市更新，通过补建、购置、置换、租赁、改造等方式，因地制宜补齐养老服务设施短板。四是结合实施乡村振兴战略，丰富提升农村养老设施。

第三，促进机构社区居家相协调。一是优化机构建设，提升服务功能，加快"东西南北中"养老项目的建设运营，加大护理型床位、认知障碍照护床位配比，强化保基本床位供给。二是加密社区点位，促进设施共享，结合新区"十四五"规划，全面推进"15分钟社区生活圈"系列行动的实施，加密布局社区养老设施。三是支持居家养老，加强保障赋能，全面开展家庭适老化、智能化改造。

第四，提升运营管理水平。一是鼓励发展多种运营管理模式，有序推进公建民营，出台相关管理办法，探索区属养老设施街镇属地管理，优化国有经济对养老服务体系的支持体制，探索民建联营。二是调整优化各类服务功能，盘活空置公办床位发展普惠性养老，做实做优综合为老服务中心八大类24项服务功能，推动社区日间服务中心的专业化转型。三是做好服务质量监测评估，通过服务质量日常监测、等级评定、信用监管，以及行业日常管理、委托第三方评估、审计等措施，加强对养老服务机构的指导与监管。

第五，推进医养康养深度融合。一是合理规划引导设施建设，推动医养设施同址或邻近设置，大力推广"养办医""医办养""医托养"等服务模式。二是促进医养功能深度融合，做优医疗机构与养老服务机构签约服务，鼓励组建医养联合体，建立有序转诊、双向转介机制，推广互联网医院服务模式。三是统筹发展医护人员队伍。将养老服务机构的医护人员纳入医疗卫生人才队伍总体规划中统筹管理，明确职业发展前景。

第六，加强人才、技术支撑和保障。一是打造专业化队伍，加快建设行业领军人才，加强护理员队伍建设，发展老年社会工作，探索养老服务业职业经理人机制。二是加快数字化赋能，加快推进互联网、大数据、人工智能等信息技术和智能硬件在各类老年服务场景、老年用品领域的深度应用。三是加强标准化建设，健全完善机构、居家、社区养老服务标准、管理标准和支撑保障标准。

第七，加快发展养老产业。一是全力打造集产品研发生产、展示交易、应用落地等于一体的产业链，建成国家级的智能养老产业高地。二是扶持发展企业品牌，研究出台发展养老产业相关政策，探索制定养老产业发展指导目录，大力发展各类智慧健康养老产品和服务。三是促进产品落地应用，推广编制智慧健康养老产品及服务推广目录。

第八，完善综合监管机制。一是探索创新监管方式，建立健全政府主导、机构主责、部门协同、行业自律、社会监督的综合监管制度。二是加强重点领域监管，聚焦养老服务等重点领域，加大执法力度。三是加大惩戒处罚力度，建立健全守信联合激励和失信联合惩戒机制。

四 浦东新区养老服务建设的主要成效

浦东新区率先开展养老机构星（等）级评定、长者喘息式服务、农村养老睦邻点、"家门口"养老服务体系、科技助老和智慧养老、养老服务监管应用场景等探索，在养老专项扶持、"东西南北中"项目建设、存量资源改造嵌入式养老设施、长护险评估服务、养老产业发展、长三角养老服务合作，以及养老机构消防设施标准化、助餐服务点标准化、认知障碍老人照护服务标准化创建等诸多方面走在全市乃至全国前列，养老服务工作考评连续多年位居全市第一，先后被命名为"全国养老服务社会化示范活动试点单位""全国养老服务示范单位""全国养老服务业综合改革试点区""全国智慧健康养老示范基地"。

（一）养老机构建设迅速，充分发挥支撑作用

首先，养老机构发展取得了令人瞩目的成绩，充分发挥了机构养老的支撑作用。截至 2023 年 6 月，全区拥有 177 家养老机构，总共提供了 34715 张床位，其中 24366 张为保基本床位。这些机构包括 113 家公办养老机构，提供了 22073 张床位，以及 64 家民办养老机构，提供了 12642 张床位。

其次，"东西南北中"项目和社区级养老机构的建设成效显著。目前，有 7 个项目被纳入"东西南北中"项目布局，其中已经有 7 个项目实现了全面开工建设的目标。在"十四五"期间，所有这些项目都计划实现竣工和投入运营，将新增 5590 张床位。此外，社会力量也积极参与养老服务，一些央企、民企和外企进入养老领域，丰富了供给格局。同时，床位结构的不断优化也是一个显著成效，认知障碍照护床位已达到 1465 张，护理型床位占比超过 60%。

再次，公办养老机构管办分离改革推动了养老服务的提质增效。浦发、新金桥、浦惠三家区属国资养老公司的成立为养老服务的高质量发展注入了新的动力。这些公司通过整合资源，实现了产学研一体化，提高了养老服务的质量。此外，这些公司还不断推动机构运营质量的提升，推出了一系列服务评价项目。它们在养老服务领域发挥了重要作用，树立了区属国资养老品牌的形象。

最后，充分利用养老行业协同监管大数据平台，建立了智能化和高效化的监管体系。各部门共同开展了联合检查，包括运营管理、服务收费、消防安全、食品安全、医疗服务等方面，构建了联合监管体系，全面加强了事中、事后监管。

（二）社区养老布局完善，充分发挥依托作用

首先，社区嵌入式养老服务得到了大力推进，点位布局不断优化，社区养老发挥了依托作用。截至 2023 年 6 月，全区建成了 72 家综合为老服务中心、33 家长者照护之家、116 家老年人日间照料中心、235 家老年助餐场所

（供餐能力达到 3.8 万客左右），还有 1535 家老年活动室、179 家"家门口"养老服务站以及 804 家社区养老睦邻点。这些设施有效地满足了老年人的多样化需求。

其次，针对中心城区和城镇化地区的社区养老服务，不仅增强了社区的持续照护能力，还让老年人在熟悉的环境中，得以原地养老。而在农村地区，互助式养老也得到了推广，构建了"组"有"点"（睦邻点），"村"有"室"（老年活动室），"片"有"所"（托养场所）的设施网络。社区各类服务设施与社区养老设施实现了功能衔接和共建共享，形成了综合照护服务模式，促进了不同类型养老服务的融合发展。此外，区级部门让渡了资源，各街镇充分挖潜，将 142 处存量资源改造为社区养老设施，并且已全部投入运营。

再次，积极打造枢纽型社区养老服务综合体，发展专业照护、助餐服务、医养结合等多类服务功能。在全市率先实施了日间照料机构分类管理，免费提供 21 项基础性服务，获得了积极社会反响。老年助餐方面，分为社区长者食堂、"家门口"服务点（微型助餐点）、送餐上门的老年家庭餐桌。同时，制定了老年助餐点区级标准，提升了助餐规范化服务水平。养老顾问服务也得到了深化发展，目前已培养 1654 名养老顾问，月接待近万人次，打通为老服务的"最后 100 米"。此外，利用村居资源不断增设老年人睦邻互助点，细分并增加了养老服务内容，有效满足老年人的养老需求。

最后，各街镇不断创新，积极打造社区为老服务示范样本。多个街镇如南汇新城镇、张江镇、金桥镇、航头镇等都创建了多功能枢纽型社区养老综合体，陆家嘴街道、周家渡街道、东明路街道则建设社区智能化应用场景，南码头路街道、新场镇等加快建设示范性日间照料中心，老港镇、书院镇、万祥镇、惠南镇、川沙新镇、大团镇等积极发展示范睦邻互助点，潍坊新村街道、沪东新村街道、康桥镇等打造品质化老年助餐服务，花木街道、泥城镇、周浦镇等发展多样化的居家养老服务，洋泾街道、潍坊新村街道、塘桥街道率先探索认知障碍友好社区标准化 2.0 版本等。

这些创新举措有效地满足了老年人的养老需求，极大地提高了社区养老服务的质量。

（三）居家养老赋能到位，充分发挥基础作用

浦东新区为家庭自我照顾的老年人，提供了多方面的居家照护支持，充分发挥了居家养老的基础作用。

首先，在居家上门服务方面，浦东新区已经实现了助餐、助浴、助行等多种服务的优化和完善。为了满足老年人的需求，发展了49家居家养老服务机构，服务对象达到2.1万名。此外，浦东新区深入推进长期护理保险制度试点工作，建立了独特的"1+47"评估模式，并根据政策口径和细则及时调整和完善相关措施。同时，加强长期护理保险与居家养老服务的补贴衔接，有序延伸了长期护理保险服务，推进定点社区日间照护机构服务结算，将其纳入养老机构家庭照护床位的长期护理保险试点。这一系列措施在全区范围内服务了5.3万名老人，其中近3.9万名老人享受到了居家上门服务。

其次，浦东新区开展家庭养老赋能项目。开展"老吾老"计划为社区中轻度失能老人及其家属提供家庭照护能力提升辅导，发展"老伙伴"计划志愿者8400名，结对关爱4.2万人，月上门探访近20万人次，实现了全区孤老关爱的全覆盖。同时，实施家庭照护床位试点，使符合条件且有护理需求的老年人能够在家中享受专业机构照护服务。浦东还全面推广康复辅具租赁点，确保街镇全覆盖，以进一步减轻老年人的居家照护压力。此外，浦东在老年志愿工作方面也不断完善，试点开办"时间银行"。

再次，浦东新区已完成1918户适老房改造，每户获得2万元的补贴，有效改善低保、低收入家庭老年人的居住环境。自2021年开始，按照愿改、宜改、惠改的原则，实施"政府补贴一点、企业让利一点、老人自付一点"的运作模式，为每户提供3000元的补贴，全面推广了居家环境的适老化改造，将改造对象扩大到了所有老年家庭。两年来，已累计改造完成1035户，同时探索并完善改造标准，做到应改尽改。浦东还将无障碍环境建设和适老

化改造纳入城市更新、城镇老旧小区改造和公共场所人居环境整治提升，以打造老年宜居城区和社区。

最后，浦东新区在科技助老服务方面走在了全市的前列，启动了区级科技助老服务平台建设。这一平台已实现街镇全覆盖，不仅获得多个荣誉称号，还成功上线了"浦老惠"APP，集成了11个养老场景，为老年人提供全方位服务，实现了"养老地图一键可知、场景监管一键可查、养老服务一键可达"的目标。平台运营一年多来，已累计开展服务25万余次。浦东还积极推广适老智能产品和服务以及独居老人风险等级管理系统；全面实施困难高龄独居老年人应急呼叫项目，按需实现全覆盖，为老人的生命安全提供了全力守护。

五　浦东新区养老服务体系建设的经验与启示

从浦东新区高品质养老服务建设经验来看，其成效的取得主要源于体系化支持政策、多元化运营管理、完善人才队伍建设、多方协同机制、事业产业双轮驱动等方面。

（一）完善政策支持体系，加强财政资金扶持

政策支持与资金扶持是建设高品质养老服务体系的重要保障。浦东新区积极探索制定符合浦东改革发展实际的养老服务"1+N"政策创新体系。"1"即制定出台了《关于加快完善社会养老服务体系着力优化大城养老浦东样板的行动方案（2023~2025）》，"N"即积极推进落实《浦东新区养老设施布局专项规划（2023~2035）》、养老服务设施公建民营管理办法、"综合为老服务中心+互联网医院"建设实施方案等一系列配套制度；同时加强养老服务领域标准研制，率先制定老年助餐点建设服务规范、"15分钟服务圈"养老资源配置规范，推进综合为老服务中心运营评估体系、养老顾问标准化建设等方面的研究，形成可复制、可推广的养老服务经验。浦东新区的政策创新力度、资金扶持额度走在全市前列。"十三五"期间，养老

专项扶持资金年投入约 1.5 亿元，"十四五"期间，养老专项扶持资金年投入 2.5 亿元，年发放老年综合津贴近 12 亿元。[①]

（二）鼓励多种运营管理，满足多元养老需求

多种运营方式可以提供更多样化的养老服务，满足老年人多元的需求。公建民营的推进需要规范和优化委托管理机制，引入专业机构来参与养老设施建设，从而提高设施的品质。探索共建共营和民建联营新方式，可以加强机构之间的合作，提高服务质量，并实现规模效应。此外，鼓励中外合营和外资独营有助于引入国际知名的养老服务品牌，进一步提升服务水平和国际影响力。

（三）完善人才培养体系，加强人才队伍建设

人才培养与队伍建设是高品质养老服务建设的关键。浦东新区同时在养老服务人才培养与队伍建设两方面着力。人才培养方面，鼓励引进高校毕业生、老年社工到养老服务机构就业，鼓励养老护理人员长期在浦东从业，符合条件可按规定申请奖补。加强与职业院校和培训机构合作，积极为养老服务行业提供多样化教育培训服务，持续开展青年养老管理人才"珠峰计划"、"南码头杯"养老护理技能比武、"浦发·暄和杯"技能比武等活动，扶持首席技师工作室及团队建设，发展、稳定、壮大养老行业队伍。人才队伍建设方面，通过将养老领域纳入人才落户急需目录、开展"浦东新区最美养老护理员"评选等活动，增进养老职业的社会认同，加强人才队伍的稳定性。

（四）建立多方协同机制，深入推进医养结合

医养结合是提高养老服务质量的关键因素之一，政府要创新制度协调多部门，从规划布局、财政扶持到政策落地提供全方位支持。针对医养结合的

[①] 浦东新区人力资源和社会保障局。

堵点、难点，浦东新区发改委、卫健委、民政局、财政局、人社局（医保局）等部门在医养设施规划布局等方面协同推进，在管理体制、投入机制、人员保障等多方面加强探索，推动医养结合落到实处。在浦东新区"十四五"养老服务发展财政扶持意见中，增设养老机构内设认知障碍照护床位建设及运营补贴、家庭照护床位服务补贴等政策，为医养结合发展配套政策支持。实施《关于加快推进浦东新区医养融合工作的实施意见》，鼓励养老机构内设医疗机构，发展内设医疗机构63家，社区卫生服务机构与为老服务机构签约共建率达100%；开展多家"养老院+互联网医院"试点建设，实现72家"综合为老服务中心+互联网医院"全覆盖建设，让医疗资源更好地服务机构、辐射周边社区。

（五）加快发展养老产业，建立双轮驱动机制

养老事业与产业的双轮驱动是高品质养老服务需求的必然要求。浦东新区的基本养老服务功能持续强化，普惠型养老服务市场成为养老服务发展的重要方向。新区发挥"上海国际养老、辅具及康复医疗博览会"举办地优势，引导适老产品在养老服务场景中落地应用，挂牌成立了上海市康复辅助器具产业园（张江园区）、浦东新区智能养老产业园，成功创建全国智慧健康养老示范基地，努力形成新的产业增长极。

六　优化浦东养老服务体系的建议

浦东新区在高品质养老服务体系建设方面已经取得卓越成效，但目前仍然存在一些值得关注的问题。一是养老设施的整体布局仍然存在供需不匹配和不均衡的问题；二是医养结合的力度仍未达到理想水平，需要克服制度性障碍；三是养老服务人才整体短缺，特别是在综合管理和专业技术人员方面；四是养老产业发展不充分，市场潜力仍未得到有效释放，市场机会和产业活力尚未得到充分挖掘。

针对上述问题，《行动方案（2023~2025）》等浦东新区最新养老服

务政策已经提出了完善分级分类保障机制、优化设施发展布局、促进机构社区居家相协调、推进医养康养深度融合等具体应对策略。2023~2025 年积极落实各项政策措施，上述问题可以得到一定缓解，但仍需关注以下几点。

第一，户籍人口老龄化率不等同于养老服务需求。在探讨养老服务建设紧迫性时，户籍人口老龄化率是经常参考的指标，但迈入老年期不一定失能，而且浦东新区作为特大城市的高新区，拥有大量外来常住人口，实际老龄化率比户籍人口老龄化率低。正是存在人口老龄化率等同于养老服务需求的误区，我们在进行养老服务整体布局时倾向于将养老服务需求缺口严重化。最具代表性的证据就是，《2022 年民政事业发展统计公报》显示，截至 2022 年底，养老机构入住率不超过 44.35%，浦东新区养老机构同样面临着空床率高的问题。因此，在进行养老设施整体规划时，要科学地进行失能率、养老服务需求等调研，精准地测算养老服务需求，提升养老服务的有效、高效供给。

第二，医养结合不能停留于形式，要建立完善的医养服务双向转介机制。目前浦东新区在大力推进"养办医""医办养""医托养"等服务模式，社区卫生服务机构与为老服务机构签约率也达到 100%。前者医养服务融合效果好但成本高，后者成本低但容易流于形式。浦东新区要充分吸取已有教训，探索适合浦东新区的低成本高效率的医养结合模式。

第三，养老服务人才队伍是高品质养老服务发展的关键，人才短缺以及队伍不稳定性是高品质养老服务发展的"卡脖子"问题。无论是从日本还是从欧美经验来看，养老服务人才都面临着待遇低、社会地位低的问题，因而导致养老服务人才离职率高，人才队伍不稳定。浦东新区在利用上海区位优势、教育优势以及经济优势的同时，还要着眼长远，从提高养老服务人员待遇及社会地位、提升养老服务人员职业吸引力的角度，加快养老服务人才培养及队伍建设。

第四，养老产业发展不仅是满足多元化高品质养老服务需求的要求，也是老龄社会的新经济增长点。但目前由于养老服务需求尚未完全显性化，老年人消费习惯尚未形成，无论是普惠型养老服务，还是养老辅具产品开发与销售、租赁业务都面临着生存危机。因此，浦东新区要通过政府支持、财政扶持，从更长远的周期培育养老产业，从而推动浦东新区、上海市乃至全国的养老服务体系高品质发展。

"十四五"规划开局以来，三十而立的浦东新区开启了打造高品质"大城养老浦东样本"的新征程。三年来，浦东新区以政策创新为动力、财政支持为依托，建构了"三大基石+四个支撑+两轮驱动"的老龄事业整体布局、"1+N"养老服务政策创新体系，通过多部门协同推进、事业产业双轮驱动，初步建立了与浦东新区打造社会主义现代化建设引领区相匹配、机构社区居家相协调、医养康养相结合的养老服务体系。浦东新区在建设本辖区内高品质养老服务体系的同时，在嵌入式养老模式、长期护理保险改革、养老产业发展、养老机构消防设施标准化、助餐服务点标准化、认知障碍老人照护服务标准化等方面做出了积极探索与经验总结，为全市乃至全国的养老服务体系建设与社会治理创新提供了"浦东经验"，成为全国高品质养老服务体系建设的开路先锋、时代标杆、功能高地、典范引领与示范样板。

B.5
互助共济：浦东新区多层次社会
保障体系建设

叶志鹏*

摘 要： 当前，浦东新区紧扣中央全面建成多层次社会保障体系的重大战略部署，积极推进以优化完善现代社会救助福利体系为目标、以互助共济为价值内核的多层次社会保障体系建设。浦东新区在扩大城乡居保覆盖率、建立覆盖各类职业人群的工伤保障体系、推进医疗保障改革与政策落实、优化社会救助福利体系、全面构筑退役军人服务保障体系等方面取得积极成效。未来应进一步强化精准救助、推进社会救助高质量发展，完善工作机制、切实提升社会救助管理效能，强化监管机制、持续完善多层次医保制度体系。

关键词： 社会保障 社会救助 城乡居保 精准救助

一 中央推进多层次社会保障体系建设的战略部署

社会保障体系是人民生活的安全网和社会运行的稳定器。随着经济社会的不断发展，社会保障制度建设在党和国家事业发展总体布局中的角色不断转变，逐步从国有企业改革的配套措施、社会主义市场经济的重要支柱，发展成为国家的一项重要社会经济制度。[1] 尤其是党的十八大以来，以习近平

---

* 叶志鹏，博士，华东师范大学公共管理学院副教授，研究方向为区域发展与政策、政府公共治理。

[1] 尹蔚民：《全面建成多层次社会保障体系》，《人民日报》2018年1月9日。

同志为核心的党中央坚持以人民为中心的发展思想，坚持全覆盖、保基本、多层次、可持续的基本方针，从增强公平性、适应流动性、保证可持续性出发，建成了世界上规模最大的社会保障体系，有力地保障了人民群众分享经济社会发展的重要成果，彰显了中国特色社会主义制度的优越性。

（一）中央提出全面建成多层次社会保障体系的奋斗目标

当前，中国特色社会主义建设已经进入新时代，党的十九大报告提出全面建成多层次社会保障体系的奋斗目标。习近平同志在党的十九大报告中明确提出，按照兜底线、织密网、建机制的要求，全面建成覆盖全民、城乡统筹、权责清晰、保障适度、可持续的多层次社会保障体系。多层次社会保障体系建设，是党中央针对我国的发展国情变化和社会主要矛盾变化，尤其是为了解决不平衡、不充分的社会保障资源配置问题而提出的重大战略部署，对于不断提高保障水平和改善民生，促进国家治理体系和治理能力现代化，推动经济社会发展朝着更高质量、更有效率、更加公平、更可持续方向前进，有着重大现实意义和深远历史意义。

2021年3月，《中华人民共和国国民经济和社会发展第十四个五年规划和2035年远景目标纲要》提出，要健全多层次社会保障体系，坚持应保尽保原则，按照兜底线、织密网、建机制的要求，加快健全覆盖全民、统筹城乡、公平统一、可持续的多层次社会保障体系。"十四五"规划进一步从改革完善社会保险制度、优化社会救助和慈善制度、健全退役军人工作体系和保障制度等三方面，提出了中央推进多层次社会保障体系建设的目标任务。

（二）党的二十大提出多层次社会保障体系的新要求

2022年10月，党的二十大报告进一步提出，要健全覆盖全民、统筹城乡、公平统一、安全规范、可持续的多层次社会保障体系。相较于十九大报告和"十四五"规划，二十大报告对于多层次社会保障体系建设强调了"安全规范"的重要性。二十大报告进一步提出了多层次社会保障体系建设的目标任务，包括：完善基本养老保险全国统筹制度，渐进式延迟法定退休年龄，扩大社会保险覆盖面，促进多层次医疗保障有序衔接，加快完善全国统一的社会保险公共服务平台，健全社保基金保值增值和安全监管体系，健全分层分类的社会救助体系，保障妇女儿童合法权益，完善残疾人社会保障制度和关爱服务体系，加快建立多主体供给、多渠道保障、租购并举的住房制度等。

党的二十大报告和"十四五"规划提出了新时代中央健全多层次社会保障体系的重大战略部署，并提出了明确目标任务，为上海市和浦东新区进一步推进多层次社会保障体系建设指明了政策方向与施政重点。

二　浦东推进多层次社会保障体系建设的工作体系

在中央推进多层次社会保障体系的重要战略部署下，上海市浦东新区依据地方政府社会保障职能属性，并结合地方社会保障制度建设实践，积极探索和推进具有"浦东特色"与"浦东标准"的多层次社会保障体系建设。

（一）浦东"十二五"时期社会保障体系建设重点

2011 年 1 月，《浦东新区国民经济和社会发展第十二个五年规划纲要》提出，在"十二五"期间，浦东新区按照保基本、广覆盖、多层次、可持续的要求，加快建立完善促进就业、社会保险、社会福利、住房保障等综合一体的大社会保障体系。① 具体而言，其一，在促进充分就业上，浦东新区将推进多层次社会保障体系建设的政策重点落在进一步加强就业公共服务、不断拓宽就业渠道、加大就业困难人员安置力度等方面；其二，在完善覆盖城乡的社会保险制度上，浦东新区将推进多层次社会保障体系建设的政策重点落在继续完善社会保险制度、扩大社会保险覆盖面、完善医疗保障体系等方面；其三，在积极发展社会福利事业上，浦东新区将推进多层次社会保障

---

① 《浦东新区国民经济和社会发展第十二个五年规划纲要》，《浦东时报》2011 年 2 月 11 日。

体系建设的政策重点落在建立适应老龄化的社会服务体系、加大社会救助力度等方面；其四，在构建多层次、多渠道的住房保障体系上，浦东新区将推进多层次社会保障体系建设的政策重点落在进一步扩大廉租房受益面、积极推进公共租赁住房建设、大力推进动迁安置房建设、建立健全经济适用房制度等方面。

（二）浦东"十三五"时期社会保障体系建设重点

2016 年 2 月，《浦东新区国民经济和社会发展第十三个五年规划纲要》提出，在"十三五"期间，浦东新区聚焦薄弱环节，完善保障体制机制，不断扩大社会保障覆盖面，提高保障水平，完善全覆盖、保基本、多层次、可持续的社会保障体系。[①] 具体而言，浦东新区从健全社会保险体系、完善社会救助制度体系、推进住房保障体系建设等方面，加快完善城乡一体的社会综合保障体系。与"十二五"期间相比，浦东新区在"十三五"时期的多层次社会保障体系建设上，更为强调从社会保障的"广覆盖"向"全覆盖"转变，从建设"综合一体的大社会保障体系"向"城乡一体的社会综合保障体系"转变。

（三）浦东"十四五"时期社会保障体系建设重点

2021 年 1 月，《浦东新区国民经济和社会发展第十四个五年规划和二〇三五年远景目标纲要》提出，浦东新区要按照兜底线、织密网、建机制的要求，建设完善与城市发展进程相同步、与经济发展水平相适应、覆盖全民、城乡统筹、权责清晰、保障适度、可持续的多层次社会保障体系。[②] 与国家"十四五"规划相比较，浦东新区在"十四五"期间推进多层次社会保障体系建设中延续了中央提出的"覆盖全民、城乡统筹、可持续"的建设原则，更根据浦东区域发展基础及特点，强调了"与城市发展进程相同

---

① 《浦东新区国民经济和社会发展第十三个五年规划纲要》，《浦东时报》2016 年 2 月 2 日。
② 《浦东新区国民经济和社会发展第十四个五年规划和二〇三五年远景目标纲要》，《浦东时报》2021 年 1 月 21 日。

步、与经济发展水平相适应、权责清晰、保障适度"的建设原则。具体而言，其一，在完善社会保险体系上，浦东新区将推进多层次社会保障体系建设的政策重点落在推动建立覆盖各类职业人群的工伤保障体系、建立多层次医疗保障制度体系、深化长期护理保险试点等方面。其二，在优化完善现代社会救助福利体系上，浦东新区将推进多层次社会保障体系建设的政策重点落在完善社会救助制度体系、完善现代社会福利体系等方面。其三，在完善住房保障体系建设上，浦东新区将推进多层次社会保障体系建设的政策重点落在有序扩展保障性住房覆盖面、加快推进老旧小区改造等方面。

三　浦东推进多层次社会保障体系建设的举措及成效

（一）逐步提高城乡居保覆盖率与各类群体保障水平

1. 逐步扩大城乡居保覆盖率

浦东落实全面参保计划，运用就业、人口、职保、医保数据比对机制，精准筛选、重点推动 40 周岁以上无账户人员参保，同时加强待遇补发、特殊补缴等质量管控。截至 2023 年 6 月，浦东户籍居民落实社会养老保障覆盖率为 99.29%，城乡居保参保人数为 12.43 万人，其中缴费 3.37 万人，征缴保费 2599.2 万元。[①]

2. 稳步提高各类群体保障水平

浦东稳步提高城乡居保养老金水平，并加强被征地人员社会保障落实。2012 年，浦东"新农保"月平均养老金为 601.5 元，共落实征地安置 6852人，救助各类帮困对象超过 250 万人次。2014 年，浦东城乡居民养老保险制度合并实施，全区城乡居民参保人数达 14.6 万人。2015 年，城乡居保每

---

① 《浦东新区就业和社会保障事业发展"十四五"规划中期实施情况和评估报告（报送稿）》。

人每月增加 120 元，惠及 14.5 万人，征地养老人员每人每月增加 170 元，惠及 2674 人。2022 年全区月人均养老金为 1583 元，比 2020 年增长 16%，惠及养老人员 9.06 万人，发放养老金 43.26 亿元。[①]

（二）推动建立覆盖各类职业人群的工伤保障体系

1. 首创"工伤一件事"平台

浦东在全市首创"工伤一件事"网上服务，实现全流程网上办理。深化信息复用建设，实现企业和群众"只填 1 张表，办理 6 件事"。改革后，申请材料、办事环节、办理时间均大幅减少，实现全程网上流转，企业和群众跑动次数从 5 次减少到 1 次，已受理工伤认定 7109 人次、劳动能力鉴定 2100 人次、工伤康复 50 人次。积极保障职工权益，守护引领区法治化营商环境，共受理工伤认定 2.61 万件、办结 2.56 万件，完成劳动能力鉴定 1.6 万人。面对工伤认定领域出现的疑难案件增长化、具体案情复杂化、劳资矛盾多样化、行政诉讼案件上升化等趋势，创新引入调解机制，挂牌成立浦东新区工伤纠纷调解工作室。

2. 启动"新职伤"保障试点

为规范新就业形态经济发展，切实保障新就业形态就业人员的合法权益，浦东率先启动新就业形态就业人员职业伤害保障试点工作，涉及出行、外卖等 7 家社会关注度较高、职业伤害风险较大的平台企业。试点企业以按单计费的方式参保，待遇给付参照工伤保险待遇设定，包含医疗待遇、伤残待遇和死亡待遇，实现每单必保、每人必保。自试点工作启动以来，累计接单量达 3 亿多单，占试点平台企业总量的 20%。同时做好行政确认或不予受理的终审和监督检查，共收到"新职伤"确认申请 1033 件，完成确认 788件。其中 89 人已完成劳动能力鉴定，获得待遇补偿。[②]

[①] 历年《浦东新区国民经济和社会发展计划执行情况》。
[②] 《浦东新区就业和社会保障事业发展"十四五"规划中期实施情况和评估报告（报送稿）》。

（三）推进医疗保障改革与上级政策落实

1. 推进国家医疗保障待遇清单落地

2020 年以来，浦东完成职工医保和生育保险合并实施，线上线下共受理 12.4 万人次，支付费用 49 亿元。稳步提高职工医保统筹基金最高支付限额，最高支付限额从 55 万元提高到 61 万元。稳妥执行职工基本医疗保险个人账户改革，实施门诊共济保障机制，实现个人历年结余资金家庭共济使用。

2. 推进上海市"三医联动"政策落地

浦东推进落实上海市各项"三医联动"政策举措，努力缓解群众"看病难、看病贵"问题。截至 2022 年，浦东新区共有定点医疗机构 138 家、定点内设医疗机构 63 家、定点零售药店 350 家，医保基金支出 369.73 亿元。[①] 浦东稳妥实施上海市医保药品目录，稳妥推动上海市新版药品目录落地执行，切实推进完善"双通道"管理机制，切实增强群众用药可及性。目前，浦东辖区内被纳入"双通道"管理的定点零售药店有 4 家。

3. 深化医保支付方式改革

浦东新区完善医保总额预算管理，指导辖区内定点医疗机构合法合规合理使用医保经费，实现收支平衡、略有结余。辖区内按病种分值付费（DIP）试点定点医疗机构有 24 家，中医优势病种按疗效价值付费试点定点医疗机构有 3 家，按床日付费定点医疗机构有 72 家。

4. 推进医保基金常态化监管

浦东新区开展全覆盖监督检查，建立包括日常检查、预警检查、飞行检查等机制，严肃查处各类违法违规案件。2021 年至 2023 年 6 月，共现场检查 563 家次，追回违规使用医保基金 1905.64 万元，对其中 206 家次机构予以行政罚款 547.15 万元；共查处定点长护险机构 254 家次，追回违规使用

---

① 《浦东新区就业和社会保障事业发展"十四五"规划中期实施情况和评估报告（报送稿）》。

医保基金 252.18 万元，对其中 11 家次机构予以行政罚款 9.77 万元。通过数据核查以及机构的自查自纠，1454 家次机构共退回医保基金 1860.83 万元。通过对参保人"两个异常"的审核，共追回医保基金 225.44 万元，涉及 1286 名参保人员。① 浦东新区人力资源和社会保障局会同区卫健委、区市场监管局、区民政局等部门加强联合监管，推进街镇属地协同监管，组织开展专项整治，定期互通信息、函告检查情况和处理结果，进一步规范医药服务和长护险服务行为。浦东新区人力资源和社会保障局与区检察院、公安分局、驻局纪检组建立欺诈骗保案件线索行刑衔接、行纪衔接机制。试点推进医保基金监管信用管理，配合市医保局监督检查所完善信息平台、制定实施细则，进一步提高对定点医药机构的监管效能。

5. 推进跨区域社保资源共享

浦东新区积极推进医疗、养老服务资源共享，落实异地就医结算，辖区内医保定点医疗机构实现接入异地就医结算平台"应联尽联。完善长三角医保协同发展机制，推动实现长三角诊疗项目、医疗服务设施目录统一，落实长三角药品联合招采中选结果。推动本市老年人异地享受本市长期护理保险待遇，选取亲和源为首批本市老年人入住长三角区域养老机构长期护理保险费用延伸结算试点机构。

（四）以政策创新为引领优化社会救助福利体系

1. 试点医疗救助因病致贫预警机制

2021 年 6 月，浦东率先在全市试点建立医疗救助因病致贫预警机制，健全救助对象及时精准识别机制，落实资助重点救助对象参保缴费和分类救助政策，提高医疗救助限额标准，门急诊医疗救助年度救助限额从 2500 元提高到 2800 元。资助困难群众参加城乡居民基本医疗保险，减轻困难群众就医负担。医疗救助系统实现"免申即享"辖区 36 个街镇全覆盖，"免申即

---

① 《浦东新区就业和社会保障事业发展"十四五"规划中期实施情况和评估报告（报送稿）》。

享"签约率达到 80%，累计救助 41.47 万人次，支出金额达 2541.54 万元。①

2. 开展"E 浦东"社会救助双向认领计划

2021 年，浦东启动"E 浦东"社会救助双向认领计划。"E 浦东"取自一起帮助、关注公益、信息技术、双向匹配之意，充分整合社会多元化资源和力量，将全区困难群众和特殊对象的共性需求形成帮扶项目，由社会力量认领，推动社会救助由"弱有所扶"向"弱有众扶"转变，建立政府救助与慈善救助衔接机制，整合慈善组织、专业组织、慈善企业、爱心人士等参与社会救助。浦东新区发挥党建引领作用，动员社会力量参与到社会救助工作中，加强多元化帮扶主体间的协同配合，汇总梳理困难群众需求，形成双向认领项目。

3. 健全"政策找人"工作机制

浦东新区深入推进社区救助顾问制度，发挥"一网统管"作用，依托精准救助平台，探索经济新常态下的相对贫困救助机制。一是摸清救助底数，实现民生数据全汇集。以市民政局数据海和公安人口数据库为基础，叠加人社、医保、卫健、司法、残联等 16 个条线与民生息息相关的数据 1636 万余条，形成了 54 项属性标签。二是构建分析模型，实现全方位精准施策。畅通四条"找人"路径，主动发现、及时服务困难群众。针对多样化的需求分类施策，加强多元化帮扶主体间的协同配合，根据涉及的帮扶主体形成小、中、大的服务闭环，把服务主动送到居民家门口。三是探索流程再造，实现线上线下全协同。深入推进浦东新区城市大脑——精准救助平台与社区云平台的衔接，打造"线上""线下"救助顾问团队，打通帮扶服务困难群众的"最后一公里"。四是探索区域化党建和社会救助业务的融合发展，整合新区慈善、社会组织等各类社会化帮扶资源，促进供需有效匹配，通过可视化、数字化手段，依托线下社区救助顾问，缩短工作流程和时长，探索流程再造，实现全程跟踪、全域监管，提高救助帮扶的显

---

① 《浦东新区就业和社会保障事业发展"十四五"规划中期实施情况和评估报告（报送稿）》。

示度。

4. 切实提高兜底保障能力

浦东通过做好保障"单人户"、居民经济状况核对、粮油帮困电子化结算等工作，切实提高兜底保障能力。2015 年，累计救助帮困近 150 万人次，发放各类救助帮困金 6.6 亿元。2017 年，原镇保人员被整体纳入城镇职工基本养老和医疗保险，当年 1~11 月共帮扶救困 6088 人次。2018 年，浦东强化"9+1"现代社会救助制度体系建设，积极开展最低生活保障、特困人员供养等社会救助工作。2020 年，浦东全年发放社会救助资金 11.19 亿元，为 31.1 万人次发放失业保险金。[①] 截至 2022 年 10 月底，全区社会救助主要对象为 30709 人，合计支出资金 42069.45 万元。新区共有支内回沪人员 91731 人，列支资金 49175.47 万元；享受困难残疾人生活补贴 19816 人，列支资金 7746.94 万元；享受重度残疾人护理补贴 41312 人，列支资金 8745.33 万元。浦东开展元旦、春节帮困送温暖活动，惠及 68.81 万人次，列支资金 33319.54 万元；组织发放一次性物价临时补贴和疫情期间补贴等，惠及 197192 人次，列支资金 4322.91 万元。[②]

5. 加强社会救助队伍建设

浦东新区组织开展全区社会救助（收入核对）系统全员培训，开展新区十大优秀社区救助顾问及十大优秀案例评选工作，制作《浦东新区社区救助顾问服务指南》折页、《2022 社会救助政策解答》，提高政策落实的时效性和准确性。开展新区社会救助绩效综合评价以及社会救助领域群众身边腐败和作风问题综合治理工作，保障困难群众权益不受损害。创新社会救助服务方式，实施"家庭成长计划""新启程""心希望""桥计划"等项目，深入推进爱心牛奶和爱心鸡蛋等帮扶项目。对标对表引领区任务，完善《浦东新区困难群众需求综合评估指引》，持续推进困难群众需求综合评估体系标准化建设。

---

① 历年《浦东新区国民经济和社会发展计划执行情况》。
② 《浦东新区民政局社会救助和社会事务处 2021 年工作总结及 2022 年工作思路》。

（五）探索以融合共治为特色的退役军人服务保障体系

1. 建构退役军人服务保障组织体系

针对浦东地域广阔、退役军人数量多、退役军人工作量大的情况，结合各个街镇特色和实际情况，相关部门从整体上将浦东新区划分为东、南、西、北、中五个片区。在细分区域的基础上，依托浦东全区 1310 个居村的"家门口"服务中心的协同联动机制，建立起 1（区退役军人服务中心）+43（36 个街镇退役军人服务站和 7 个军休单位）+1346（居村退役军人服务站）三级退役军人服务体系，形成"1+X+Y"服务站点布局模式（"1"指街镇服务站、"X"指居村服务站、"Y"指退役军人服务站延伸站点），最终形成以"新区服务中心—街镇服务站—居村服务站—社区单位站点"为框架的四级退役军人服务保障组织体系，编织了横向到边、纵向到底、覆盖全员的工作网络。

2. 撬动社会力量协同提供优质服务

一是鼓励引导、充分调动广大社会组织、基金会、志愿团体等社会力量参与到退役军人服务保障工作中来，为退役军人提供更多、更好、更专业的服务。例如，广泛发动专业机构、高校、基金会、企业等社会力量慰问优秀和困难退役军人、困难党员，通过运用这些社会力量来化解退役军人面临的现实问题。二是通过政府购买服务等方式发挥专业社会力量提供优质服务的作用。例如，浦兴路街道服务站先后与上海财经大学、上海交通大学、上海凯达职业技术培训学校等合作，联合创办了开放式的退役军人社区就业培训班，开设管理、服务等专业课程，提升退役军人个人能力素养，增加创业求职技能。

四 浦东推动多层次社会保障体系建设的薄弱点

（一）新业态从业人员职业伤害保障有待加强

一是新业态从业人员的社会保障意识有待增强。职业伤害保障案件正式提出申请量仅占备案事故量的 30%，除大量轻伤案件外，部分从业人员保障意识不强，未及时提出待遇给付申请。二是职业伤害的调查取证难。传统工伤多为企业内部生产安全事故，而新业态从业人员职业伤害多为交通事故，如不及时报警或就医，调查取证难度相对较大。三是浦东新区"新职伤"保障的试点时间较短，职业伤害保障政策性强、涉及部门多，平台企业、商保机构、人社部门三方还需要进一步加强沟通和磨合，以更好地保障新就业形态从业人员权益。

（二）智慧医保与医疗机构分级分类管理有待加强

1. 智慧医保的精细化管理有待加强

目前，数据共享应用等相关的法律法规不够健全，数据流转过程对个人、社会隐私安全保障提出新要求。数据共享渠道不太通畅，共享数据字段不够全面。目前缺乏全市统一的医疗救助系统，医疗救助系统各区各办、互不相通，数据赋能共享共用尚未实现，难以形成全市一体化经办服务格局，医保精细化管理水平仍需继续提升。

2. 医疗机构分级分类管理有待加强

异地就医结算、DRG/DIP 支付方式改革、门诊共济保障、定点零售药店门诊统筹管理等改革措施的推进和开展，对建立健全基金监管制度以及医药机构分级分类管理提出了新要求。浦东根据不同医药机构类别、医保支付方式以及以往监督检查情况，采取不同监管措施，开展精细化、针对性管理的水平还有待进一步提高。

（三）社会救助结构和救助范围有待进一步优化

1. 救助结构偏重经济，救助服务有待强化

目前，社会救助的实施形式以现金救助为主，救助形式单一、救助结构失衡的问题有待解决。在接受多个救助项目时，"低保+医疗"或"低保+医疗+其他"模式最为常见。救助类型以现金为主、实物为辅，救助对象所获得的救助服务极少。以上情况说明浦东新区服务类救助还比较薄弱，需要大

力加强物质和金钱帮扶之外的服务类救助。

2. 救助范围有待扩大，帮扶深度有待拓展

目前，社会救助主要面向本地户籍居民，浦东新区社会救助对非本地户籍居民的覆盖存在缺口。在人口流动和人户分离常态化的背景下，解决流动人口的救助问题尤为重要，关系到能否推进浦东新区社会救助的高质量发展。

五　浦东完善多层次社会保障体系的对策建议

（一）强化精准救助，多措并举推进高质量发展

1. 健全梯队化队伍，提升主动服务能力

以"三支队伍"为抓手，发挥新区培训师队伍骨干力量，锻造街镇社会救助工作中坚力量，夯实社区救助顾问兜底力量，积极引导街镇开展多样性、针对性的全员或专题培训，采取视频及线上方式加大政策宣传力度，进一步优化知识结构，确保在岗人员政策理解准确、政策执行到位。同时，以社会救助绩效综合评价、抽查检查、综合治理等方式，强化对街镇的指导监管，确保政策和资金落实到位，兜牢、兜实、兜好民生底线。

2. 加强信息化建设，提升智慧救助水平

夯实社会救助数据底座，持续优化浦东新区精准救助平台，推动数据共享更全面、更及时、更准确，强化困难对象监测预警、自动推送功能。开发移动端小程序，延伸精准救助平台触角，依托社区救助顾问进一步健全主动发现机制，畅通"政策找人"路径，强化动态管理，提升发现精准度。

3. 促进多元化参与，提升温暖救助指数

完善社会力量参与社会救助的机制和渠道，探索建立困难群众需求与慈善公益资源对接平台，更好地促进"慈善公益联合捐"项目转化。继续深化"家庭成长计划""心希望""新启程"等成长系救助品牌，引导慈善组织、专业社工、志愿服务等多元化主体参与扶弱济贫，实施"物质+服务+

心理"多元化救助，实现生存型救助向发展型救助转变。

4. 推进平台化建设，提升规范管理能级

守牢安全管理底线，启动救助管理机构修缮改造工程，以齐全的硬件设施和优质的人文关怀满足不断发展的多样化、精细化的救助服务需求。建立流浪乞讨人员管理信息化系统，实行"1库3终端"的全流程管理，为受助对象提供一站式服务，进一步细化救助服务流程、强化技术支撑，努力做到数据实时更新、信息互通共享、监管及时跟进，规范救助管理工作流程，强化事中、事后服务事项记录，推动构建统一、规范、多级联动的"互联网+"服务体系。

（二）完善工作机制，切实提升社会救助管理效能

1. 进一步完善"新职伤"试点工作机制

一是要强化部门协同联动。建立"工伤+公安交警"联席机制，与公安部门、各街镇通力合作，依托"工伤一件事"智慧平台，整合相关信息，重点监测交通事故高发区域，进行集中安全教育宣传；依托区工伤调解体系，推动新业态职业伤害矛盾纠纷源头预防、前端化解。二是要搭建信息共享平台。建立职业伤害保障专项数据库，采集各类新就业形态企业基本信息、劳动者信息、用工关系信息、参加社会保险信息等，推动政府部门和平台企业在用工信息、平台接单数据等方面实现深度对接。三是要抓好职业伤害预防。以切实降低交通事故发生率为抓手，打出安全配送组合拳。鼓励平台企业与交管部门定期开展交通安全培训和警示教育活动，定期发放和更换安全行驶护具；倡导平台企业合理规划订单派送路线，优化派单流程和派单时长。四是要完善业务经办系统。研究并推行"新职伤一件事"经办系统，打通一系列环节，实现流程实时可查询，保障业务办理渠道畅通，用好一个平台，办好申请、受理、认定一件事。

2. 进一步健全"社区救助顾问"工作机制

要进一步推动社区救助顾问工作机制规范化建设，形成一套操作规范文件，建立一支专业队伍（由社会组织和救助工作人员组成），培养一批先进

人物（挖掘优秀社区救助顾问，宣传先进事迹）。通过"线上""线下"救助顾问专业队伍，了解、掌握、核实辖区居民困难情况，特别是掌握浦东新区范围内人户分离困难群众和跨区人户分离困难群众的实际情况，将工作触角延伸到困难群众身边，实现对困难群众的陪伴式、全程式救助帮扶。

3. 进一步健全"政策找人"主动发现机制

要进一步完善主动发现机制，提升"政策找人"的制度化、标准化水平。依托浦东新区精准救助平台，结合大调研大走访，构建多重困难家庭模型，调校不同类型家庭特征，筛选出需关注的轻度、中度、重度困难家庭；勾连一项或多项民生数据，智能发现社区困难家庭"沉默的少数"，精准刻画个人画像；结合走访接待、信访舆情、突发情况等日常工作，发现困难群众的帮扶需求；根据项目规则，匹配重点人群，锁定帮扶人群，畅通退出机制。设置双向认领模块，搭建社会力量参与平台。构建完善"社区救助顾问"工作模式，强化分级指导，规范服务流程，增强服务能力。通过线上精准救助平台的智能分析和线下社区救助顾问的走访摸排，实现协同发力，精准发现、主动服务困难群众。

4. 改善社会救助比重结构

制定社会救助工作规划时，调增服务类救助比例，在经费、资源等分配方面体现出对服务类救助的有意识倾斜。可以将无监护人救助对象的社会救助服务，包括独居或失独老人的监护服务、困难家庭子女的教育辅导等服务、困难家庭青少年的心理救助服务、困难家庭老年人的陪护交流与精神慰藉服务、困难家庭需陪护家庭成员的社会化照护服务等明确列入社会救助内容。

5. 加强社会救助培训师队伍建设

要鼓励、引导基层社会救助工作骨干申报培训课程，为浦东新区社会救助培训师队伍输送高质量人才。改变培训方式和扩大培训范围，通过线上培训，将救助政策培训覆盖到全区"社区救助顾问"队伍，确保基层政策执行不走样。

6.开展社会救助宣传工作

要积极拓宽宣传渠道，丰富宣传介质，构架多渠道、全方位、多层次的立体化社会救助政策宣传格局，确保困难群众"求助有门、受助及时"。深挖社会救助典型事例、成功经验，着力正面宣传，提高社会知晓度和感受度，争取社会各界进一步的关心和支持。

（三）强化监管机制，完善多层次医保制度体系

1.持续推进医疗保障待遇清单制度落地

稳妥落实全市职工医保门诊共济改革。健全防范和化解因病致贫预警长效机制，落实全市重点医疗救助对象应保尽保，全面推进医疗救助"免申即享"。用好中央财政医保能力建设专项资金，提升医保经办服务能力。开展系列宣传，提升医保政策知晓度。

2.加强长护险定点服务机构监管

要加强机构管理，探索长护险定点服务机构优胜劣汰机制。进一步做实街镇机构双向选择约定服务，建立网格化监管模式，夯实街镇属地责任。发挥长护险服务技能比武竞赛"以赛促训"作用，引导长护险定点服务机构建立护理员继续教育制度。加强长护险基金使用监管，及时修订完善长护险监管办法及正负面清单，建立区级统一的长护险居家服务信息化监管平台，实时发现问题、及时预警和处置。

3.加强医保基金监管

要进一步健全事前预防（自查）、事中预警（审核）、事后执法（查处）的监管机制，积极推动落实医保基金监管信用管理，有针对性地开展激励约束措施，加强信用评价结果运用。鼓励医药机构自主开展医保培训和定期自查，强化机构自律意识，促进机构自我约束。

4.优化医保经办服务

聚焦便捷化精准化，有序推进被征地人员参保补贴"免申即享"工作，加速推进医疗救助"免申即享"人群全覆盖，提升"免申即享"政策知晓率和签约率，进一步优化医疗救助操作系统，升级细化资金清算模块，确保

救助资金合理合规、精准使用。聚焦规范化，持续加强内控工作，落实内控检查，做到"每月有检查，每季全覆盖"，发现问题及时落实整改。聚焦标准化，推进医保服务大厅标准化改建。以统一规范、高效便民为原则，按照标准对医保服务大厅布局和窗口设置进行调整和改建，不断提高医保辨识度和服务便利性。

浦东新区紧紧围绕中央全面建成多层次社会保障体系的重大战略部署，深刻践行"人民城市人民建，人民城市为人民"的服务理念，积极推进以优化完善现代社会救助福利体系为目标、以互助共济为价值内核的多层次社会保障体系建设。"十三五"期间，浦东新区聚焦薄弱环节，不断完善保障体制机制，扩大社会保障覆盖面。当前，"十四五"进程已过半，浦东新区在"兜底线、织密网、建机制"上持续发力，成绩斐然，与城市发展进程相同步、与经济发展水平相适应、覆盖全民、城乡统筹、权责清晰、保障适度、可持续的多层次社会保障体系日臻完善，勾勒了浦东新区高品质生活画卷中浓墨重彩的一笔。

参考文献

尹蔚民：《全面建成多层次社会保障体系》，《人民日报》2018 年 1 月 9 日。

《浦东新区国民经济和社会发展第十二个五年规划纲要》，《浦东时报》2011 年 2 月 11 日。

《浦东新区国民经济和社会发展第十三个五年规划纲要》，《浦东时报》2016 年 2 月 2 日。

《浦东新区国民经济和社会发展第十四个五年规划和二〇三五年远景目标纲要》，《浦东时报》2021 年 1 月 21 日。

B.6

健康生活：浦东新区公共健康
服务体系建设

徐 凌*

摘 要： 人民健康是中国式现代化的重要标志，保障人民健康权益是政府不可推卸的重要职责。近年来，浦东新区坚决贯彻健康中国战略要求，围绕健康浦东建设的目标任务，积极探索公共健康服务体系建设，从健康知识素养、健康服务保障、健康环境治理等方面综合施策，实现了区域健康事业发展的整体性跃升。在此过程中，浦东新区形成了一些可复制、可推广的经验成果，也暴露了一些有待完善的短板弱项。为此，我们要坚持把维护人民健康权益放在突出位置，着力推进办医格局多元化、资源配置均衡化、要素布局合理化、分级诊疗制度化、健康服务优质化，以此推动健康浦东建设不断取得新成效，让人民群众更好地享受高品质健康生活。

关键词： 大健康模式 医疗卫生 家庭医生 医联体

健康是民生之本。2020年9月，习近平总书记在教育文化卫生体育领域专家代表座谈会上强调，"要倡导健康文明的生活方式，树立大卫生、大健康的观念，把以治病为中心转变为以人民健康为中心"。2020年11月，他在浦东开发开放30周年庆祝大会上强调，"全方位全周期保障人民健康"。习近平总书记的指示要求，既顺应了人民群众的美好生活需要，也指

---

* 徐凌，中共上海市浦东新区委员会党校副教授，研究方向为当代中国政府与政治、创新战略与产业政策。

明了我国卫生与健康事业的前进方向，更为浦东引领区的健康事业发展提供了根本遵循。

浦东新区引领区建设两年多来，深入贯彻"以人民健康为中心"的发展理念，积极构建"大卫生、大健康"模式，按照上级有要求、百姓有期盼、浦东有能力的原则，持续深化改革，扩大资源总量，补齐短板弱项，优化总体布局，推动医疗卫生事业不断取得新进展，健康浦东建设不断取得新成效。

一 浦东新区公共健康服务体系建设的缘起背景

健康是人民幸福之本，是民族昌盛之源，是国家富强之基。为满足人民日益增长的美好生活需要，党中央做出了实施健康中国战略的重大决策部署，上海市也制定了落实健康战略的具体政策措施，引导推动浦东新区公共健康卫生事业发展不断迈上新台阶。

（一）健康浦东建设是实施健康中国战略部署的内在要求

我们党历来高度重视人民健康工作。进入新时代以来，以习近平同志为核心的党中央把维护人民健康摆在更加突出的位置，确立了新时代卫生与健康工作方针。2015 年 10 月，党的十八届五中全会明确提出推进健康中国建设，从国家战略布局出发，对更好保障人民健康做出了制度性安排。2016 年 10 月，《"健康中国 2030"规划纲要》正式印发，明确了推进健康中国建设的宏伟蓝图和行动纲领，推动人民健康状况和基本医疗卫生服务的公平性、可及性持续改善。2019 年 7 月，国务院发布《关于实施健康中国行动的意见》，出台相关组织实施和考核方案，推动健康中国建设向纵深发展。2020 年 10 月，党的十九届五中全会在党的文件中第一次明确提出"高品质生活"和"改善人民生活品质"。2022 年 10 月，党的二十大报告进一步以"增进民生福祉，提高人民生活品质"为题，专辟篇章予以详细阐述，并把"推进健康中国建设"纳入其中，明确把健康纳入人民生活品质范畴，完善了高品质生活的内涵体系，成为推进中国式现代化的重要目标。

（二）健康浦东建设是落实健康上海行动计划的重要内容

围绕贯彻落实中央的决策部署，2018 年 5 月，上海市制定出台了《"健康上海 2030"规划纲要》，探索上海特色的健康指标，把健康重点放在"治未病"，成为推进健康上海建设的行动纲领。2019 年 8 月，上海市编制出台全国首个省级层面的中长期健康行动方案《健康上海行动（2019～2030年）》，对标国际最高标准、最好水平，突出 2022 年和 2030 年两个时间节点，推进 18 项重大专项行动，落实 100 条具体举措，配套设立 177 个监测考核指标，全面提升健康上海建设能级。经过三年多建设，上海市已有 20 项健康指标提前达到"健康中国 2030"的目标要求，在十大领域实现了"全国率先"，健康上海建设取得重要进展①。

（三）健康浦东建设是创造浦东高品质生活的关键举措

浦东新区始终坚持"以人民为中心"理念，着力完善底线民生、基础民生、质量民生的大民生格局，推进各项社会事业稳步发展。2018 年 7 月，浦东新区四届区委四次全会提出，要深入实施"四高"战略，并把创造高品质生活作为满足人民群众日益增长的美好生活需要的必由之路，全力打造满足人民美好生活需要的民生新格局。2021 年 9 月，浦东新区印发了《浦东新区卫生健康发展"十四五"规划》，次月又出台了《健康浦东行动（2020～2030 年）》，精准对接人民群众对美好健康生活的需要，全方位保障居民健康。2021 年 11 月，浦东新区第五次党代会报告提出，要全力创造高品质生活，深入建设健康浦东。2022 年 7 月，浦东新区印发《关于加快打造社会主义现代化引领区的意见》，进一步强调着力创造高品质生活，为

---

① 左妍：《健康上海行动实施 2 周年：跨部门合作 全社会动员 健康上海行动力 健康城市软实力》，新民晚报官方账号，https：//www.163.com/dy/article/GID9A2LN0512DU6N.html，2021 年 8 月 27 日。

群众提供全方位全周期健康服务。这些机制举措聚焦群众健康的急难愁盼问题，努力满足不同人群的健康需求，进一步筑牢了群众健康防护网，让群众对健康服务的获得感更加充实、更有保障、更可持续。

二　浦东新区公共健康服务体系建设的目标定位

经过多年发展，浦东新区医疗卫生资源得到明显改善，健康服务水平实现整体提升。在此基础上，浦东新区立足当前、着眼长远，对标最高标准、最好水平，科学编制发展目标，努力让群众有更多健康获得感。

(一)客观把握现实基础

一是关键指标方面。2022 年浦东新区户籍人口期望寿命为 83.18 岁；常住人口孕产妇死亡率为 3.33/10 万，户籍人口孕产妇死亡率为 0，低于上海地区孕产妇 3.42/10 万的死亡率；新生儿死亡率为 1.13‰，婴儿死亡率常住人口为 1.46‰、户籍人口为 1.29‰，5 岁以下儿童死亡率为 2.87‰；成功抢救危重孕产妇 85 人，抢救成功率为 97.7%；转运危重新生儿 1137例，抢救成功 1126 例，抢救成功率超过 99%。

二是社区卫生方面。目前，浦东新区社区卫生服务中心平均设立 12 个诊疗科目，最多达到 17 个；19 家社区卫生服务中心可开展囊肿切除、清创缝合等外科小手术，较 2022 年底增加 2 家，每月平均开展小手术 112 例，较 2022 年月均增加 38 例；社区卫生服务中心平均诊治病种数 124 种，平均开展适宜技术 58 种①。

三是医疗服务方面。2022 年底，全区各医疗机构诊疗总次数为 4391.20万人次，卫生部门总诊疗次数为 3397.22 万人次，其中医院 2349.06 万人次、社区卫生服务中心 1040.32 万人次、专业公共卫生机构 7.84 万人次；工业及其他部门诊疗总次数为 993.98 万人次，其中医院 537.88 万人次（民

---

① 唐闻佳：《浦东多措并举提升社区卫生服务能力》，《文汇报》2023 年 7 月 28 日。

办医院 500.68 万人次）、门诊部 167.8 万人次、诊所（含内设医疗机构）107.22 万人次、村卫生室 181.08 万人次。

四是便捷就医方面。积极推进医疗服务数字化转型，持续推动预约诊疗、互联网诊疗和互联网医院建设。目前 7 家区属综合性医院互联网医院均建成运行，区属医疗机构预约时间段、平均预约就诊等待时间均控制在 30 分钟以内，社区预约时间段为 15 分钟，就诊预约率以及互联互通互认率稳步提升。医疗付费"一件事"脱卡支付使用率不断提升，就医流程进一步优化，2022 年全年累计脱卡挂号 187.60 万人次，累计脱卡支付 168.82 万人次[①]。

五是体育健身方面。截至 2022 年底，全区人均体育场地面积为 2.56 平方米，超过本市平均水平。全区现有各类体育场地 11064 个，新增体育场地面积超 52.86 万平方米，国际马术中心、周浦体育中心、川沙体育中心 2023 年落成，体育健身设施建设取得积极成效，为市民带来了更多家门口的健身好去处[②]。

（二）科学设置发展目标

一是阶段目标。根据 2021 年 9 月浦东新区发布的《浦东新区卫生健康发展"十四五"规划》，到 2025 年，浦东新区将建成与经济社会发展水平相适应、与社会主义现代化建设引领区功能定位相匹配、以人民健康为中心的整合型、智慧化、高品质健康服务体系，实现更高效率的资源配置，开展更高标准的行业监管，建设更高水平的公共卫生体系、更高质量的医疗服务体系、更高素质的人才队伍。

从具体指标来看，包括预期性指标和约束性指标两大类 16 项指标。其中，预期性指标共有 13 项，主要包括人均预期寿命达到 85 岁左右，婴儿死亡率不超过 5‰，孕产妇死亡率不高于 7/10 万，每千人口全科医生数达到 0.45 人，等等。约束性指标共有 3 项，分别为平战结合医院储备床位数不

---

① 上海市浦东新区卫生健康委员会、上海市浦东卫生发展研究院：《2022 年浦东新区卫生发展报告》，上海科学技术出版社，2023。

② 曹之光：《浦东市民"家门口"健身好去处持续增加》，《浦东时报》2023 年 7 月 24 日。

低于 600 张，二级以上精神专科医院开设儿童青少年心理门诊比例达到 100%，院前急救平均反应时间稳定在 12 分钟以内（见表 1）。

表 1　2025 年浦东新区卫生健康发展指标

序号	指标名称	属性	2025 年目标
1	人均预期寿命（岁）	预期性	85 岁左右
2	婴儿死亡率（‰）	预期性	≤5
3	5 岁以下儿童死亡率（‰）	预期性	≤4
4	孕产妇死亡率（1/10 万）	预期性	≤7
5	常见恶性肿瘤诊断时早期比例（%）	预期性	≥37
6	居民健康素养水平（%）	预期性	≥36
7	每千人口医疗机构床位数（张）	预期性	6.3 左右
8	平战结合医院储备床位数（张）	约束性	≥600
9	每千人口执业（助理）医师数（人）	预期性	≥3.4
10	每千人口注册护士数（人）	预期性	≥4.3
11	每千人口全科医生数（人）	预期性	0.45 左右
12	精神科执业（助理）医师数（人/10 万人口）	预期性	4.8
13	二级以上精神专科医院开设儿童青少年心理门诊比例（%）	约束性	100
14	院前急救平均反应时间（分钟）	约束性	稳定在 12 分钟以内
15	每千人口献血率（%）	预期性	完成市下达目标
16	三级医院复诊患者中使用互联网诊疗的比例（%）	预期性	≥10%

资料来源：《浦东新区卫生健康发展"十四五"规划》（2021 年 9 月 27 日）。

二是远期目标。根据《浦东新区卫生健康行动（2020～2030 年）》的部署安排，到 2030 年，浦东新区将形成比较完善的区域健康服务体系、制度体系和治理体系，健康与经济社会协调发展，健康公平持续改善，人人享有高质量的健康服务和高水平的健康保障，健康环境不断优化，居民主要健康指标达到世界发达国家和地区前沿水平。

从具体指标来看，包括描述定性指标和数据量化指标两大类 40 项指标。其中，描述定性指标共有 8 项，包括人均预期寿命、婴儿死亡率、5 岁以下儿童死亡率、孕产妇死亡率等指标保持在发达国家水平。建立并完善健康科普专家库和资源库，构建健康科普知识发布和传播机制；建立医疗机构和医务人员开展健康教育和健康科普的绩效考核机制。数据量化指标共有 32 项，主要包括人均健康预期寿命不低于 72 岁、新生儿遗传代谢性疾病筛查率达到 98%、中小学生每天校内体育活动时间不低于 1 小时、药品质量抽检总体合格率不低于 98%，等等①。

三 浦东新区公共健康服务体系建设的举措机制

围绕健康战略目标任务的贯彻落实，浦东新区聚焦健康浦东建设主题，深入探索创新公共健康服务体系建设的机制，采取了一系列行之有效的举措，为健康浦东建设奠定了良好的发展基础。

（一）提升健康知识素养

一方面，倡导健康绿色生活方式。多次向各街镇发放健康类宣传品，其中 2021 年发放《上海市民健康行为知识读本》共计 204 万套、《上海市民健康公约》宣传折页 8 万份、《大众卫生报》5.5 万份、控烟宣传资料 4 万份、健康支持性工具约 14.8 万份。积极开发合理膳食传播材料 2 套，认真开展合理膳食宣传活动 366 次，指导社区开展减盐、减油、减糖等知识宣传培训 13 次②。走进社区和学校，以悬挂宣传横幅、发放宣传资料、张贴宣传海报、设置宣传主题展板、设置免费咨询台等多种形式，引导群众践行健康生活方式。

另一方面，开展健康知识科普宣传。围绕"5·31"世界无烟日、全民健康生活方式宣传月等主题，开展丰富的线上线下宣传活动。开展全民健康素养提升科普服务配送项目，广泛动员社区群众参与各类健康科普讲座活动。开设"健康自我管理训练营"课程，帮助群众增长在饮食、作息、情绪管理方面的健康知识。推出"健康主播"21 天打卡活动，运用"喜马拉

---

① 《浦东新区卫生健康发展"十四五"规划》，2021 年 9 月 27 日。
② 上海市浦东新区卫生健康委员会、上海市浦东卫生发展研究院：《2021 年浦东新区卫生发展报告》，上海科学技术出版社，2022。

雅"APP，引导组员用声音传播健康知识，共吸引 500 多人次参与。借助广播电视、"疾控 U 健康"微信公众号、科普讲座和咨询宣传，针对重大疾病防治，开展健康宣教，倡导健康生活方式和癌症早发现、早诊断，提高居民癌症防治核心知识知晓率。

（二）强化健康服务保障

一方面，推进区域医联体协同联动。各医联体牵头医院均开设社区服务专窗，57% 的诊疗号源面向社区开放，社区转诊患者享有就诊检查和住院的优先权。探索建立医联体联合病房机制，发挥医联体牵头医院优势学科辐射效应，将上级医院治疗稳定期患者转至社区联合病房，由上级医院医护团队下沉查房和带教，提升社区医疗水平和床位使用率，形成急慢分治、上下联动的分级诊疗秩序。

另一方面，健全公共卫生经费保障机制。按照基本公共卫生服务均等化要求，逐步提高人均基本公共卫生服务经费财政补助标准，满足群众基本公共卫生服务需求。统筹安排重大公共卫生服务项目经费预算，按规定落实重大公共卫生事件应急处置经费。完善专业公共卫生机构经费保障机制，提高财政资金的综合使用效益。

（三）深化健康环境治理

一方面，加强药品卫生安全监管。药品供应保障制度持续优化，在市"阳光采购"平台全量线上采购药品。强化用药监测和合理用药考核，重点做好精麻药品等的临床使用管理。全行业管理不断优化，"六个双"监管应用形成闭环。加强监督检查工作，2022 年共组织各类联合执法行动 176 次，完成各类监督检查 30362 户次，合格率达到 96.45%；开展监督抽检 2178次，合格率达到 92.84%[1]。

---

[1] 上海市浦东新区卫生健康委员会、上海市浦东卫生发展研究院：《2022 年浦东新区卫生发展报告》，上海科学技术出版社，2023。

另一方面，构建安全的食品环境。在食品流通环节积极推进"守信超市"相"放心肉菜示范超市"创建工作，同时积极联合区工会、教育等业务主管部门，在餐饮单位开展放心餐厅、放心食堂的创建，以连锁餐饮企业及中型以上公共餐饮服务单位为重点，以学校食堂为关键，建成了一批有示范、引领、带动作用的"放心餐厅""放心食堂"，全面提升了餐饮服务食品安全管理水平。

（四）营造全民健身氛围

一方面，构建更高水平全民健身公共服务体系。积极提供更加优质、均衡、便捷的健身服务，深入推进体育组织社会化管理的改革与探索，引导群众开展科学健身，促进全民健身与全民健康深度融合发展。新区人均体育场地面积超过全市平均水平，有效保障了广大居民群众的健身需求。

另一方面，推进全民健身活动。按照"全民健身，全民参与"的办赛理念，发挥政府统筹协调作用，调动社会组织和市场力量积极性，增强整体工作合力。举办"活力浦东"浦东新区全民健身系列活动及上海城市业余联赛相关赛事，通过城市定向赛、健康走、体能达标赛、橄榄球、瑜伽、跆拳道、智能运动会等体育项目，让不同水平、不同年龄、不同需求的体育爱好者都能找到适合自己的赛事活动，营造欢乐和谐的社会氛围，引领文明健康新风尚。

（五）推动全人群健康促进

一方面，加强妇幼保健工作。落实妊娠风险预警评估和风险防范，加强重点孕妇管理，关口前移，减少孕产妇急危重症的发生。规范产科静脉血栓栓塞症防治，降低栓塞性危重孕产妇发生率，积极探索孕产期心理保健社区筛查项目，优化妇幼心理保健工作。落实出生缺陷三级综合防治，推进婚前医学检查、孕前优生及增补叶酸项目开展，完善产前筛查和产前诊断网络建设。加强危重新生儿的抢救综合管理，举办新生儿窒息复苏专项培训，提高抢救成功率及危重儿的存活质量。整合医教结合理念，打造儿童早期发展建设支持联盟，探索建立筛查转诊—医学评估—教育干预体系。

另一方面，鼓励存量养老机构内设医疗机构。加快促进医养康养资源集聚，目前实际运营养老机构内设医疗机构 55 家，社区卫生服务机构与为老服务机构签约共建率达 100%。深入推进长期护理保险制度试点工作，目前全区享受长护险护理服务人数为 53 万人，其中居家服务对象 3.86 万人、机构服务对象 1.44 万人。开展家庭养老赋能项目，在 36 个街镇全面推开居家适老化改造，改善老年人的生活环境。积极推进康复辅具进家庭，缓解老年人居家照护压力。

四　浦东新区公共健康服务体系建设的成效不足

浦东新区始终注重健康事业与经济社会的协调发展，公共健康服务体系建设取得了不少成效，但与引领区建设的目标要求相比，仍然存在一些有待克服的短板，我们需要客观分析、正确把握，在补短板、强优势中推进区域健康事业行稳致远。

（一）取得的主要成效

一是公共卫生体系高效有力。主动发现网络更加严密，构建监测哨、传染病医院、急救防病转运有机联动、闭环救治的"浦东模式"。公共卫生服务能力持续提升，疾控中心分部等一批重大公共卫生项目开工建设，急慢性传染病发病率长期保持较低水平，完成免疫接种门诊信息化管理全覆盖，完善危重孕产妇、新生儿抢救网络。公共卫生安全防线更加稳固，高分通过国家慢性病综合防控示范区复评审，顺利通过国家卫生区复审。

二是医疗服务体系日益完善。公立医院服务能力再提升，公利医院、浦东医院、浦东新区人民医院、周浦医院等 4 家医院成功创建成为三级乙等综合性医院，成为全市首批区域性医疗中心建设单位，区属三级医院达 6 家。建成 9 个区域医疗联合体，6 个专病专科联盟，儿科、妇产科联合体不断发展。临床学科内涵持续深化。资源布局持续优化，初步形成由医学中心、区域医疗中心、社区卫生服务中心组成的服务网络。肿瘤医院东院投入运行，东方医院新大楼、市第七人民医院综合楼、浦东医院科教楼、公利医院科教楼相继投入使用。"15 分钟服务圈"、"家门口"服务体系无空白、无盲点，急救平均反应时间缩短至 12 分钟以内。分时段精准预约、集中检验检查预约等举措开始实施。实现市、区医疗机构互联互通互认，医疗付费"一件事"全覆盖。综合医院儿科门诊规范化建设全面完成，7 家区属综合性医院、浦东新区中医医院、浦东新区精神卫生中心互联网医院建成运行。

三是医药卫生体制改革不断深化。推进现代医院管理制度，公立医院管理模式和运行方式向质量效益型和管理精细化转变，落实整治药品回扣"1+7"文件。"1+1+1"签约服务不断深化，截至 2023 年 7 月底，常住人口签约率为 43.47%，提前完成市卫健委年度考核指标。每年编制并向社会公开营利性医疗机构设置审批标准和指引清单，实现二级及以下社会办医机构设置、执业"二证合一"。基层医疗机构实行医师执业双范围或多范围注册，医疗广告审批实施告知承诺。健康服务业形成规模，国际医学园区被列入本市健康服务业集聚区建设。医疗国际化不断发展，有日资独资医院 1 所、中外合资医院 8 所、可直接结算国际医疗保险的医疗机构 43 所。

四是中医药综合改革有序推进。中医药服务布局持续优化，建成由曙光医院牵头的上海东部中医医联体和 3 个专病联合体，通过全国基层中医药工作先进单位复评审，市第七人民医院通过三级中西医结合医院复评审。中医药综合改革试验区建设卓有成效，中医药科技创新体系建设及中西医结合公共卫生服务体系建设经验在全国复制推广。持续深化中医医疗质量控制和中医药服务综合评价，推进"四个标准化"建设，完成中医临床特色优势品牌培育项目全覆盖，探索开展社区全科医疗、综合性医院中西医融合发展等新模式。

五是人口和家庭健康服务更加优化。全面两孩政策有序实施，总和生育率、户籍人口自然增长率高于全市平均水平，二孩比重稳定上升。特殊家庭扶助 100%落实，健康、照护、再生育相关服务拓展深化。加强母婴设施建设，应建母婴设施公共场所配置率达到 100%，全区 414 个母婴设施点位对公众开放，相关信息可在健康云上查询。服务管理事项改革不断深化，预约诊疗服务流程进一步优化，"数据多跑腿，群众少跑路"全面实现。

六是全民健身公共体育设施网络更加完善。健全"市—区—街镇—村居"四级公共体育设施服务体系，截至2023年7月底，拥有市级场馆2家、区属场馆7家，社区健身中心23家、市民健身驿站33个、社区健身苑（点）4358个，建成市民健身步道155条、特色步道3条、慢行休闲道200公里。各街镇均建有体育健身中心，实现100%的社区设立社区指导站，100%的村居建有健身设施。推进场馆公益开放，公共体育设施免费或低收费开放率达到100%；全区264所公办中小学校体育场地设施对社区居民开放，开放率达到95%，室外场地全部免费对外开放①。

（二）存在的困难不足

一是优质医疗资源与社会经济发展水平不匹配。优质医疗资源引进仍需多方协调，目前祝桥、曹路等综合医学中心项目落地速度较慢，心胸外科、神经外科、皮肤科、眼耳鼻喉科等市级高水平专科力量比较薄弱。区属医院中，仍存在高水平医学学科数量不足、分布不均和高级人才缺口较大的问题。在需求明确的45种学（专）科中，浦东区属医院仅有东方医院重症医学科取得国家级重点专科称号，因此尚未实现使浦东居民"看病不过江"的目标。

二是人均卫生资源与群众健康需求不匹配。浦东新区人均卫生资源在全市处于较低水平，且新区常住人口多、服务量大，医务人员超负荷工作情况普遍，而现有薪酬制度、政府财力投入机制等不能按实际需求有效供给，导致人才流失现象日益严重，对提高浦东新区卫生人才的专业技术和服务水平也造成了一定阻力，且不利于医务人员身心健康。

三是社区卫生服务能力与分级诊疗制度建设不匹配。在以往服务体系下，社区卫生服务中心作为分级诊疗和保障居民健康的网底，离居民还不够近、不够亲，全科医生健康管理意识和方式也有待提高和改进，不能完全发

---

① 曹之光：《浦东市民"家门口"健身好去处持续增加》，《浦东时报》2023年7月24日。

挥健康"守门人"的作用，而其分支社区卫生服务站与村卫生室，功能又较为单一、基础，不能满足居民的健康服务需求。

四是信息化配套建设与全行业监管要求不匹配。新一轮医改方案对卫生全行业监管提出了较高的要求，且在"制度+科技"的总体设计下，需要依托信息化技术，探索建立全行业管理决策支持和监管系统，实现医疗—医药—医保全行业全过程监管。但是，信息化项目建设存在建设周期过长、常规预算不足、支付模式滞后等问题，对于及时落实医改有关政策和要求造成较大困难。

五　浦东新区公共健康服务体系建设的经验启示

浦东新区坚持把维护人民健康权益放在突出位置，着力构建大健康发展格局，完善公共健康服务体系，持续增进民生福祉，形成了一系列可复制、可推广的经验成果，谱写了健康生活的浦东篇章。

（一）坚持推进大健康发展模式

所谓大健康，是指对人类生命体实施全方位、全要素、全过程的精心呵护。这意味着我们不仅要追求身心健康，也要追求精神健康；不仅要治愈疾病，也要抵御疾病。浦东新区在推进健康行动过程中，大力倡导绿色低碳生活方式，积极开展健康知识宣传普及活动，提高了群众的健康素养；加强体育健身设施建设，组织全民健身体育活动，促进了体医融合发展；加大健康环境治理力度，推进全人群健康促进行动，关心青少年心理健康和老年人康复，这些举措全面保障了人民群众的健康权益。我们落实大健康理念，需要使医疗服务模式从"治已病"向"治未病"转变，构建完善大健康格局，为居民群众提供全方位、全周期的健康服务。

（二）坚持强化基层医疗服务能力建设

基层医疗体系承担着预防、医疗、康复、保健、健康教育等多项服务功能，是保障群众健康的第一道防线，是社会医疗服务体系的基础。近年来，浦东新区以社区卫生服务中心建设为抓手，积极深化社区卫生综合改革，加强全科医生队伍建设，完善家庭医生签约服务机制，社区门诊总量占全区门诊总量的 1/3 左右，家庭医生签约常住人口达 206.95 万人，在卫生服务体系建设中发挥了关键作用。加强基层医疗服务能力建设，重点是在政策层面加强顶层设计，健全社区卫生服务网络，提升全科医生能力水平，落实家庭医生首诊负责制，加强基层医疗机构建设，推动数字化信息技术应用。

（三）坚持促进医联体全方位融合

医联体构建需要通过一系列综合流程实现，不同类型医联体应当有所侧重。医联体建设应结合卫生政策和区域特点进行综合考虑。有的医联体侧重于运行结构和制度的统一，有的侧重于专业行为和团队精神的规范。医联体的制度建设过程需分清层次，在相关政策体制的基础上，通过建立激励机制和绩效考核制度，调动医联体中医疗机构的积极性与主动性。

（四）坚持完善逐级转诊网络体系

双向逐级转诊制度的实施，有利于方便患者就医、降低医药费用、节约医疗资源。我们需要加大各种医疗资源统筹力度，进一步优化各类医疗资源的布局，构建分工明确的运行体系，实行无缝隙一体化服务。采取有力举措，明确区分私营医院和公立医院，进行分级分类差异化管理，推动医疗投入继续向社区卫生服务中心转移，让医院放得下、社区卫生服务中心接得住。引导私人诊所、综合诊所等惠民设施入驻居民区，努力创造便捷高效的健康生活环境。

六　浦东新区公共健康服务体系建设的对策建议

人民健康是社会主义现代化强国的根基。作为社会主义现代化建设引领区，浦东新区应当全力贯彻健康中国发展战略，扎实推动健康浦东建设部署要求，在推动人民健康事业高质量发展中彰显引领功能。

（一）推进办医格局多元化

公共健康服务体系建设是一项系统性工程，需要广泛汇聚各方资源，加快形成多元办医格局。对于浦东区域内的市级医院，要大力支持它们建设具有国际影响力的危重疑难病诊疗中心。对于区域性医疗中心，要加强常见病多发病诊疗、急危重症抢救、疑难病转诊、人员培训等功能。对于其他区属医院，要加强统筹协调，鼓励和引导功能转型、业务整合、布局调整。对于社区卫生服务中心，要打造成为政府履行基本卫生职责、市场资源整合、医养结合支持的综合性平台。

（二）推进资源配置均衡化

加强优质资源的引进和创建工作，到"十四五"时期末，区域内三级医院增加到 20 家左右。推动浦南医院、周浦医院、区人民医院等区属二级、三级综合性医院改扩建。优化传染、康复、临床研究、老年护理、精神卫生等短板资源配置。以服务半径和人口为依据，加强医疗资源配置。每 100 万人口配置 1 家三级综合医院，合理配置三级专科医院，每 30 万~50 万人口配置 1 家区域性医疗中心。按标准配置社区卫生服务机构，确保 15 分钟慢行时间内获得医疗卫生资源①。

（三）推进要素布局合理化

把临港新城作为与临港新片区功能契合的独立综合性节点城市，根据人口导入进程，适度超前配置基本医疗卫生资源，建设与高能级、智慧型、现代化未来之城相适应，与居民健康需求相匹配的卫生服务体系。支持市第六人民医院临港院区二期建设，建设浦东医院临港院区，完善区域

---

① 《浦东新区卫生健康发展"十四五"规划》，2021 年 9 月 27 日。

性医疗中心布点。远郊地区着力加强区域性医疗中心能力建设，新建社区要强化卫生服务中心的康复、护理、安宁疗护等功能。加大优质医疗卫生资源引进力度，规划布局一批重点设施工程，推进浦东公共卫生临港中心等项目建设。

（四）推进分级诊疗制度化

推进以家庭医生为基础、区域性医疗中心为支撑的分级诊疗体系建设。分类分步推进社区医院建设，打造社区康复中心、护理中心与健康管理中心，强化医防融合、全专结合的全生命周期健康服务。加强全科医生培养，做优家庭医生签约服务，持续推进"1+1+1"医疗机构组合签约，强化老年人、慢性病患者和长期照护居民签约服务，将家庭医生签约服务延伸至社区。推进医联体建设，探索以医联体为单元的医保支付制度改革，完善分工协作模式，进一步畅通双向转诊通道，形成成熟高效的分级诊疗模式。

（五）推进健康服务优质化

以同质化为抓手，落实医疗服务标准和规范，提升基层医疗服务质量和水平，实现优质医疗资源扩容下沉。以智慧医疗为方向，推动浦东健康服务数字化转型，依托"一网通办"和"一网统管"平台，优化就医场景，实施精准化预约，深入实施出生、医疗付费等"一件事"便民应用，推进"互联网+"医疗便民惠民服务。以服务患者为中心，构建专病化、集约化疾病诊治中心。以"三网联动"为基础，切实促进抗菌药物临床合理应用。继续实施改善医疗服务行动计划，促进医患双方有效沟通，完善心理服务体系，推动医务社工和志愿者服务。

健康是人民幸福之本，是民族昌盛之源，是国家富强之基。保障人民健康，既是民生民心工程，也是重大政治任务，需要持续用力、久久为功。长期以来，浦东新区以改革创新为动力，以"大卫生、大健康"理念为指引，以"补短板、强基层、建高地、促健康"为主线，全力推动卫生健康事业高质量发展，实现了区域健康事业的整体提升，为打造健康中国的"浦东样板"奠定了坚实基础。在加快打造社会主义现代化建设引领区的背景下，浦东新区将以更高水平改革开放为战略牵引，持续推进大健康事业发展，更好地彰显高品质健康生活的示范引领作用，为探索共建共享美好生活新路子继续走在前、作表率、树标杆。

参考文献

浦东新区人民政府：《浦东新区人民政府公报》2023 年第 2 期。

上海市浦东新区卫生健康委员会、上海市浦东卫生发展研究院：《浦东新区卫生发展报告（2022）》，上海科学技术出版社，2023。

方佳良、唐慧芸、花文哲：《上海市浦东新区家庭医生职业倦怠状况及影响因素分析》，《职业与健康》2023 年第 8 期。

王晓丽、刘驰：《浦东新区"便捷就医服务"数字化转型实践与思考》，《中国数字医学》2022 年第 9 期。

陈茹、刘姗姗、高秀等：《浦东新区居民健康卫生服务需要现状研究》，《中国医药导刊》2021 年第 2 期。

张寅、孙雪松、王晓丽：《浦东新区社区卫生服务中心"医疗云"建设研究及优势分析》，《中国数字医学》2019 年第 8 期。

黄慧：《上海市浦东新区医疗联合体药学服务发展的现状与问题分析》，《中国初级卫生保健》2020 年第 4 期。

唐慧芸、宋道平、张韬：《2014～2017 年上海市浦东新区家庭医生信心指数变化调查研究》，《中国全科医学》2018 年第 23 期。

陈颖盈、李艳、沙婧婧等：《上海市浦东新区社区中医全科医生家庭医生签约服务现状调查》，《中国初级卫生保健》2023 年第 3 期。

苏丽娜、万和平、张静雅等：《上海市全科医生资源配置现状及公平性研究》，《中国初级卫生保健》2023 年第 7 期。

美丽浦东：浦东新区生态环境优化研究

南剑飞*

摘　要：　构建和谐优美的生态环境是提升浦东人民生活水平和实现浦东高质量发展的基础支撑，也是提高城市治理现代化水平和城市软实力的根本依托。它是新时代社会主义现代化建设引领区浦东生态文明建设与美丽浦东建设的重要内容，同时也是夯实浦东高质量发展与可持续发展的坚实基础。本研究阐述了浦东构建和谐优美生态环境的背景意义，分析了成效及问题，并着重提出了对策建议，主要包括贯彻落实好《浦东新区生态建设和环境保护"十四五"规划》、聚焦"双碳"加快构建生态环境治理体系、建立健全绿色低碳循环发展经济体系以及显著提升浦东新区公众生态环境素养等四个方面，为新征程上社会主义现代化建设引领区浦东高质量发展与可持续发展提供重要参考。

关键词：　高品质生活　美丽浦东　构建和谐优美生态环境

习近平总书记指出："生态兴则文明兴。"综观世界发展史，保护生态环境就是保护生产力，改善生态环境就是发展生产力。良好生态环境是最公平的公共产品，也是最普惠的民生福祉。对于人的生存而言，金山银山固然重要，但绿水青山同样是人民幸福生活的重要内容，是金钱不能代替的。即便你挣到了钱，若空气和饮用水质量不合格，幸福也将无从谈起。环境就是

---

* 南剑飞，博士，上海市浦东新区行政学院教授，孙冶方经济科学研究院特邀研究员，研究方向为经济管理，生态文明。

民生，青山就是美丽，蓝天也是幸福①。

2020 年 11 月 12 日，习近平总书记在浦东开发开放 30 周年庆祝大会上的讲话指出：要构建和谐优美生态环境，将城市建设成为人与人、人与自然和谐共生的美丽家园。这标志着浦东"构建和谐优美生态环境"首次被正式提出。

2021 年 7 月 15 日，《中共中央国务院关于支持浦东新区高水平改革开放打造社会主义现代化建设引领区的意见》公开发布，第二次提出了"构建和谐优美生态环境"问题，并在文件第十八条提出了明确要求："实行最严格的生态环境保护制度，健全源头预防、过程控制、损害赔偿、责任追究的生态环境保护体系。优化企业生态信息采集和评价标准，构建生态信用体系。深化生态环境保护综合行政执法改革，健全生态环境公益诉讼制度。评估调整黄浦江沿岸和海洋生态保护红线。严格落实垃圾分类和资源化再利用制度。推动绿色低碳出行，发展以网络化轨道交通为主体的公共交通体系。"② 这正式掀开了浦东构建和谐优美生态环境、推动绿色发展、建设生态文明的新篇章。

一　浦东构建和谐优美生态环境的背景与意义

（一）重要背景

2022 年 10 月 16 日，习近平总书记在党的二十大报告中，提及 7 次"生态环境"。特别是报告指出："生态环境保护任务依然艰巨……中国式现代化是人与自然和谐共生的现代化……我们坚持可持续发展……像保护眼睛一样保护自然和生态环境，坚定不移走生产发展、生活富裕、生态良好的文

---

① 中共中央宣传部：《习近平新时代中国特色社会主义思想学习纲要》，人民出版社，2023，第 225 页。

② 《中共中央国务院关于支持浦东新区高水平改革开放打造社会主义现代化建设引领区的意见》，2021 年 7 月 15 日。

明发展道路，实现中华民族永续发展……深入推进中央生态环境保护督察"①，足见在中国式现代化进程中，生态环境的极其重要性。

2022年12月8日，总投资204亿元的浦东新区新一批生态建设项目集中开工，吹响了浦东深入学习贯彻党的二十大精神，全力打造生态文明建设先行区的号角。2023年4月13日，浦东新区统计局发布了《2022年上海市浦东新区国民经济和社会发展统计公报》。据统计：2022年全区完成新建各类绿地310万平方米，其中公共绿地130万平方米；至当年末，建成区绿化覆盖率达40.85%，人均公共绿地面积为13.2平方米；全区城市公园数达72座，比上年增加11座，占地1223.38万平方米，增长29.2%。

2023年7月17~18日，全国生态环境保护大会在京召开。习近平总书记发表重要讲话强调，今后5年是美丽中国建设的重要时期，要深入贯彻新时代中国特色社会主义生态文明思想，坚持以人民为中心，牢固树立和践行绿水青山就是金山银山的理念，把建设美丽中国摆在强国建设、民族复兴的突出位置，推动城乡人居环境明显改善、美丽中国建设取得显著成效，以高品质生态环境支撑高质量发展，加快推进人与自然和谐共生的现代化②。

2023年9月11日，上海市生态环保大会举行。市委书记陈吉宁讲话强调，要深入学习贯彻习近平生态文明思想和全国生态环境保护大会精神，切实提高加强生态环境保护的政治自觉，把美丽上海建设摆在改革开放和现代化建设全局的突出位置，更加深刻地把握超大城市生态环境治理的规律和特征，更加坚定地走生态优先、绿色发展之路，以排头兵姿态和先行者的担当，协同推进降碳、减污、扩绿、增长，使绿色成为城市最动人的底色、最温暖的亮色，让低碳成为生态之城的鲜明标识，加快打造人与自然和谐共生的现代化国际大都市③。

2023年9月19日，浦东新区生态环境保护大会召开。上海市委常委、

---

① 习近平：《高举中国特色社会主义伟大旗帜，为全面建设社会主义现代化国家而团结奋斗——在中国共产党第二十次全国代表大会上的报告》，人民出版社，2022，第11~38页。
② 习近平：《在全国生态环境保护大会上的讲话》，《人民日报》2023年7月18日。
③ 《打造人与自然和谐共生的现代化国际大都市》，《文汇报》2023年9月12日。

区委书记朱芝松讲话强调，要深入学习贯彻习近平生态文明思想和全国、全市生态环境保护大会精神，牢固树立和践行绿水青山就是金山银山的理念，在新起点上高标准谋划部署美丽浦东建设，以更扎实的行动、更有力的举措，加快把浦东新区建设成为人与自然和谐共生的美丽家园①。

无疑，从国家层面到上海层面再到浦东自身，都对新征程上浦东构建和谐优美生态环境、推动绿色发展、促进人与自然和谐共生提出了新的更高要求。

（二）重大意义

生态环境是关系党的使命和宗旨的重大政治问题，也是涉及民生的重大社会问题。进入新时代，构建和谐优美的生态环境、推进美丽中国建设，已成为中国人民对美好生活的向往、推动美丽中国与加强生态文明建设的重要内容。同时，它是中国式现代化五大中国特色之一、中国式现代化九大本质要求之一的支撑，"促进人与自然和谐共生"也是我们党的奋斗目标和执政使命所在，更是广大人民群众最普惠的民生福祉所在和高品质生活的基础性支撑。

无疑，构建和谐优美的生态环境是新征程上创造浦东人民高品质生活和实现浦东高质量发展的基础支撑，是提高城市治理现代化水平和城市软实力的根本依托。它是新时代社会主义现代化建设引领区浦东生态文明建设与美丽浦东建设的重要内容，也是夯实浦东高质量发展与可持续发展的坚实基础。因此，浦东构建和谐优美的生态环境具有重大意义，关系到浦东夺取污染防治攻坚战胜利，涉及浦东生态环境质量改善与生态文明建设水平，关乎强国建设、民族复兴新征程上浦东高质量发展与可持续发展。同时，它也直接关系新时代浦东人民的获得感、幸福感和安全感，关系到上海这座卓越的全球城市建设成为令人向往的生态之城。

---

① 《加快把浦东建设成为人与自然和谐共生的美丽家园》，《浦东发布》2023年9月19日。

二 浦东构建和谐优美生态环境的成效与问题

（一）取得成效

自"十三五"以来，浦东新区深入贯彻习近平生态文明思想，坚定不移走生态优先、绿色发展之路。在加速生态空间的拓展、修复与保护的过程中，全面展开了污染防治攻坚战。这一努力使得生态环境质量明显改善，生态安全屏障更加巩固，美丽浦东建设取得积极成果。人民群众对生态环境质量改善的获得感、幸福感、安全感明显增强，为浦东打造社会主义现代化建设引领区奠定了坚实的生态环境基础。

一是浦东新区生态空间布局持续优化，森林覆盖率由 14.94% 提升至 18.83%，河湖水面积率达到 11.46%。截至 2022 年 12 月，浦东已全面贯彻林长制和河湖长制，同时启动"环保管家"服务，建立了生态环境信用评价体系。北蔡、森兰、三林、碧云楔形绿地建设加快推进，金海湿地公园、沔青公园改造工程基本完工，新增公园 45 座、绿地 310 公顷、绿道 60 公里、森林 1.05 万亩，森林覆盖率达到 18.83%。张江镇等 8 个生态清洁小流域治理单元基本建成，海滨污水处理厂扩建工程完工投运，陆家嘴水环实现贯通。

二是浦东新区生态环境质量持续改善，主要污染物排放总量大幅减少。2022 年环境空气质量（AQI）优良率为 89.3%；二氧化硫年日均值 5 微克/米^3，可吸入颗粒物（PM_{10}）年日均值 37 微克/米^3，细颗粒物（$PM_{2.5}$）年日均值 24 微克/米^3，二氧化氮年日均值 26 微克/米^3[①]；全区劣 V 类水体基本消除，2 个国考、37 个市考断面水质考核达标率为 100%。

三是推动浦东绿色低碳发展取得明显成效，能源综合利用效率逐年提

[①] 浦东新区统计局：《2022 年上海市浦东新区国民经济和社会发展统计公报》，2023 年 4 月 13 日。

高，单位增加值能耗累计下降约 20%。2016 年至今，浦东已累计完成创建39 家绿色工厂、8 条绿色供应链、3 个绿色园区，开发 22 种绿色产品。2022 年，中国每 8 辆新能源汽车就有 1 辆是"临港造"，临港已成为全国新能源汽车产业的重要基地。农业结构进一步优化，持续推进化肥农药减量增效，实现化肥农药使用零增长；优化养殖业布局，实施有效的污染防控。建立完善农业废弃物利用和处置体系，形成涵盖粮食、蔬菜、瓜果等大宗农作物废弃物回收处置与综合利用体系。

四是浦东新区产业结构持续升级，落后产能继续淘汰，战略性新兴产业发展迅速。2022 年，战略性新兴产业（制造业部分）产值达到 6857.57 亿元，占全区工业总产值比重达 51.2%，第三产业增加值占全区生产总值的比重提高至 74.7%。

五是浦东新区全面实施排污许可证管理制度，基本实现了固定污染源排污许可证全覆盖。环境基础设施不断完善，城镇污水处理率已超过 95%，污水厂污泥无害化处理率达 100%，生活垃圾无害化处理率达 100%。

六是浦东新区生态环境治理水平加速提升，区委、区政府设立了区生态文明建设领导小组，生态环境保护"党政同责、一岗双责"责任体系不断健全完善。

七是浦东新区提高环保智慧监管水平，推进生活垃圾监管、河湖综合监管、重点水污染物排放企业监管、林业监管、绿化行业监管、雨水泵站运行监管、道路保洁综合监管等应用场景建设。依托数据循环实现管理闭环，推进跨部门协同实战应用。通过推行环保设施向公众开放、完善环境教育基地、开展绿色系列创建，以多渠道、多主体、多手段引领公众参与环境保护和环境治理，加快推动形成多元共治格局。

八是引领区建设两年来，包括生态环境在内的浦东城市人居环境显著改善。例如，自 2021 年 7 月引领区建设以来，浦东新区新增了 61 个公园，陆家嘴水环一期贯通开放，全面提速"两旧一村"改造。特别是通过两轮"15 分钟社区生活圈"建设，公共服务设施覆盖率显著提升，15 分钟可及可达覆盖率从 2018 年的 36% 上升至 2022 年的 93%。

（二）存在的问题

在充分肯定成绩的同时，也必须清醒地看到，浦东构建和谐优美生态环境面临不少困难，浦东生态文明建设任务繁重、压力叠加、问题较多。特别是在加强生态环境保护、推进美丽浦东建设中存在一些薄弱环节。例如，在生活垃圾分类方面，存在居民养成源头分类习惯难、生活垃圾全程分类实施难、垃圾分类基础设施建设落地难等问题[1]。又如，在建筑垃圾处置方面，存在临时堆放点产生严重环境安全隐患、大面积埋场填埋将严重影响土地集约利用、建筑垃圾的处置专业化水平和资源化利用水平不高等问题。人民群众对更有序、更安全、更干净的城乡环境和水、气、绿等生态环境期盼越来越高，虽然浦东"三个滞后"问题得到有力缓解，但离人民群众更高期待还存在差距[2]。

调研发现，当前浦东生态环境工作主要存在以下问题：一是生态环境质量改善成效尚不稳固，亟须规划强力推进；二是生态环境治理体系尚未完全建立；三是浦东因碳排放总体量大且强度较大，实现"双碳"目标面临严峻考验；四是公众生态环境素养有待持续提升；五是生态环境基础设施存在短板，尤其是企业绿色发展能力有待逐步提高，制造业节能减污降碳协同增效能力有待提升。具体表现在两个方面。一方面，浦东新区减污降碳协同增效工作在取得进展的同时，在企业和园区层面存在减污降碳路径不明确、温室气体排放家底不清、温室气体排放监测水平和执法力度不强、专业人员数量与能力不足等问题。另一方面，节能降碳和污染物减排的挖潜有待强化[3]。随着浦东一批制造业大项目的建成投产、海空港交通枢纽的加快建设和居民对生活品质需求的持续提升，能源消费总量增长还

---

[1] 南剑飞，《国家级新区浦东高质量发展的绿色低碳路径优化研究》，《中国名城》2023年第11期。

[2] 南剑飞：《国家级新区浦东高质量发展的绿色低碳路径优化研究》，《中国名城》2023年第11期。

[3] 南剑飞：《国家级新区浦东高质量发展的绿色低碳路径优化研究》，《中国名城》2023年第11期。

未见拐点，污染物总量减排进入瓶颈期，结构减排、工程减排、管理减排潜力更需进一步挖掘。

三 持续推动浦东构建和谐优美生态环境的对策建议

（一）全面落实好《浦东新区生态建设和环境保护"十四五"规划》

构建和谐优美的生态环境是浦东新区建设社会主义现代化引领区的一项重要任务。要高质量完成这一任务，浦东作为引领区必须立足于站得高、望得远的战略地位，最为关键的是贯彻执行《浦东新区生态建设和环境保护"十四五"规划》。依托这一规划，浦东将进一步推动生态环境工作，提升生态文明建设水平。《中共中央国务院关于支持浦东新区高水平改革开放打造社会主义现代化建设引领区的意见》明确了浦东的五大战略定位，即成为更高水平改革开放的开路先锋、自主创新发展的时代标杆、全球资源配置的功能高地、扩大国内需求的典范引领、现代城市治理的示范样板①。与中央和上海市的要求相对照，浦东在生态环境质量与城市目标定位以及市民期望方面仍存在较大差距，生态环境质量改善的"拐点"尚未到来。面对这一矛盾和挑战，浦东亟须抓住历史机遇，从战略和全局的高度加强生态文明建设，早日将浦东建设成为人与自然和谐共生的美丽家园，通过生态环境软实力的增强提升吸引力和竞争力。

毫无疑问，《浦东新区生态建设和环境保护"十四五"规划》正是中央和上海市科学设计与整体安排的产物。2021年9月正式公布的该规划显示，在"十四五"期间，浦东将持续优化生态空间布局，深入开展污染防治攻坚战，促进经济社会发展全面绿色转型，加速推进环境治理体系和治理能力现代化。到2025年，浦东力争实现碳排放达峰，生态环境持续改善，生产生活绿色转型

---

① 《中共中央国务院关于支持浦东新区高水平改革开放打造社会主义现代化建设引领区的意见》。

成效显著，资源利用更加高效，生态安全屏障更加牢固，生态系统服务功能增强，人与自然和谐共生的美丽浦东建设取得积极进展，加快形成生态宜居、安全高效、功能复合、彰显魅力的人民城市绿色发展新格局。

应该说，《浦东新区生态建设和环境保护"十四五"规划》的发布为浦东新区在"十四五"期间的生态环境工作指明了方向，有助于科学推进、步履稳健。然而，即便规划设计再出色、蓝图再宏伟，如果不能得到切实贯彻，就等于零。因此，务必全面细致地实施这一规划，而当前亟须做好对规划的解读、宣传工作，以更有效地推动工作。为此，建议组织生态环境、资源、经济等领域的专家，包括党校系统的专业人员，运用习近平生态文明思想、绿色低碳循环经济、生态环境法律法规等方面的专业知识，对浦东党政机关、企事业单位等进行解读宣讲。当然，在规划执行的过程中难免会遇到各种问题甚至阻力，唯有保持战略定力，特别是执行力，才能取得长效成果。

（二）聚焦"双碳"加快构建生态环境治理体系

构建和谐宜居的生态环境，是在碳达峰碳中和的大背景下，浦东承担的加强生态环境治理、推动生态文明建设、创建美丽浦东的重要任务。为实现"双碳"目标，尤其是上海市要求在 2025 年实现碳达峰的目标，浦东需聚焦"双碳"，在有效推进碳达峰工作的同时，加速构建生态环境治理体系，持续提升其现代化水平，特别是要注重补齐生态环境治理的短板。

一方面，要积极稳妥地推进碳达峰工作。《浦东新区碳达峰实施方案》于 2022 年 10 月 28 日正式发布，为浦东新区启动"双碳"工作提供了清晰的指导。这标志着浦东新区正式迈入"双碳"工作推进的新阶段，也要求我们务必扎实、有序地推动浦东新区碳达峰工作[①]。因此，浦东新区必须坚持以习近平新时代中国特色社会主义思想为指导，全面准确贯彻创新、协

---

① 南剑飞：《国家级新区浦东高质量发展的绿色低碳路径优化研究》，《中国名城》2023 年第11 期。

调、绿色、开放、共享的新发展理念。在推动碳达峰行动中，坚持系统观念，妥善处理发展与减排、整体与局部、长远目标与短期目标、政府与市场的关系。坚持先立后破，有计划分步骤地实施碳达峰行动，将碳达峰碳中和纳入浦东新区建设发展整体布局，紧密围绕打造社会主义现代化建设引领区的目标，重点关注绿色低碳、制度创新、多元共治、示范引领等四个方面，推动绿色发展，促进人与自然和谐共生。当前，在明确《浦东新区碳达峰实施方案》主要目标的前提下，需要在实践中特别注重落实碳达峰八大任务，主要涉及：能源低碳转型行动、工业领域碳达峰行动、城乡建设碳达峰行动、交通运输碳达峰行动、碳汇能力巩固提升行动、循环经济助力降碳行动、科技金融支持碳达峰行动、绿色低碳示范创建和全民行动。

另一方面，加快构建生态环境治理体系。生态环境治理体系是国家治理体系和治理能力现代化的重要内容。构建浦东新区生态环境治理体系是一项系统工程，涉及构建思想、基本原则、主要目标、重点任务等①。无疑，习近平新时代中国特色社会主义思想、习近平生态文明思想是浦东推进构建现代环境治理体系的根本遵循。针对现代环境治理体系2022年工作推进情况，结合2023年工作部署安排，浦东新区需要着重把握三点：一是强化责任落实，加快构建现代环境治理体系。坚持以习近平生态文明思想为指导，不折不扣落实好党中央《关于构建现代环境治理体系的指导意见》和上海市《关于加快构建现代环境治理体系的实施意见》文件精神。落实政府、企业和公众责任，保障制度落地、工作落细。二是突出创新引领，打好生态环境领域改革牌。要全面贯彻新发展理念，准确把握社会主义现代化建设引领区内涵要求，在生态环境治理模式创新方面要彰显浦东特色，继续用好中央立法授权，积极制定相应的浦东新区法规和管理措施，持续推进生态环境治理体系和治理能力现代化，率先构建经济治理、社会治理、城市治理统筹推进和有机衔接的治理体系。三是注重示范引领，由点及面推动现代环境治

---

① 南剑飞：《国家级新区浦东高质量发展的绿色低碳路径优化研究》，《中国名城》2023年第11期。

理体系目标实现。要充分发挥引领区先行先试的作用，在 2022 年成功创建第一批现代环境治理体系试点示范的基础上，积极开展第二批试点示范工作，更好地体现浦东担当、彰显浦东主张、贡献浦东智慧①。

（三）建立健全绿色低碳循环发展经济体系

构建和谐优美生态环境，旨在高水平保护浦东生态环境、提升浦东生态文明建设水平，但是，这无法脱离也必然要求妥善处理好其与高质量发展主题的关系。党的二十大报告强调指出：推动经济社会发展绿色化、低碳化是实现高质量发展的关键环节。这决定了实现新时代新征程浦东高质量发展，最为关键的举措在于建立健全绿色低碳循环发展经济体系②。因为，绿色低碳循环发展，代表着当今时代科技革命和产业变革的方向，是未来最具潜力、最有前途的发展领域，是构建我国现代化经济体系的题中应有之义。

2021 年 2 月，国务院发布《关于加快建立健全绿色低碳循环发展经济体系的指导意见》，强调指出建立健全绿色低碳循环发展经济体系，促进经济社会发展全面绿色转型，是解决我国资源环境生态问题的基础之策；明确要求统筹推进高质量发展和高水平保护，确保实现"双碳"目标，推动我国绿色发展迈上新台阶③。基于此，我们认为：如何统筹处理经济社会发展与生态环境保护之间的关系，推动经济社会发展全面绿色转型，是超大城市核心承载区浦东贯彻新发展理念、构建新发展格局、建设社会主义现代化引领区的必答题。面向第二个百年目标，推动绿色低碳循环发展，是浦东新区经济转型升级的重要方向，是实现"双碳"目标的战略之举，是推动高质量发展、实现可持续发展的必由之路，是顺应国际绿色发展潮流、积极应对

---

① 南剑飞：《国家级新区浦东高质量发展的绿色低碳路径优化研究》，《中国名城》2023 年第 11 期。

② 南剑飞：《国家级新区浦东高质量发展的绿色低碳路径优化研究》，《中国名城》2023 年第 11 期。

③ 南剑飞：《论实现新时代浦东高质量发展的绿色低碳循环模式》，载高国忠主编《高水平改革开放，推动高质量发展：改革开放精神与新时代浦东开发开放文集》，上海交通大学出版社，2022，第 100~106 页。

气候变化、构建人类命运共同体的必然选择。故，建立健全浦东绿色低碳循环发展经济体系，意义重大且紧迫。把绿色发展、低碳发展、循环发展的理念和模式贯穿到经济发展的各个环节、层面和领域，并形成有机联系的整体，就构建形成了浦东新区的绿色低碳循环发展经济体系[①]。对此，本文提出建议如下。

一是针对绿色低碳循环发展经济体系做出系统部署。二是强调结构性调整、重点突破和创新引领。三是加强绿色发展、低碳发展和循环发展的协同，尽快建立健全浦东绿色低碳循环发展经济体系的顶层设计，包括制定并实施实现碳达峰碳中和目标愿景的全面绿色转型路线图、时间表与优先序，筑牢相关制度基础，引领中长期政策导向，投资布局"零碳未来"，不断积累经验，优化和创新发展路径，进一步形成政府引导、央地互动、企业为主、市场调控、公众参与的发展机制；加快形成绿色低碳循环发展的法治轨道，形成有利于全面绿色转型的法律法规、标准和政策体系；全面完善绿色低碳循环发展的市场激励机制，加强绿色投融资机制建设，加快构建浦东绿色金融体系，为金融机构、绿色企业、绿色项目提供信息和服务平台[②]。四是提升浦东全域企业绿色低碳循环发展能力，包括持续加大政策支持力度，出台新一轮工业挥发性有机物治理专项扶持政策，积极搭建碳普惠运营平台，开发碳普惠示范项目，提供碳普惠减排量的价值激励渠道，积极开展气候投融资试点和各类碳金融产品创新，开展环保"领跑者"制度试点；强化科技创新支撑，激发环保行业市场主体创新活力，推动绿色低碳技术成果转化应用和示范推广，有序引导环保产业和环保服务市场健康发展；优化环境监测社会化服务机构管理，鼓励和支持生态环境治理模式创新，持续推进生态环境导向的开发（EOD）模式试点和综合治理托管服务模式试点；在园区、企业、街镇、社区（村居）、楼宇等不同层面和不同领域积极开展现

---

① 南剑飞：《国家级新区浦东高质量发展的绿色低碳路径优化研究》，《中国名城》2023年第11期。

② 南剑飞：《国家级新区浦东高质量发展的绿色低碳路径优化研究》，《中国名城》2023年第11期。

代环境治理体系试点示范，培育、支持一批具有突出亮点和特色的实践案例，积极做好服务指导、宣传推广。

（四）持续提升浦东新区公众生态环境素养

构建和谐优美生态环境，归根结底是为了实现浦东可持续发展、建成人与自然和谐共生的现代化，最终只能依靠浦东人民或公众生态环境素养的持续提升。素养是素质与修养的复合体，既有内在素质的长期积淀，又有外在修养的可视行为。公众生态环境素养是公众素养在生态环境领域的集中体现，是生态环境领域的公众素养，它是公众对以人与自然、人与人、人与社会和谐共生、良性循环、全面发展、持续繁荣为基本宗旨的文化伦理形态所保持的敬畏之心与平素养成的良好习惯①。

公众生态环境素养，是公众文明素质和社会文明水平的重要体现，是习近平生态文明思想在个体层面的重要体现。公众生态环境素养，涉及诸多方面，本身就是一个复杂多面的系统概念。其构成包括五个部分：生态知识素养、生态伦理素养、生态情感素养、生态意志素养、生态行为素养②。生态知识素养强调对于人与自然、人与社会关系的正确认知；生态伦理素养强调人的正确的生态价值观，强调环境伦理和环境道德；生态情感素养强调亲近自然、感恩自然、善待自然；生态意志素养强调对生态环境的认识、道德、情感是长期的、稳定的、坚定的或以一贯之的；生态行为素养强调把自己的生态环境认知、情感、意志及信念转化为外部的生态环境实践行为，转化为自觉的稳定的行为习惯，并以此影响社会，主要表现为在社会实践中主动担当，且能运用技巧和能力来解决生态环境问题。究其实质，所谓公众生态环境素养，主要涉及两个方面：一是指公众对生态环境问题和环境保护的认知水平和程度，即"知"；二是指公众的保护环境行为取向和具体行动，即"行"。持续提升公众生态环境素养，事关浦东人民的获得感与幸福感，

---

① 南剑飞：《努力提升公众生态环境素养》，《经济日报》2019 年 8 月 13 日。
② 南剑飞：《谈谈公众生态环境素养》，《光明日报》2018 年 9 月 8 日。

事关浦东优美和谐生态环境建设成效，事关浦东治理体系和治理能力现代化①。

持续提升浦东新区公众生态环境素养，基本路径包括四条。一是深入学习贯彻习近平生态文明思想，不断增强生态环境保护意识，持续增强公众保护生态环境的责任感和紧迫感。二是自觉端正生态环境保护态度，积极行动起来履行职责。对政府来说，行动体现在执政理念的转变上；对企业来说，行动体现在社会责任的担当上；对公众来说，行动体现在生活方式的转变上。三是生态环境保护相关部门特别是机关、企业、社区、学校、军队等机构应当不断加强生态环境保护知识宣传、教育、技能培训工作，不断提升全社会生态环境保护能力。四是自觉践行《公民生态环境行为规范十条》，在关爱生态环境、节约能源资源、践行绿色消费、选择低碳出行、分类投放垃圾、减少污染产生、呵护自然生态、参加环保实践、参与环境监督、共建美丽中国等方面下大功夫②。

参考文献

习近平：《在全国生态环境保护大会上的讲话》，《人民日报》2023 年 7 月 18 日。

习近平：《高举中国特色社会主义伟大旗帜，为全面建设社会主义现代化国家而团结奋斗——在中国共产党第二十次全国代表大会上的报告》，人民出版社，2022。

中共中央宣传部编《习近平新时代中国特色社会主义思想学习纲要》，人民出版社，2023。

《打造人与自然和谐共生的现代化国际大都市》，《文汇报》2023 年 9 月 12 日。

《加快把浦东建设成为人与自然和谐共生的美丽家园》，《浦东发布》2023 年 9 月 19 日。

南剑飞：《积极稳妥推进碳达峰碳中和，加快推进引领区浦东绿色低碳发展》，《浦东论坛》2023 年第 3 期。

南剑飞：《国家级新区浦东高质量发展的绿色低碳路径优化研究》，《中国名城》

---

① 南剑飞：《努力提升公众生态环境素养》，《经济日报》2019 年 8 月 13 日。
② 南剑飞：《谈谈公众生态环境素养》，《光明日报》2018 年 9 月 8 日。

2023 年第 11 期。

南剑飞：《论实现新时代浦东高质量发展的绿色低碳循环模式》，载高国忠主编《高水平改革开放，推动高质量发展：改革开放精神与新时代浦东开发开放文集》，上海交通大学出版社，2022。

南剑飞、侯建荣：《顾客满意度研究：以成品油销售企业为视角》，上海交通大学出版社，2019。

南剑飞：《绿色发展理念下油气城市循环经济发展研究》，经济管理出版社，2019。

南剑飞：《浦东生态文明建设的现状与方向》，载高国忠、雷新军主编《上海浦东经济发展报告（2020）》，社会科学文献出版社，2019。

南剑飞：《努力提升公众生态环境素养》，《经济日报》2019 年 8 月 13 日。

南剑飞：《谈谈公众生态环境素养》，《光明日报》2018 年 9 月 8 日。

南剑飞、赵丽丽：《实现油气资源型城市绿色发展》，《经济日报》2018 年 8 月 23 日。

B.8
宜居浦东：浦东新区居民住房
保障体系建设

徐 凌 曹绪飞*

摘 要： 宜居安居是人民幸福的基点，是高品质生活的前提。浦东新区作为上海重要的人口导入区，常住人口规模超过 578 万人，人民群众的宜居安居需求不断加大。在此背景下，围绕打造"更舒适的居住条件"，浦东新区坚持"房住不炒"定位要求，坚持问题导向和需求导向，稳健发展商品住房、协调发展保障性住房、更新发展存量住房、重点发展租赁住房，持续加大住房建设推进力度、强化住房供应保障管理、落实住房配套建设要求，推动住房保障体系稳步健全、住房租赁市场基本形成、居民居住水平不断提高、物业管理水平显著提升。

关键词： 住房保障 商品住房 租售并举

住房是民生之本，是关系国家发展和人民福祉的大事。随着我国城市化进程不断推进，我国城市人口规模持续扩大，城市住房问题已经成为社会各界共同关注的焦点之一。推进住房建设事业高质量发展，是党中央站在促进共同富裕高度做出的一项重大工作部署，有利于缓解大城市住房矛盾、推进经济高质量发展、更好地拉动投资消费、促进宏观经济持续向好，对于推进中国式现代化战略全局具有重大意义。

---

* 徐凌，中共上海市浦东新区委员会党校副教授，研究方向为当代中国政府与政治、创新战略与产业政策；曹绪飞，管理学博士，中共上海市浦东新区委员会党校副校长。

党的十八大以来，以习近平同志为核心的党中央高度重视人民群众住房问题，坚持"房子是用来住的、不是用来炒的"定位，积极深化住房制度改革、加强住房市场调控，大规模实施保障性安居工程，人民群众居住条件大幅改善。党的二十大报告进一步强调，"加快建立多主体供给、多渠道保障、租购并举的住房制度"。围绕贯彻落实党的二十大精神，按照上海市委、市政府决策部署，浦东新区突出住房的民生属性，多措并举增加住房供应、优化住房结构、提高服务水平，不断满足居民的宜居安居需求。

一 浦东新区住房保障体系建设的缘起背景

住房关系千家万户的安居乐业，既是重大民生问题，也是重大发展问题。加强住房保障体系建设，为百姓安居托底，是各级政府义不容辞的重要职责。

（一）加强住房保障体系建设是我国满足人民群众美好生活需要的基础支撑

党中央高度重视住房保障工作。2016 年 6 月，国务院办公厅印发《关于加快培育和发展住房租赁市场的若干意见》，全面部署加快培育和发展住房租赁市场工作。2021 年 6 月，国务院办公厅发布《关于加快发展保障性租赁住房的意见》，首次明确我国现行住房保障体系以公租房、保障性租赁住房和共有产权住房为主体。2021 年 12 月，中央经济工作会议研究提出，将发展住房租赁市场作为解决大城市住房问题的重要手段。2023 年 7 月，中央政治局会议提出，要加大保障性住房建设和供给，积极推动城中村改造和平急两用公共基础设施建设，盘活改造各类闲置房产。2023 年 8 月，国务院常务会议审议通过《关于规划建设保障性住房的指导意见》，提出要做好保障性住房的规划设计，用改革创新的办法推进建设，确保住房建设质量，同时注重加强配套设施建设和公共服务供给。这些文件为我国住房保障体系建设指明了前进方向，提供了具体路径。

（二）加强住房保障体系建设是上海解决超大城市住房突出问题的重要内容

住房保障是上海这种超大城市的突出难题。2018 年 9 月，上海市政府办公厅印发《关于进一步完善本市共有产权保障住房工作的实施意见》，扎实部署"四位一体"、租购并举住房保障体系建设，有序扩大共有产权保障住房保障范围。2021 年 7 月，《上海市住房发展"十四五"规划》正式印发，提出了实施房地产市场平稳健康发展长效机制，明确了上海住房发展的具体目标任务，完善了多主体供给、多渠道保障、租售并举的住房制度，进一步满足多层次、功能性、品质化居住需求。2021 年 11 月，上海市人民政府办公厅印发了《关于加快发展本市保障性租赁住房的实施意见》，提出 15 项支持政策，加快发展保障性租赁住房。2022 年 1 月，上海市住房和城乡建设管理委员会、上海市房屋管理局联合印发《上海市保障性租赁住房租赁管理办法（试行）》《上海市保障性租赁住房项目认定办法（试行）》，有力推进全市保障性租赁住房政策的落地实施。

（三）加强住房保障体系建设是浦东打造社会主义现代化引领区的必然要求

住房保障是城市治理体系和治理能力现代化的重要内容。2021 年 7 月，党中央、国务院正式发布《关于支持浦东新区高水平改革开放打造社会主义现代化建设引领区的意见》，明确要求浦东新区打造"现代城市治理的示范样板"，"率先构建经济治理、社会治理、城市治理统筹推进和有机衔接的治理体系，把城市建设成为人与人、人与自然和谐共生的美丽家园"。2021 年 9 月，《浦东新区住房保障体系建设"十四五"规划》正式印发，明确了浦东"十四五"期间住房保障体系建设的具体目标和主要任务。2023 年 7 月，《中共浦东新区委员会关于深入践行人民城市重要理念 全面推进现代化城区建设的意见》提出"推动存量更新，促进老旧社区有机更新，全面完成新一轮老旧小区综合整新，完成城中村点位改造和不成套小梁薄板职工住宅改造"，

"推进农民相对集中居住，改善农村居住条件和居住环境"。目前，浦东新区住房保障制度体系更加完善，目标任务更加明确，实施路径更加清晰。

二 浦东新区住房保障体系建设的目标定位

住房问题重要而紧迫，需要强化目标导向抓落实。浦东新区科学评估产业发展趋势和人口导入态势，编制形成"十四五"期间住房保障体系建设目标，为下一阶段工作明确了重点任务。

（一）总体目标

以满足多层次群体"住有宜居""住有优居"为发展目标，与浦东新区社会主义现代化建设引领区全新战略定位相匹配，保障住房民生底线，增进住房民生福祉，全面健全"四位一体"的住房保障体系及租购并举的住房制度；对标国际先进宜居城市，创造高品质居住生活，以最高标准、最佳水平、最优质量、最佳管理、最好服务推动建设健康、安全、宜居、优的高品质城区。

（二）阶段目标

"十四五"期间，浦东新区行政辖区（除自贸区临港新片区外）范围内，累计新增供应各类住宅用地710公顷，新增供应各类住房1425万平方米，新增商品住房470万平方米（不含配建租赁房）。新增各类保障性住房835万平方米，其中征收安置房预计开工（筹措）700万平方米；新增公共租赁房30万平方米；共有产权房预留建筑面积105万平方米。完成农民相对集中居住3422户。积极有序推进旧住房修缮，每年完成250万平方米。集中新建租赁住房30万平方米，商品住房配建租赁住房90万平方米（见表1）。在自贸区临港新片区，规划范围约386平方公里产城融合区的住房用地供应720公顷，预计新增供应各类住房20万套，共计1600万平方米。新增住房中，政府、机构和企业持有的租赁性住房比例不低于30%。

表1 "十四五"时期浦东新区住房发展主要指标

类型	指标内容	规划目标
土地	累计新增供应各类住宅用地面积(公顷)	710
商品房	新增商品住房(万平方米)	470
保障房	征收安置房预计开工(筹措)面积(万平方米)	700
	新增公共租赁房(万平方米)	30
	共有产权房预留建筑面积(万平方米)	105
租赁房	集中新建租赁住房面积(万平方米)	30
	商品住房配建租赁住房面积(万平方米)	90
集中居住	完成农民相对集中居住户数(户)	3422
存量房	旧住房修缮面积(万平方米/年)	250

注：以上数据为浦东新区行政辖区除自贸区临港新片区外的范围。

资料来源：《浦东新区住房保障体系建设"十四五"规划》。

三 浦东新区住房保障体系建设的举措机制

多年来，浦东新区始终将人民宜居安居放在首位，深入探索超大城市核心区住房保障体系建设新模式，全方位满足不同层次居民住房需求，促进住房消费健康发展。

（一）主要举措

1. 加大住房建设推进力度

一是开展挂图作战。建立专项推进包干到人制度，建立"一项目一方案"，按照节点计划表挂图作战。对照项目推进计划，建立分层协调机制，每周由中心负责召开项目推进例会、每双周委里召开例会（专题会）、每月（季）度视情提请区分管领导召开推进会。健全沟通协调机制，始终保持与征管、规资等部门的紧密沟通和及时联动，对点上问题即时沟通解决，对不能解决的问题及时提升协调层级，提前拉警报，提高预判性。

二是进行合力攻坚。征收阶段，会同兄弟部门和属地政府推进腾地工作。督促镇政府在加快征收推进的同时，同步启动清障、社保等工作；配合征管部门加快房屋征收推进、提前进行拆房招标等工作；督促建设单位提前介入农转用、土壤检测、管线迁移等工作，能早则早，尽快达到出让净地要求。拿地阶段，督促建设单位在地块摘牌前，同步开展设计方案、施工、监理招投标等工作，与一级开发无缝衔接。竣工阶段，要求建设单位做好统筹，提前与审批部门沟通，资料先提交、先预审，审批部门提前开展预指导、预验收、预整改，合力推进项目及早竣工。

三是强化考核督查。结合项目推进，对年度计划进一步调整优化，同步督促开发单位调整建设计划，明确征收腾地、管线迁移、产权灭失、水系平衡、出让征询等各环节的时间表、路线图和责任人。同时，对照节点，强化督办，对进度滞后的项目，定期开展现场巡查，及时发现问题并加快协调。结合区委、区政府督查考核，对重点项目，强化派单督办（工作联系单、督办单），加强项目承接主体工作情况过程考核，督促企业发挥主体作用。项目冲刺阶段，建立工作信息"每日一报"制度，最大化锁定推进工作节点。

2. 强化住房供应保障管理

一是做好安置房源保障。主动靠前，对接"两旧一村"、重大工程项目房源需求，科学合理制定房源收储和使用规划，逐个项目细化房源预配置方案。做好房源管理系统优化建设工作，完善现房管理制度，持续推进强占房清退及后续管理工作。

二是优化房源供应管理。共有产权住房，按照市里统一部署，按时启动申请、受理工作，并做好面上业务宣传培训，确保工作依法合规、高效推进。廉租住房，政策覆盖面进一步扩大，对符合条件的申请人，应保尽保，核发租金补贴，实现托底保障。公租房，线上纳入市一网通办"一件事"服务事项，并配合市里要求，开通"线上帮办"咨询服务端口，线下同步督促公租房公司着力提升窗口服务水平。

3. 落实住房配套建设要求

一是做好安置房配套计划管理。根据征收安置房年度开工、竣工计划，编制配套项目建设计划，确保配套与住宅建设在节点上相互吻合，精准对应，同步推进。

二是强化配套协调机制。建立月度报表、现场推进、分层协调机制，按照节点推进配套项目建设。对计划和实际执行情况进行"双线比控"，对存在问题需要协调的，分层分类做好推进，并主动与各审批部门联动，简化手续、优化流程；对节点滞后需要整改加快的，通过工作例会、工作联系单、督办单等方式及时督促推进。通过机制上的优化完善，促进配套建设提速提效，有效管控配套项目建设进展，确保安置房项目按时竣工交付。

（二）创新机制

1. 优化征收安置房建设管理机制

针对征收安置房管理工作的痛点、难点，在现行机制基础上进行吸收、完善、提升，将征收安置房项目从"区建、区管"优化调整为"镇建、区统筹"。形成以《浦东新区征收安置住房建设管理实施意见》为基础，以《浦东新区征收安置住房建设标准》《浦东新区征收安置房配套项目建设操作细则》等配套文件为支撑的政策体系，自2023年6月起正式实施，通过"住保大讲堂"业务培训开展政策宣贯培训，确保新旧机制有效衔接。同时结合土地基准地价上涨、设计规范调整、建设品质提升、市场价格增加等多方面实际，对征收安置房收购指导价进行再修订、再完善，精准测算项目前期成本。

2. 出台"1+2"人才安居专项政策

结合社会主义现代化建设引领区工作实践，围绕人才工作"引人留人"价值导向，按照"租购并举，以租为主"的原则，在政策上进一步集成，形成浦东新区"1+2"人才安居政策体系，其中"1"为《浦东新区人才安居管理实施意见》，"2"为《浦东新区区级人才公寓租赁管理办法》《浦东新区人才租房补贴实施细则》。通过"租、购、补、服"四个方面的工作举措实现对人才的安居保障。

3.打造新时代城市建设者管理者之家

为解决好城市一线建设者的安居问题，根据全市"新时代城市建设者管理者之家"筹措任务要求，积极落实市房管局下达的 800 个床位筹措任务（外环内 500 个、外环外 300 个）。现已锁定金桥阳光花苑三期（金桥暮紫里）、港城领域·中环汇社区两个项目，共筹措房源 688 套、床位 2716 张，约占全市筹措总床位数的 1/4，为城市一线建设人员提供更多低租金、可负担的以"一张床"为主的保障性租赁住房产品。

4.探索利用集体土地建设保障性租赁住房制度

为更好地服务张江科学城人才安居，进一步激活乡村土地资源、盘活集体资产，在张江镇环东村，探索利用集体建设用地建设保障性租赁住房项目，该项目也是全市首个完全由村经济合作社建设的保障性租赁住房项目，由环东村集体经济组织合作社全额投资建设。项目用地面积 0.74 公顷，计划建设约 500 套公寓住房，配有商业空间、公共活动空间、社区食堂、健身房、阅览室、地下车库等相关设施，可实现"拎包即入住"。

四　浦东新区住房保障体系建设的成效与不足

浦东新区积极贯彻中央和上海市的决策部署，深入落实各项住房调控政策，逐步完善住房保障措施，推动人居环境得到有效改善。同时，面对经济社会发展的新形势新要求，浦东住房保障体系建设也存在一些短板弱项和困难挑战亟待研究补齐和破解。

（一）取得的主要成效

1.住房保障体系稳步健全

住房保障体系持续完善，建设筹措和供应分配稳妥推进，供后管理机制不断优化。按照全市标准继续采用货币补贴方式实施廉租房申请的受理审核及租金发放，对城镇户籍低收入住房困难家庭"应保尽保"，累计受益户数不断增加。

2. 住房租赁市场基本形成

租赁住房建设供应力度加大，积极培育专业化、规范化的住房租赁机构，积极支持引导各类社会主体参与租赁住房供应，基本形成多主体参与、多品种供应、规范化管理的住房租赁市场。通过集中新建、商品住房配建、存量建设用地转型建设、园区配套建设、非居存量建筑改建、商品住房或公有住房转化租赁住房等路径，实现租赁房源的稳步增加。

3. 居民居住水平不断提高

围绕《上海市深化建设新时代"美丽家园"三年行动计划（2021～2023）》的任务部署，积极开展落实新一轮旧住房修缮改造任务，每年完成旧住房修缮改造约 200 万平方米。围绕"规划引领、精细管理、因地制宜"的指导思想，形成了旧住房改造项目清单"浦东标准"，实现前期、过程、长效全流程管理"浦东精度"，打造一体化、可持续、有温度的美丽家园"浦东样本"。坚持留改拆并举，有序推进旧改工作。推进农民相对集中居住工作，切实改善农民居住生活条件。

4. 物业管理水平显著提升

以"体制健全、机制完善、硬件提升、软件强化"为原则，加大对街镇的指导和监督力度。充分依托"家门口"服务体系，建立健全党建引领下的居委会、业委会、物业企业"三驾马车"协同运行机制，完善物业企业考核评价机制和优胜劣汰机制。综合运用法律、市场、行政、技术等手段完善物业监管体系，逐步提高监管效能，稳步推进可视化应用场景、智慧小区建设。

5. 住房市场运行总体平稳

严格执行国家和本市关于房地产市场调控各项政策措施，保持房地产市场运行总体平稳，同时加强市场监管及商品住房销售管理，基本实现了稳地价、稳房价、稳预期的目标。

（二）存在的问题和挑战

1. 存在的问题和不足

住房供应方面，住房供应体系需进一步完善，住房租赁体系尚未完全成熟，租赁房源筹措路径较窄，中小套型住房供给整体不足，住房市场重购轻租现象较为普遍。住房保障方面，住房保障体系政策覆盖存在盲区，保障性住房供不应求，货币化安置的政策改革及引导不足，新市民、青年人等群体存在阶段性住房困难。空间布局方面，产城融合需进一步加强，当前职住空间不平衡、配套跟不上、交通不便利等现象依旧存在。居住品质方面，住房品质和居住环境亟待提升，老旧小区改造难、成本高、诉求多等民生问题尚未充分解决，物业行业服务水平仍有较大提升空间，住房治理手段仍需加强。

2. 面临的困难和挑战

房地产市场新的发展动力尚未完全形成，中心城区商品住房价格相对较高，租购并举的住房制度尚未完全建立，调控任务依然艰巨而复杂。居民对居住质量要求越来越高，人们对健康舒适、绿色低碳的住房需求更加强烈，老旧小区居住品质亟待提升，发展住房新供给越来越迫切。住房租赁需求越来越大，新市民、青年人等群体，一段时期内需要通过租赁住房解决居住问题，市场对租赁住房的需求特别是对保障性租赁住房的需求将呈增长趋势。社区生活服务更加多元，居民需求更加多样化、多层次、个性化，涵盖社区环境、社区文化、公共配套设施等多个方面，不仅包括保洁、绿化、维修、保安等传统的物业服务，还包括养老、托育、家政、助餐、购物、健身、文化等服务。

五　浦东新区住房保障体系建设的经验启示

浦东新区始终坚持"以人民为中心"的发展思想，以增进民生福祉为住房发展的出发点和落脚点，努力以更优的住房供给服务百姓安居，探索形成了一系列行之有效的经验做法，主要体现为"五个注重"。

（一）注重规划协同，落实用地保障

落实本规划与浦东新区国土空间总体规划、浦东新区"十四五"规划

和 2035 年远景目标纲要、单元规划、镇总规等相关规划的衔接，科学制定年度住房发展实施计划，合理分解任务，结合城镇发展结构制定用地供应时序。保障刚性底线，适当留有弹性，保障住宅用地长期持续稳定供应。比如宣桥基地 2 号地块涉及零星基本农田调整问题，区规资局等部门提高审批效率，区发改委、生态局、财政局、城管执法局等部门在项目立项、水林绿平衡、资金拨付和河道填堵等方面给予跨前指导和有力支持，为项目用地及时清盘出让奠定了基础。

（二）注重清单管理，开展挂图作战

为加快新开工项目建设，浦东新区建交委制定《2021 年浦东新区征收安置房新开工项目挂图作战表》，以土地出让的时间节点为后墙，细化从征房公告张贴至土地交易等 15 个环节的工作内容、时间节点、责任单位，实行任务清单管理，每周对表检查、每半月通报进度，对项目可能遇到的问题及时进行梳理研究，精准发力。督促一级开发单位按照挂图作战表主动对接，所有报批材料提前准备、及时报送。深入研究征收"人、房、地"三方案，在征收正式启动前完成 1 对 1 摸底，及时回应动迁居民的疑虑和诉求。

（三）注重政策配套，强化资金保障

形成稳定的财政支持机制，保障工作平稳有序开展。根据国家相关政策规定，拓展融资渠道，推进政企合作，引导社会资金参与保障性住房建设、租赁住房建设、旧住房改造、住宅小区综合治理等。浦东新区积极推动房源资金支持到位，为确保年度签约目标完成，在正式签约前确保所有要素保障到位。有效落实市、区补贴资金，在项目实施方案区级联审通过后，即核拨区级建设补贴、节地补贴的 80%；对项目情况特殊、资金特别困难的镇，经区级政策层面决策，持续推进集中居住项目建设。

（四）注重以人为本，保障群众权益

按照市住建委《关于进一步加强本市农民相对集中居住规范化推进工

作的通知》，进一步规范农户意愿征询环节，督促各项目镇开展"农民意愿"和"安置补偿方案、建房设计方案"两轮意见征询，通过"四议两公开"［村党组织提议、村两委商议、村党员（代表）会议审议、村民（代表）会议审议以及决议公开和实施结果公开］，充分听取农民意见，公开项目进展情况。各镇政府充分发挥基层村委战斗堡垒作用，在提升项目吸引力的同时，把集中居住利弊宣贯好、分析透，切实保障了农村居民的根本权益。

（五）注重居住品质，优化物业服务

加强住房高标准建设、高效能管理、高科技赋能，全面补短板、提品质，加强物业服务高水准管理，营造城市高品质新生活。创新物业服务行业监管方式，开展物业企业信用评价通报，采信第三方测评、"12345"投诉数据、信用记分、专项测评等客观评价数据，建立全区物业企业信用评价、情况发布、奖惩办法，推动形成"优胜劣汰、失信失业"的市场环境。推进物业服务标准化规范化、物业服务费市场化，促进形成合理、公平、质价相符的市场环境。培育出周家渡党建引领物业治理、洋泾"红帆物业"、航头泥城区域诚信体系等示范项目。

六 浦东新区推进住房保障体系建设的对策建议

住房关系民生福祉，健全完善的住房保障体系是高品质生活的基石。面对人民群众对美好生活的热切期盼，浦东新区需要切实践行人民城市理念，厚植为民情怀，大力推进住房保障体系建设，努力提升人民群众居住生活的获得感、幸福感、安全感。

（一）以"房住不炒"为定位，稳健发展商品住房

一是优化完善住房供应结构。坚持"保基本、讲公平、可持续"的发展要求，保障住房供应总量。健全住房供应体系，统筹协调商品住房、租赁住房、保障性住房的供应规模，优化住房供应结构，加强供需双向精准调

节，提高房源供需的适配性。逐步扩大住房保障覆盖面，精准服务重点保障人群，满足不同群体多元化住房需求。

二是合理配置住房套型结构。根据人口特征优化完善住房供应结构，合理配置住房套型结构，坚持以中小套型供应为主，保障居民首套自住的基本购房需求。根据不同区域、不同群体、不同阶段家庭实际居住诉求，适当优化调节各类住房套型供应比例，更好地满足改善型群体多样化居住需求。

三是促进住房市场健康发展。贯彻房地产市场调控"一城一策"常态长效机制，落实稳地价、稳房价、稳预期目标要求。保证住宅用地供应充足，加强房地产市场监测监管，完善金融、土地、财税、市场监管等基础性制度，规范房地产交易市场秩序。建立科学的核价机制，引导住房合理消费，稳定市场对房价的预期。

（二）以"四位一体"为导向，协调发展保障性住房

一是健全"四位一体"住房保障体系。落实"保基本、讲公平、可持续"的发展要求，不断健全住房保障体系。通过政策激励引导"房源＋货币"相结合的安置模式，适度提高征收安置房货币化补偿比例至15%，降低实物安置比例，适度超前建设房源，避免新增在外逾期过渡居民；公共租赁房以商品住房配建为主，廉租住房继续采用以货币补贴为主的形式，对符合条件的申请家庭实行"应保尽保"。

二是加强住房保障的针对性及有效性。坚决兜住民生底线，逐步扩大住房保障覆盖面，精准服务重点保障人群。重点缓解新市民、青年人等群体的住房困难问题，不断完善保障性住房分配供应政策，积极运用市场机制解决各类人才安居问题。建立健全动态供需平衡机制，以居民真实需求为依据，建立智能化决策辅助系统，深化完善保障性住房储备、建设、使用和供应政策机制，实现保障性住房的精准配置、有效供给，促进供需动态平衡，构建房源循环使用长效机制。

三是加快保障房基地的启动及成熟化进程。以"区内平衡、适度超前、相对集中"为指导原则，加快推进三林、曹路、祝桥、凌桥、惠南、合庆、

航头 7 处区级保障房基地的启动及成熟化进程。完善规划编制、土地供应、项目审批、资金补贴等工作机制。2023 年前完成凌桥基地、祝桥基地的规划编制，2025 年前完成航头基地大麦湾战略预留区规划编制。以构建"15 分钟生活圈"为导向，完善已建大型居住社区及保障房基地的配套服务设施，提高公共服务水平，提升现有保障性住房的入住率。全力推进新建保障房基地与周边交通、配套服务设施的统筹，鼓励和引导社会力量参与建设和运营，满足入住居民的出行、入学、就医等基本生活需求。

四是有序推进农民集中居住及建房。以浦东新区国土空间规划及各镇郊野单元规划为依据，统筹推进农民集中居住。重点聚焦信访矛盾强烈区域和少数零星分散农民，在资金支持、风貌管控、安置标准、农民权益等环节予以保障，采取召开座谈会、规划方案公示、走访村民代表等方式充分尊重农民意愿，以"功能实用、风貌协调、成本可控、维护简单"为原则，对农民集体所有土地上农村村民新建、翻建、扩建住房加强管理管控，鼓励优质设计单位设计具有浦东地域特色的新民宅，保护乡村风貌。

（三）以"城乡统筹"为原则，更新发展存量住房

一是优化住房空间布局。加强住房供应规模、结构与资源的精准配置。中心城区深化城市更新，合理把控节奏，适度安排扩大住房开发规模，优化居住环境。新建住区适度超前布局，加强与交通、公共服务设施的联动发展。加强对住房质量与安全管理水平的管控。围绕城市副中心、"金色中环发展带"、张江科学城、浦东枢纽、国际旅游度假区等重点发展区域推进住宅项目开发，加强职住平衡、产城融合。持续扩大张江、金桥、外高桥、国际医学园区等产业社区、产业基地以及交通枢纽沿线等需求集中区域的租赁住房供应。在曹路、合庆、唐镇、新场、宣桥、惠南、祝桥等郊区城镇地区，结合地区中心建设以及人口导入结构统筹各类住房的建设规模，结合就业岗位引导住房合理布局。

二是高标准规划建设城镇新住区。对标国际宜居城市，提升城市居住品质，优化住区配套，加强住区品质提升和社区文脉有序传承。营造有特色的

国际化社区，在张江科学城、世博前滩等区域建成具有国际化品质的人才公寓，满足高端人才生活需求与社会融入需求。提倡海绵型社区建设，推广绿色建筑和节能节水节材技术，提高住宅装配成套化率。提高住房建设管理精细化水平，建立健全 BIM 技术应用的政策标准体系和推进考核机制，综合推进住房建设标准化、智能化、品质化。

三是推进老旧住房综合整新。坚持问题导向、需求导向，既有住区加强公共服务补短板，按需推进城市更新、老旧住房更新，健全住宅小区综合治理体制机制，实现人民生活品质全面改善。加强旧住房修缮改造的规范化和标准化，开展既有多层住宅加装电梯、增加停车位等工作，倡导多项目协调的综合作用机制，从传统的房管主导的维修类工程模式转变为规划引领的综合更新模式。选取老旧小区试点开展美丽家园示范项目，开展小区内道路、围墙、绿化、公共空间等全方位改造，提升智能化水平，统筹考虑架空线入地、外立面和空调外机整治等工作，形成老旧小区示范项目。

四是管控引导保障性住区建成品质。根据《浦东新区征收安置房住区建筑立面规划设计导则》《浦东新区征收安置房住区规划设计导则》等设计导则，对保障房的立面风格、形体、色彩、材质等严格把关，优化保障性住区的立面形象、材质使用、建成风貌，提升保障性住区与城市空间的融合度。根据本市相关文件，加强建设工程实施后成效评价。

（四）以"租售并举"为关键，重点发展租赁住房

一是以筹措为主、建设为辅，扩大保障性租赁住房供给。加快推进租赁住房筹措及认定工作，尽快供应，并按市房管部门相关管理要求加强供应管理，逐步扩大租赁住房覆盖面。通过多渠道筹措，切实增加租赁住房供给，鼓励利用闲置和低效利用的非居存量用房改建租赁住房，探索集体经营性建设用地建设租赁住房的土地政策，鼓励企事业单位、产业园区在符合政策要求的前提下，按照规定的比例统一规划、集中配建宿舍型保障性租赁住房，进一步优化新增商品住宅用地配建租赁住房机制，构建一套房——一间房——一张床的多层次租赁住房供应体系。

二是丰富租赁住房产品类型。坚持把解决新市民、青年人等群体住房困难问题放在重要位置，多途径增加租赁住房供给，重点从土地、财税、金融等政策方面予以支持，引导多方参与租赁住房建设及运营，充分发挥市场机制作用。到"十四五"末期，力争建立多主体参与、差异化供应、规范化管理的住房租赁市场体系。加快落实租赁住房规划建设导则，在规范标准、户型面积、配套设施等方面给予建设引导，强化中小户型供应导向，鼓励开发单位、设计单位在严守安全底线的基础上创新房型设计、建筑室内设计、公共空间设计理念，制定选择性配置清单，满足不同租赁群体对居住、生活和配套的需求，形成房型多样、配套多元的租赁住房产品。

三是强化租赁住房全生命周期管理。坚持"政府引导、市场化运作"，坚持以市属国企、区属国企为主导参与租赁住房建设运营管理，不断提升租赁住房建设专业化水平，形成专业化项目团队。加强对项目土建、装修建造、家具设施配置及后期运营管理维护等进行全生命周期管理，提高全装修住宅的可改造性和耐久性，做优公共交往空间，形成"户小而家大"的租赁社区，培育居住氛围。

四是加强租赁市场监测监管。做实做优租赁平台，健全房屋数据信息平台功能，增强房源信息的公开性。建立统一规范的住房租赁市场监测体系，对租赁住房市场实施监督与管控。严格规范住房租赁活动，由政府统一监管代理经租行为，保障租房者权益。推动租赁机构规模化、规范化、专业化发展。

参考文献

浦东新区人民政府办公室：《浦东新区住房保障体系建设"十四五"规划》，2021年9月。

亢舒：《持续推进保障性住房建设》，《经济日报》2023年9月20日。

徐浩：《关于保障性住房工程建设管理的研究》，《中国住宅设施》2023年第8期。

高奇、张美荣：《保障性住房管理机制研究》，《住宅与房地产》2023年第27期。

李雅菲、祁怀利：《国际视角下保障性住房发展对策研究》，《住宅与房地产》2023年第21期。

姚涛：《住房城乡建设领域标准国际化管理机制研究》，《工程建设标准化》2023年第10期。

范海英：《保障性住房的重要性、面临的挑战与发展前景探讨》，《房地产世界》2023年第18期。

戴晓波：《居者有其屋：中国大城市住房发展的三次转型》，《探索与争鸣》2023年第4期。

B.9
魅力浦东：浦东新区公共文化服务体系建设研究

陈亦雨　吴　津*

摘　要：　构建高品质公共文化服务体系，是浦东发挥引领辐射作用的重要使命、是人民城市理念的重要彰显，对推进社会主义文化强国建设具有重要意义。在 30 多年的开发开放历程中，浦东新区通过"四个强化""四个推动""三项首创"等一系列举措，公共服务水平提质升级、重大设施项目蓄势增能、文化品牌项目硕果累累，但在公共服务、文体旅产业、文化品牌、机制创新等方面仍有进一步提升空间。中央赋予浦东打造社会主义现代化建设引领区的战略使命，上海定位浦东打造公共文化高质量发展先行区的重大任务，未来，浦东新区需要聚焦供给侧结构性改革、公共文化空间建设、文化遗产保护和传承创新、数字化转型等领域的扩优提级，不断增强人民群众的文化获得感、满足感。

关键词：　公共文化服务　文化制度　文化产业　文化品牌

随着经济社会发展水平的显著提高，人民对高品质美好生活的需求不断增强，对更丰富、高品位文化生活的期盼日益高涨，因而提高公共文化服务水平和效能，构建现代公共文化服务体系成为加强文化治理、提升人民群众文化获得感、推进社会主义文化强国建设的重要任务。党的十八大以来，我

---

* 陈亦雨，中共上海市浦东新区委员会党校助教，研究方向为行政法、经济法；吴津，中共上海市浦东新区委员会党校公共管理教研部副教授、主任，研究方向为行政法、城市治理。

国现代公共文化服务体系不断完善，"四梁八柱"的制度框架基本建立，覆盖城乡的设施网络更加健全，优质文化产品和服务日趋丰富[①]，基本公共文化服务标准化均等化水平逐步提高，文化民生得到显著改善，人民群众的文化获得感、满足感不断增强。

浦东新区以习近平文化思想为指引，深入贯彻习近平总书记考察上海重要讲话精神和在浦东开发开放 30 周年庆祝大会上的重要讲话精神，坚持社会主义先进文化发展道路，坚持以人民为中心的发展思想，全面贯彻落实《中共中央国务院关于支持浦东新区高水平改革开放打造社会主义现代化建设引领区的意见》，以国家公共文化服务体系示范区建设为契机，不断增强浦东城市软实力，为浦东成为更高水平改革开放的开路先锋、全面建设社会主义现代化国家的排头兵、彰显"四个自信"的实践范例提供强大的价值引领力、文化凝聚力、精神推动力。

一　浦东新区构建高品质公共文化服务体系的缘起背景

构建高品质公共文化服务体系是浦东新区全面贯彻落实国家战略部署，以文化为重要支点推动高质量发展，增强城市软实力，切实承担举旗帜、聚民心、兴文化、展形象的使命任务的重要举措[②]。

（一）构建高品质公共文化服务体系对推进社会主义文化强国建设具有重要意义

党的十八大以来，中央高度重视公共文化服务体系建设，将加快构建现代公共文化服务体系纳入"四个全面"战略布局，先后颁布《关于加快构

[①] 刘淼：《贯彻新发展理念，推动公共文化服务高质量发展——文化和旅游部公共服务司负责同志就〈关于推动公共文化服务高质量发展的意见〉答记者问》，《中外文化交流》2021年5月25日。

[②] 刘淼：《贯彻新发展理念，推动公共文化服务高质量发展——文化和旅游部公共服务司负责同志就〈关于推动公共文化服务高质量发展的意见〉答记者问》，《中外文化交流》2021年5月25日。

建现代公共文化服务体系的意见》《国家基本公共文化服务指导标准（2015~2020年）》，制定《中华人民共和国公共文化服务保障法》，构建现代公共文化服务体系新格局。党的二十大报告站在推进建设社会主义文化强国的高度，明确提出要"健全现代公共文化服务体系"，为人民群众提供更高质量、更有效率、更加公平、更可持续的高品质公共文化服务，成为新时代新征程"推进文化自信自强，铸就社会主义文化新辉煌"的重大任务。构建高品质公共文化服务体系既是保障人民文化权益、改善人民生活品质的重要途径，也是推进文化体制改革的重要举措，对于促进文化事业繁荣发展、提升人民群众文化获得感、增强国家文化软实力、推进社会主义文化强国建设具有重要意义①。

（二）构建高品质公共文化服务体系是浦东发挥引领辐射作用的重要使命

2021年，中共中央、国务院发布《关于支持浦东新区高水平改革开放打造社会主义现代化建设引领区的意见》，要求浦东实现全方位引领，对浦东发挥引领作用的要求更高、期望更高、内涵更丰富。公共文化服务体系建设是保障和改善民生的重要举措、建设社会主义文化强国的重大任务，需要浦东在这一领域先行先试，推动引领区文化软实力建设，更好地体现和发挥引领辐射作用。

同时，当今世界正经历百年未有之大变局，意识形态领域斗争更趋尖锐复杂，软实力的较量比拼成为大国竞争重要考量。随着我国日益走近世界舞台中央，国际社会越发关注中国，渴望了解中国，期待听到中国声音②。浦东肩负特殊责任，要打造全面建设社会主义现代化国家窗口，必须坚定文化自信，形成浦东国际传播合力，更好地代表国家和上海参与国际合作竞争，

---

① 刘淼：《贯彻新发展理念，推动公共文化服务高质量发展——文化和旅游部公共服务司负责同志就〈关于推动公共文化服务高质量发展的意见〉答记者问》，《中外文化交流》2021年5月25日。

② 郭卫民：《努力做好新形势下的国际传播工作》，《对外传播》2021年7月22日。

为推动形成同我国综合国力和国际地位相匹配的国际话语权、构建人类命运共同体做出积极贡献。

（三）构建高品质公共文化服务体系是人民城市理念的重要彰显

构建高品质公共文化服务体系就是要践行"人民城市"重要理念，坚持以人民为中心的发展思想，坚持文化发展为了人民、文化发展依靠人民、文化发展成果由人民共享，把最好的资源留给人民，需要浦东进一步增强改革动力、激发创新活力，着力提升公共服务均衡化、优质化水平，进一步发挥政府的主导作用，创新服务和管理模式，营造多元共建格局，更好地服务人民群众日益增长的多样化、品质化、个性化文化需求，着力增强人民的获得感、幸福感，加快构建具有浦东特点的高品质公共服务体系，更好地彰显社会主义现代化国际大都市核心承载区的文化魅力。

二 浦东新区构建高品质公共文化服务体系的目标定位

（一）浦东新区构建高品质公共文化服务体系的现实基础

在浦东新区 30 多年的开发开放历程中，文化发展成为推动浦东经济社会发展的软实力，同时也承担着先行先试、提供示范的战略责任。尤其是自 2014 年创建并获评国家公共文化服务体系示范区以来，浦东新区在推动公共文化服务城乡一体化、委托社会专业组织参与公共文化机构的服务和管理、文化体制改革、以数字化手段促进文化发展等方面所做的诸多探索，实现了重要突破，形成了浦东特色，如浦东图书馆多元化的理事会结构、艺术指导中心文化类社会组织孵化基地对社会组织进行培育和扶持的做法，在全国具有引领性和示范性，成为构建高品质公共文化服务体系的现实样本和创新典型。

在这期间，各项公共文化绩效评价指标均有增长，其中：公共图书馆、文化馆达标率和街镇文化中心设备完备率，均为 100%；万人拥有公共文化设施面积、百万人口注册文化志愿者数、在线活动数和新型公共文化空间数，均实现倍数级增长；线下活动数、藏书平均流通次数等指标，实现两位数增长，群众满意度逐年提升。在改革创新领域，推出公共文化空间大赛、公共文化服务产品采购大会、公共文化场馆延时服务等创新项目。很多创新成果获得《人民日报》头版、央视《新闻联播》、人民网、新华网等中央媒体报道。浦东获评全国书香城市，浦东图书馆等单位获得全国文明单位、中宣部全国服务农民和服务基层文化建设先进集体等奖项，并在 2022 年国家公共文化服务体系示范区创新发展复核中获评"优秀"，为浦东新区进一步构建高品质公共文化服务体系奠定了良好基础。

（二）浦东新区构建高品质公共文化服务体系的目标定位

党的十八大以来，我国公共文化服务体系建设目标由"覆盖全社会的基本公共文化服务体系[①]"逐步向"健全现代公共文化服务体系[②]"提升。健全现代公共文化服务体系意味着要从思想观念、实施路径等各方面突破传统，要与经济社会总体发展现状相符合，与文化强国建设大局相同步，与全球化浪潮、信息化形势发展相适应，要在功能设置的现代化、体制机制的现代化和服务方式的现代化方面改革创新[③]，使人民享有更加充实、更为丰富、更高质量、更高品质的精神文化生活。在此精神指导下，按照《上海市"十四五"时期社会主义国际文化大都市建设规划》《浦东新区国民经济和社会发展第十四个五年规划和二〇三五年远景目标纲要》等文件精神，以及推动国家公共文化服务体系示范区向示范引领的新能级跨越发展的要求，浦东新区制定了《浦东新区建设国际文化大都市核心承载区"十四五"规划》，确立了浦东新区构建高品质公共文化服务体系的目标定位，具体

[①] 《高举中国特色社会主义伟大旗帜，为夺取全面建设小康社会新胜利而奋斗》（在中国共产党第十七次全国代表大会上的报告），2007 年 10 月 15 日。

[②] 《中共中央关于全面深化改革若干重大问题的决定》（党的十八届三中全会报告），2013 年 11 月 12 日。

[③] 圣章红：《中国公共文化服务体系的现代性解读与建设路径》，《湖北大学学报》（哲学社会科学版）2016 年第 4 期。

为：加快构建具有浦东特点的高品质公共服务体系，大幅增加高质量和国际化的文体旅优质资源和制度供给，到2025年基本建成国际化和大众化并进的公共服务高品质供给标杆。对标国际最高标准、最好水平，健全文体旅公共服务体系，建设一批功能完善的文体旅公共服务设施，以科技创新提升公共服务效能，补齐公共服务短板，国际化区域体现公共服务的优质化和特色化，市民生活区域体现公共服务的均衡化和精细化，不断优化区域服务供给。进一步发挥政府的主导作用，创新服务和管理模式，营造多元共建格局，着力提升公共服务均衡化、优质化水平。到2025年末，人均公共文化设施建筑面积达到0.28平方米，人均接受文化场馆服务达到4次，人均体育场地面积达到2.68平方米。

三 浦东新区构建高品质公共文化服务体系的举措机制

"十四五"以来，浦东围绕社会主义现代化建设引领区的打造，在公共文化服务体系创新发展示范区的建设发展实践中，在着力构建最优设施体系；着力推出一批首创举措彰显先行担当；着力提升浦东文化品牌亮度，绽放一批文化原创作品；着力讲好浦东故事，集聚一批文化领军人物和龙头文化企业；着力提升浦东文化竞争力，推进一批智慧化项目建设；着力提升数字化服务能级等方面采取了一系列举措，实施了多项创新探索。

（一）凸显"四个强化"，着力构筑高品质公共文化服务体系的保障体系

2018年以来，浦东新区区委、区政府高度重视文化建设，全面启动文化强区战略，建立"一把手"抓文化的工作格局，区委主要领导牵头开展"打响文化品牌、打造文化高地"1号课题调研，先后19次专题调研推进文化建设工作，通过调研成果转化，打造了一批地标性文化设施，建设了一批示范性公共文化服务点，推出了一批原创艺术精品，举办了一批在国际国内

具有影响力的文化品牌活动。浦东成立由分管副区长挂帅的示范区创新发展领导小组，区四套班子每年围绕文化重点任务开展专题调研，公共文化服务创新发展保障体系更加完善。

第一，强化顶层制度设计。根据示范区创新发展要求，先后出台《浦东文化活力和影响力提升"十三五"规划》、《关于建设上海"四大品牌"核心承载区的实施意见》、《浦东新区率先打响"上海文化"品牌专项行动方案（2018～2020）》和《浦东深化现代公共文化服务体系建设三年行动计划》等一批文件，为构筑高品质公共文化服务体系提供强有力的制度保障。

第二，强化政府财力支撑。浦东持续加强公共文化创新发展财力保障，高效统筹使用中央补助专项资金，建立区、街镇两级财政保障机制。出台《浦东新区宣传文化发展基金管理办法》等文件，引导街镇、社会共同投入。2018 年和 2020 年，区级公共文化设施建设投入分别为 3.5 亿元、5.49 亿元，各级政府购买服务投入分别为 1.7 亿元、2.5 亿元。

第三，强化创新人才保障。一是建立文化专业人才落户绿色通道，吸引一批美术馆、博物馆领域的杰出人才落户浦东。二是打造浦东文化的"朋友圈"，吸引叶辛、易中天、何建明、郎朗等 20 余位文化名家助力浦东文化创新。三是打造服务基层专业队伍，成立由艺术导师、文化专管员、巡查员、指导员和志愿者组成的"五员"队伍。

第四，强化创新发展成效考核。把创新发展工作成效纳入区委、区政府督查和街镇年度考核，每年开展两次第三方测评和群众满意度调查，确保工作推动有序、举措落实有效。

（二）聚焦"四个推动"，高品质公共文化服务体系建设持续向纵深发展

浦东对标示范区后续建设的各项指标要求，聚焦标准化、均等化、社会化和数字化等重点领域，持续巩固提升创建成果。

第一，推动标准化、均等化建设再上新台阶。一是加强标准化制度建设，出台实施《浦东"15 分钟服务圈"文化资源配置方案》《浦东农村文

化服务站建设方案》等文件。二是全域打造"15分钟文化服务圈"设施体系，开工建设上海博物馆东馆、上海图书馆东馆、上海大歌剧院、浦东美术馆、浦东群艺馆等一批大型文化地标，建成洋泾、潍坊文化中心等一批中型文化设施，新改建一批小而美的"家门口"文化空间，形成大中小布点更加均衡的设施网络体系。三是持续推动文化城乡一体化建设，每年推出公共文化服务产品清单和服务指南，向农村地区配送2万余场次文化活动，探索实施艺术乡村计划，举办乡村音乐节，设立艺术家驻村工作站，开展沿江沿海百村行等活动，农村成为浦东文化建设的亮丽风景线。

第二，推动社会化建设再聚新活力。一是发挥宣传文化发展基金的杠杆效应，持续引导社会主体参与公共文化发展建设。"十四五"以来，基金累计安排约2亿元、扶持近300个项目，直接撬动近6亿元的社会化资金。二是建立文图总分馆社会化分馆，在上海中心、中国金融信息中心、陆家嘴金融广场等54个社会空间，设立了文图分馆，进一步拓展了文图两馆的覆盖面。三是继续推进公共文化场馆社会化运营，金海文化艺术中心、鹤沙文化艺术中心等大居文化中心，成为社会化运营范本。

第三，推动数字化转型再建新格局。一是场馆改造数字化，推动全区文化空间升级，完成新区文图总馆部分内部空间数字化改造，建成三林懿德文化中心、东明路街道社区文化中心等智能实体空间。二是服务资源数字化，先后建成5个图书特色数据库、8个文化视频数据库、4个博物馆数据库。三是服务载体数字化，健全"浦东文化云馆"平台，云预约、云直播、云培训、云展览等数字化服务实现全覆盖。推出浦东文旅数字地图，上线"建筑可阅读""浦东非遗"等应用小程序。

第四，推动全民艺术普及再创新机制。持续深化"浦东市民艺术大学"项目，探索全民艺术普及新机制。一是拓展校区体系布点，三年新增56个分校和社会教学点，将艺术大学延伸到学校、企业、部队、医院、楼宇、社区及社会专业机构。二是完成市级配送457场次，区级线下线上配送461场。推出2022年基层公共文化设备优化项目，为35个街镇采购配送586万元设备。三是大力推进线上公共文化服务。市民艺术大学51个分校（教学点）提供 100 多门培训课程，推出线上服务产品 17 类 1500 余种，实现区、街镇、社区三级公共文化数字服务覆盖。

（三）先行先试"三项首创"，发挥高品质公共文化服务体系建设示范引领作用

身处改革开放最前沿，身为国家战略试验田，创新发展始终是浦东公共文化的光荣使命和责任担当，"十四五"以来三项创新亮点持续提升影响力。

一是首创"公共文化空间大赛"。为提升基层公共文化设施的审美品位、运营理念和服务效能，在上海市文旅局的支持和指导下，浦东创办了公共文化空间大赛，大力倡导全新设计、全新服务等理念，通过大赛集聚了一批艺术家、设计师、运营团队等资源，为基层群众打造了一批高颜值、暖表情的最美公共文化空间。大赛自 2018 年首创以来，影响力迅速提升，并在 2021 年升级为"长三角及全国部分城市最美公共文化空间大赛"。2023 年是大赛走向全国的第二年，共收到参赛空间作品 1692 个，参赛地扩大至 15 个省市 115 个市州，办赛理念从优化空间外观设计拓展到内部运营模式优化。浦东将颁奖典礼与最美空间学术论坛、浦东文采会同时同地举办，创新空间、供给、论坛"三位一体"的办赛新路径，探索创新大赛成果推广新模式。

二是首创"公共文化服务产品采购大会"。为推进文化供给侧改革，精准对接供需双方需求，浦东首创体现"文化淘宝"理念的文采会，线下搭建文化产品采购展会，线上搭建"24 小时不落幕"的对接平台。2021 年 10 月第五届长三角文旅公共文化服务产品采购大会举办，2022 年 1 月第六届浦东（云上）文采会举办，2023 年 3 月第七届浦东文采会举办。目前，粤港澳大湾区、成渝地区和文旅部相继举办文采会。

三是首创"黄金六小时"公共文化场馆延时服务。为进一步提升公共文化设施的使用效能，2020 年，浦东试点推出公共文化场馆延时服务，通过聚焦早上、中午和晚上"黄金六小时"，延时场馆的服务时间、服务内容和覆盖群体得到有效拓展。服务对象中，年轻群体占比高达 82%，文化场

馆成为年轻人的文化新家园。在此基础上，2021年全区延时服务场馆，已从3家发展到18家，2022年达到30家，形成延时服务的规模效应。2023年上半年延时服务继续扩大覆盖面，基本实现全覆盖。

四 浦东新区构建高品质公共文化服务体系的成效与不足

"十四五"以来，浦东新区深化"国家公共文化服务体系示范区"复评优异成果，始终坚持以习近平新时代中国特色社会主义思想为指引，贯彻"人民城市"重要理念，对标文旅部各项要求，在标准化、均衡化、社会化、数字化等领域持续深化，各项公共文化绩效评价指标均有增长。但对标高品质公共文化服务体系目标，在一些方面也存在一定不足和差距。

（一）取得的主要成效

第一，公共服务水平提质升级。截至2021年末，全区公共文化服务设施总面积达155.49万平方米，人均面积超过0.25平方米。公共图书馆、文化馆的达标率以及街镇文化中心的设备完备率均为100%；万人拥有公共文化设施面积、百万人口注册文化志愿者数、在线活动数以及新型公共文化空间数，均实现了快速增长；线下活动数、藏书平均流通次数等指标实现了两位数的增长，群众满意度逐年提升。每年的重点文物保护合格率均达到100%，新区每年都投入资金对重点文物进行保护修缮。目前，新区各级各类文物保护状况良好，重点文物保护均符合标准。在改革创新领域，浦东推出了公共文化空间大赛、公共文化服务产品采购大会、公共文化场馆延时服务等创新项目，许多创新成果获得了《人民日报》头版、央视《新闻联播》、人民网、新华网等中央媒体的报道。浦东荣获全国书香城市称号；浦东图书馆等单位荣获全国文明单位，中宣部全国服务农民、服务基层文化建设先进集体等奖项。

第二，重大设施项目蓄势增能。目前，浦东公共文化场馆共有77家，包括区级图书馆 1 家、文化馆 3 家，美术馆 16 家，博物馆 21 家，36 个街镇文化活动中心，还有近千个"家门口"文化服务站。全区常住人口人均公共文化设施面积为 0.25 平方米，已经超过上海 2025 年 0.23 平方米的目标（浦东的"十四五"目标是 0.28 平方米）；共有各类体育场地 1.1 万个，包括 7 家区级公共体育场馆、6 个长者运动之家、19 个社区市民健身中心、155 条健身步道、284 个游泳馆、490 个市民球场、4340 个社区健身苑点等，总面积超 1400 万平方米。除此之外，还有大量社会力量投资建设的体育设施，比如洛克篮球公园、万国体育中心等。全区人均体育场地面积达 2.51 平方米，高于全市 2.44 平方米的平均水平。另外还有 28 家景区、55 家星级酒店、556 家乡村民宿、988 家文化娱乐场所，占全市的 1/4~1/3。

第三，文化品牌项目硕果累累。打造一批品牌设施空间，着力构建最优设施体系，如上图东馆、上博东馆、浦东美术馆等一批重大文化地标设施构建了浦东最炫天际线；上海大歌剧院、梅赛德斯-奔驰文化中心、前滩 31 文化演艺中心、宋城演艺中心等重大演艺设施，助力亚洲演艺之都在浦东崛起；望江驿、张江科学城书房等一批示范空间扮亮城市最美风景线。浦东推出一批首创举措，着力彰显先行担当，如最美公共文化空间大赛已经成为全国公共文化的创新标杆，吴昌硕纪念馆、浦东历史博物馆、融书房、暖亭等成为网红打卡地。浦东首创的文采会已经走向全国，浦东公共文化场馆延时服务 2024 年将实现全覆盖。涌现一批文化活动品牌，着力提升浦东文化亮度，如"一带一路"电影周、浦东文化艺术节、陆家嘴读书会等品牌从无到有、从有到优。群星奖、国家院团等国家级资源持续助力浦东节庆品牌能级提升。陆家嘴国际咖啡文化节、三林国际龙狮文化节等"一镇一品"百花齐放，形成强大品牌矩阵。绽放一批文化原创作品，着力讲好浦东故事，如原创交响乐《浦东交响》、琵琶组曲《乐鸣东方》、报告文学《浦东史诗》、电视剧《大江大河》《大浦东》，以及未来的"新时代浦东史诗"系列原创，见证浦东奇迹、讲好中国故事。

（二）存在的不足

第一，高品质的公共服务体系仍需进一步健全。浦东具有地域面积大、人口数量多且发展不平衡的区域特点，文体旅公共设施布局的均衡性、精准度仍显不足，重大体育场馆资源优势有待充分发挥。

第二，强竞争力的文体旅产业体系仍需进一步构建。浦东人文底蕴较弱，文化核心门类产业功能亟待培育和发展。知名体育企业和机构集聚度不足，赛事经济溢出效应不明显。旅游业能级有待提升，国际知名品牌数量不足。

第三，高标识度的文化品牌仍需进一步凝练。浦东拥有迪士尼乐园、世博文化等国际品牌和本土文化资源，但国际高端文化资源和本土文化有效嫁接，并与创造性活动相结合的路径不够明晰，文化标识度同其战略地位仍不匹配。

第四，大力度的改革开放创新仍需进一步破圈。文体旅游公共服务和产业重点领域改革难点瓶颈需要进一步突破，文体旅融合发展以及与科技、商业、生态等整体协调共进的机制仍有待完善，与长三角地区联动发展路径需进一步创新。

五 浦东新区构建高品质公共文化服务体系的经验启示

浦东新区构建高品质公共文化服务体系，既是积极践行"人民城市"理念的应有担当，也是打造社会主义现代化建设引领区的生动实践，更凸显善于作为、勇于创新、敢于担当的政治自觉和引领示范精神。

（一）探索公共文化服务供给侧结构性改革，促进公共文化服务提质增效

浦东从实际出发，认真研究人民群众的精神文化需求，因地制宜，科学规划，分类指导，针对存在的供需矛盾，从供给侧和需求侧双向发力。内容供给方面，连续举办一批大型品牌活动，申办引进更多国际顶级体育赛事，让文化为民之花开得更加绚丽多彩、为民之曲奏得更加嘹亮悦耳。如新场镇利用自己201314的邮政编码，推出"爱你一生一世"国际相亲大会，让更多年轻人交流互动。空间供给方面，通过规划新建、改建扩建、综合利用等

多种方式，加快推进文体设施建设，有力解决南北不均衡、城乡不均衡问题，形成"大珠小珠落玉盘"的生动局面。在扩大优质供给的同时，积极培育和引导群众文化消费需求。持续发挥互联网平台赋能实体经济作用，围绕演艺演出、旅游住宿、文化艺术品等领域，推出"玩 High 浦东"系列促消费活动，增强发展活力，充分释放文体旅消费潜力。

（二）积极探索政府和市场的有机统一，推动高品质公共文化服务发展行稳致远

为推动公共文化服务实现更加广泛、深入的社会化发展，公共文化服务供给方式更加多元化，浦东通过引导和鼓励更多社会力量参与公共文化服务，形成更多人民群众自我创造、自我表现的公共文化服务，政府、市场、社会共同参与的公共文化服务格局进一步完善。如健全区级图书馆、文化馆法人治理结构，完善理事会功能，提高运营服务质量。更多地委托专业社会机构开展文化设施运营服务、内容供给、绩效评估。探索建立吸引社会力量、社会资本兴建公共文化设施的良好机制。创新体育场馆管理体制和运营机制，通过公开招标委托市场化专业机构运营等方式探索体育场馆所有权和经营权相分离，全面提升场馆服务能级，将体育场馆打造成为以公益性服务为主体，专业化运营、市场化管理的枢纽型、平台型、开放型体育服务综合体。实施体育社会组织实体化、专业化、规范化改革，推动街镇成立体育社团，引导成立新兴体育运动项目的区级体育单项协会，增强体育社会组织自我管理和自我发展能力。

（三）精准把握公共文化服务和管理的结合点，创新公共文化管理运行体制

提升服务水平是"十四五"时期公共文化服务高品质发展的主旋律。浦东通过在公共文化功能设置、运行管理、服务规范、队伍建设、绩效评估等方面开展积极的创新探索，推动公共文化管理运行机制创新，进一步提升公共文化服务水平。在服务方面，持续探索推进公共文化延时服务机制，实

现街镇社区文化中心延时服务全覆盖。建立完善"点单+配送+评价"服务体系，组建多门类特色"文艺轻骑兵"小分队下沉基层，提高文化服务精准度。扩大公共文化内容配送范围，更多向商场、园区、楼宇、新型文化空间植入。不断创新社区文化指导员配送机制，发挥"浦东新区社区文艺指导员实训基地"平台功能。在管理方面，不断健全完善全市首创的文化专管员机制，通过各种举措，优化调整36个街镇的专管员队伍，全方位培养其成为复合型的公共文化从业人员。同时为增强基层文化队伍活力，浦东导入更多国家级、市级文化资源，指导培育"一镇一品"，推动群文团队数量扩容、类型多元、质量提升。

（四）坚持守正与创新辩证统一，加大文化遗产保护和传承力度

守正与创新相辅相成，体现了变与不变、继承与发展、原则性与创造性的辩证统一。浦东一方面积极统筹文化遗产保护传承资源，系统梳理文化遗产资源，构建精准、开放、共享的浦东文化遗产资源数据库。推动浦东历史文脉资源转化应用，加大文化遗产传承宣传教育普及力度，做强"人文浦东"等讲座品牌，办好非遗系列节庆活动，彰显浦东传统文化魅力，增进市民的地域认同、文化认同。另一方面不断创新非遗保护开发路径，系统性整合资源，把非遗保护开发与现代生活有机融合，与社区治理、基础教育、大型节庆活动等多元融合，在全区培育一批"非遗在社区"示范点和示范项目，构建全民参与的保护开发平台。积极探索科技创新赋能文物保护，加快不可移动文物的数字化创新保护，逐步实现可读、可听、可视相互赋能，在守正中创新、在创新中发展。

六 浦东新区构建高品质公共文化服务体系的对策建议

（一）进一步丰富公共文化服务新供给，全面提升公共文化服务供给能级

一是做大做强文采会品牌。浦东文采会作为全国首创的公共文化服务产

品采购平台，已经连续举办7届。文采会聚焦提升服务引领区功能，持续推动公共文化服务供给侧结构性改革，精准把握群众精神文化需求，不断提高供需匹配度。浦东应继续深化云上文采会平台功能，在体制机制创新、资金投入使用效能、供给主体多元化和增量化、服务精准化等方面再提升。二是增强基层优质资源配置。打造一批基层品牌文化团队，提升文化惠民服务效能，大力推进优质文化服务资源向基层和家门口延伸，向新城、大居和远郊覆盖。三是发挥文化宣传基金指挥棒效应，对文化基金扶持项目选题和规则进行优化，项目向基层倾斜，最大限度激发各类主体参与公共文化建设。

（二）不断加强新型公共文化空间建设，赋能公共文化城市新空间

一是加强新型公共文化空间建设，发挥"公共文化空间大赛"推动效应，遴选一批区级"家门口"的好去处，打造一批适合休憩、交流、活动的新型公共空间。二是拓展和释放新文化空间效能，推进浦东历史博物馆、吴昌硕纪念馆等空间升级改造，"融书房""望江驿"等提能升级，植入阅读、展览、演艺、休闲运动等元素，着力提升滨江沿岸世界会客厅品质。三是打造升级一批特色公共文化空间，为基层选点打造一批公共文化空间和场馆，支持祝桥、老港、张江等特色新空间建设。四是打造一批街镇文化特色品牌。鼓励指导街镇挖掘自身文脉资源和文化特色，形成"一镇一品"，支持陆家嘴国际咖啡文化节、周浦航头傅雷文化等品牌和重点项目，打造浦东街镇文化品牌矩阵。五是持续提升公共文化空间大赛辐射力。与多家媒体合作，将公共文化空间大赛理念传播至全国，确立浦东引领和龙头地位。吸纳全国乃至国际设计师，加入公共文化空间创新智库，强化专业人才支撑。

（三）深入推进文化遗产保护和传承创新

一是加强历史建筑和文物保护，持续推进"新场申遗"和古镇提升工程，推进文物保护工程项目建设，强化文物安全综合监管。二是健全非遗保

护传承体系，探索非遗活化的新机制、新路径，组织策划各类活动，推动浦东优秀传统文化融入生活常态。三是打造非遗保护传承的专业队伍。

（四）瞄准创新转型主战场，全面提升数字化能级

一是面对数字化重塑生活和工作的新形势，抓住数字化这个突破口，抓住场馆场景建设，以内部管理带动外部服务方式转变，以示范性样本打造带动点面提升，多措并举推动公共文化数字化全面转型。二是加快推进浦东图书馆智慧化项目，构建"浦东市民终身学习的大课堂、大基地"，加快推进浦东群艺馆"文化艺术元宇宙共享体验平台"建设，抓好"群艺馆数字化平台"系统升级优化，构建覆盖全区的文化艺术 3D 网络，实现全域数字化演艺、非遗、公益电影等资源实时共享，并通过数字化的方式实现精准数据分析和运营场景科学管理。三是加快推进浦东文保所智慧文博综合监管平台建设。聚焦全面实现文博综合管理的动态化、数字化、网络化和空间可视化目标，重点推动实现不可移动文物安全巡查、不可移动文物视频监管、文物与博纪场馆数字化展示和文博信息发布四大功能。

参考文献

圣章红：《中国公共文化服务体系的现代性解读与建设路径》，《湖北大学学报》（哲学社会科学版）2016 年第 4 期。

焦勇勤：《我国公共文化服务体系理论建构研究》，《浙江树人大学学报》2022 年第 1 期。

陈庚、邱润森：《新时代完善现代公共文化服务体系建设的路径研究》，《江汉论坛》2020 年第 7 期。

郭全中：《现代公共文化服务体系中的现代性》，《行政管理改革》2014 年第 4 期。

国家文化和旅游部：《"十四五"公共文化服务体系建设规划》（文旅公共发〔2021〕64 号），2021 年 6 月 10 日。

特色案例

B.10

幼有善育：浦东新区公共托育服务
体系建设探索

孙 兰[*]

摘 要： 本文从托幼一体化的师生比配置、"15分钟社区托育圈"的合理布点、公共托育服务的社会氛围及其公益属性等难点和问题展开讨论，对构建过程中的经验和启示做了总结。未来，浦东新区在托育服务的公共服务属性、公益属性、规则性的立法配套、人才战略布局等方面仍有提升空间。

关键词： 公共托育服务 托幼一体化 15分钟社区托育圈

随着"全面二孩"等一系列生育政策和人口政策的实施，我国人口长期均衡发展取得一定成效。但近年来，我国人口发展依然呈现增速放缓等特

* 孙兰，中共上海市浦东新区委员会党校公共管理教研部讲师，研究方向为应用心理学、公共管理。

征，低生育率是影响我国人口长期均衡发展的主要风险，调查显示，影响群众生育的一个重要因素，就是3岁以下婴幼儿无人照料看护。[①]

3岁以下婴幼儿是"社会最柔软的群体"，幼有所育、幼有善育事关千家万户福祉，事关祖国未来。完善公共托育服务体系是当前浦东实现高质量发展、打造高品质生活的必然要求，也是积极回应民生需求、补齐民生短板的重要体现，更是有效提升人民群众获得感、幸福感的重要保证。

一 浦东新区公共托育服务体系构建的缘起和背景

（一）国家战略

党和国家高度重视普惠性托育服务体系建设。2019年4月，国务院办公厅印发《关于促进3岁以下婴幼儿照护服务发展的指导意见》，指出"加强家庭婴幼儿照护的支持和指导"，全面保障"幼有所育"。而后，《"十四五"积极应对人口老龄化工程和托育建设实施方案》和《关于促进进一步完善和落实积极生育支持措施的指导意见》等一系列纲领性文件密集出台。

（二）上海部署

上海是全国唯一由教育部门牵头开展3岁以下婴幼儿照护服务工作的省份[②]，对国家探索托幼一体化体系的改革模式具有重大意义。自2018年以来，上海已逐步形成了以幼儿园开设托班为主、以普惠性托育服务为导向的基本格局。2021年上海市黄浦区、浦东新区、奉贤区3个区成功获评全国婴幼儿照护服务示范城市。[③] 2023年1月1日，《上海市学前教育与托育服务条例》正式实施，这是全国第一部覆盖0~6岁幼儿公共服务的地方立法，

---

① 吴少杰：《推动婴幼儿照护服务事业高质量发展》，《中国人口报》2023年3月31日。
② 汤婷婷、李婷：《幼有善育 打造高品质托育服务矩阵——来自上海市创建"全国婴幼儿照护服务示范城市"的报告》，《人口与健康》2023年第7期。
③ 金振娅：《首批33个全国婴幼儿照护服务示范城市发布》，《光明日报》2023年3月31日。

明确了上海学前教育与托育服务一体规划、一体实施、一体保障的发展思路。

（三）浦东实践

浦东新区是上海市教育综合改革示范区和托育服务工作试点区。新区在教育局设立了托幼工作处和学前教育（托育服务）指导中心。根据市级托育服务相关文件，浦东新区先后出台了《关于促进和加强浦东新区 3 岁以下幼儿托育服务工作的实施意见》《浦东新区托幼一体化试点工作方案（试行）》《浦东新区托育服务三年行动计划（2021~2023 年）》《浦东新区学龄前儿童善育工程实施方案》《关于进一步推动"15 分钟服务圈"提质增效三年行动计划（2021~2023 年）》等政策，拟定整体解决方案，不断完善托育服务发展体系。

二 浦东新区公共托育服务体系构建的目标和定位

浦东新区自 2018 年加快推进托育服务工作以来，始终以构建政府引导、家庭为主、多方参与的托育服务工作体系为目标，以满足多层次、多元化、有质量的托育服务需求为导向，坚持公益普惠、安全优质、示范引领的理念，努力实现"幼有所育、幼有善育"，营造全社会关心重视托育服务的氛围，提升人民群众的获得感与满足感。

（一）现实基础

从需求侧来看，作为人口导入大区，浦东新区 3 岁以下常住婴幼儿人口实属"量大面广"。根据第七次人口普查结果，浦东新区常住人口约 568 万人，3 岁以下常住婴幼儿人口约 11.3 万人，约占全市总量的 1/5。其中，如表 1 所示，全区 3 岁以下婴幼儿中，0~1 周岁约 3.1 万人，1~2 周岁约 4.0 万人，2~3 周岁约 4.2 万人。从区域分布来看，主要集中在人口密集的中心城区和产业密集的新兴居住区。总体来说，浦东新区3岁以下常住婴幼儿托育需求量巨大。

表1　浦东新区3岁以下婴幼儿数分布情况

单位：人，%

年龄段	人数	占比
0~1周岁	31328	27.7
1~2周岁	40098	35.4
2~3周岁	41773	36.9
总计	113199	100.0

资料来源：第七次全国人口普查。

从供给侧来看，如表2所示，截至2022年9月，浦东新区提供托育服务的供给方共266家（含291个点/园部），托位数约1.25万个，每千人口拥有3岁以下婴幼儿托位数达到2.2个。其中170所公民办幼儿园（含187个园部）开设托班256个，提供托位数5120个；社会托育机构96家（含104个点），提供托位数7394个。从分布来看，除去公民办幼儿园，社会托育机构主要集中在人口密集的中心城区。总体来看，相比需求侧，供给侧特别是公民办幼儿园供给缺口较大。

表2　2022年浦东新区托育供给和托位数情况

托育服务供给方	数量	托位数
公民办幼儿园	170所（含187个园部）	5120个
社会托育机构	96家（含104个点）	7394个
总计	266家（含291个点/园部）	1.25万个

资料来源：浦东新区教育局，数据截至2022年9月。

（二）目标定位

面对3岁以下幼儿托育服务需求和供给矛盾，面对人民群众高品质生活的迫切需求，从引领区建设大局和人才集聚的趋势考虑，浦东新区重点加强普惠性学前教育与托幼服务资源布局，落实民心工程，加快研究婴儿托育服务的公共属性问题，完善公共托育服务体系，打造人民群众最关心、最直接、最现实的高品质生活，推动"幼有所育、幼有善育"不断升级。

根据《"十四五"公共服务规划》要求，在幼有所育方面，到2025年每千人口拥有3岁以下婴幼儿托位数4.5个。也就是说，理论上3岁以下的孩子有入托的需求都应该尽量满足。具体来说，教育方面，根据2023年上海市托幼和学前教育工作联席会议成员单位联合制定的《全面建设高质量幼儿园的实施意见》中"各区开设托班的园所占幼儿园总数的比例不低于85%，其中新建、改扩建幼儿园按照建设标准开设托班"这一要求，浦东新区在幼儿托育上，进一步加大公办幼儿园开设托班的力度。社区方面，打造"15分钟社区托育圈"。根据全市要求，在"十四五"期间，街镇"宝宝屋"覆盖率将达到85%，中心城区街镇"宝宝屋"覆盖率将达到100%。2023年浦东不断增加普惠性学前教育资源供给，形成"一街镇一方案"，打造"15分钟社区托育圈"。托育机构方面，浦东新区通过一系列方案鼓励多元社会力量办托。

同时，新时代的教育不仅承载着家庭的希望，还承载着国家战略发展的重要任务。浦东新区将深入推进学龄前儿童善育工程，发挥政府引导作用、推动托育服务有序发展，优化对托育机构的审核、监管和服务，营造全社会关心重视托育服务的氛围。此外，家庭作为3岁以下婴幼儿养育的主体，承担着照看和养育孩子的主要责任。浦东新区将进一步加强多渠道宣传，从婴幼儿心理发展、情感需要等角度引导家庭认识到自主养育的重要性。

三 浦东新区公共托育服务体系构建的举措和机制

浦东新区通过资源供给多元化，加强普惠性学前教育与托育服务资源布局；通过托育服务专业化，不断提升托育服务的软实力；通过质量监管标准化，促进托育行业的规范和健康发展。

（一）资源供给多元化

1. 推进托幼一体化

浦东新区教育局结合区域实际，挖掘学前教育存量资源，一方面大力支持幼儿园增设托班，同时在新建和改扩建的幼儿园开设托班；另一方面特别鼓励民办幼儿园开设普惠性托班。浦东新区目前327所幼儿园（园舍数545个）中，六成已开设托班，提前超额完成《上海市托育服务三年行动计划（2020~2022年）》的相关要求。如表3所示，2022学年全区共计170所公民办幼儿园（187个园部）开设托班。其中，117所公办幼儿园（134个园部）开设托班179个，可提供托额3580个；53所民办幼儿园（53个园部）开设托班77个，可提供托额1540个。托幼一体园在公民办幼儿园总量中占比约为60%。

表3　2022年浦东新区公民办幼儿园托幼一体化情况

幼儿园性质	幼儿园数	开设托班数	可提供托额数	托幼一体化占比
公办幼儿园	117所（134个园部）	179个	3580个	—
民办幼儿园	53所（53个园部）	77个	1540个	—
合计	170所（187个园部）	256个	5120个	约60%

资料来源：浦东新区教育局，数据截至2022年底。

2. 打造"15分钟社区托育圈"

从2022年开始，浦东新区各街镇积极探索社区"宝宝屋"试点工作，致力于满足家庭"家门口"的照护需求，打造"15分钟社区托育圈"，为幼儿家庭提供多样化的集中照护和育儿指导服务。"宝宝屋"建设主要贴近百姓生活的场所，比如党群服务中心、社区文化中心、商务楼宇等，提供嵌入式的服务。"宝宝屋"上海话谐音是"抱抱我"，利用社区的家门口资源为1~3岁幼儿家庭提供便捷的临时托、计时托服务，每年为每个家庭免费提供12次服务。12次之后，有需要的家庭可以按公益价格继续享受服务。

有需要的家庭将宝宝临时托到"宝宝屋"，年轻父母有了一段独自处理工作的安静时光，祖辈们可以外出看病、买菜，或在文化客厅长廊里聊天聚会，获得宝贵的闲暇喘息时光。同时，"宝宝屋"的老师都经过专业指导培训，将宝宝送到"宝宝屋"，家长更加放心。

浦东新区"宝宝屋"建设根据各街道社区的实际，因地制宜、因势利导，采取多种模式柔性嵌入社区，凸显了"就近""普惠""喘息式"等托育服务特色。目前，浦东新区已下发"宝宝屋"建设的指导意见，把托育服务体系建设纳入街镇绩效考核。所有街镇都要设立普惠性托育点，配备家庭科学育儿指导站，并对托育服务机构进行检查指导，同时引入第三方专业机构参与"宝宝屋"的运营管理，让浦东的家庭在家门口可享便利安心的托育服务，让幼儿在家门口可享专业悉心的照护服务，让高质量的托育服务为城市增添温度。同时针对楼宇当中白领的强烈需求，工会、国资委等一同推动"宝宝屋"进国企、进园区、进楼宇。

3. 依托社会力量办托

浦东新区通过完善普惠性托育机构奖补政策，鼓励社会力量办托。出台了托育机构运营补贴、建设补助等具体举措，研制托育机构租赁期限放宽放长的优惠政策。另外，加强对社会力量办托的政策宣讲和指导服务，面向社会提供一门式托育机构申办咨询和服务，通过一系列方案加大扶持力度。截至2022年，全区托育服务机构中，提供普惠性托育服务的机构达150家（含167个办学点），占比为56%；提供普惠性托位数5532个，占比为44%。

4. 企业特色办托

浦东还积极探索企业特色办托。2018年10月，中国商飞公司上飞院大飞机金科托育园正式开园。这个托育园是上海市第一家教委颁证的企业内部员工托育园，也是浦东新区第一家教委颁证的非营利性托育园。之后，商飞又举办大飞机梦栖托育园，为职工提供全日制、半日制、计时制线下托育服务以及婴幼儿照护讲座、一对一咨询、亲子互动活动等普惠性育儿服务，解决青年职工面临的"带孩子难"问题。

（二）托育服务专业化

1.优化从业队伍

浦东新区通过多方院校合作，开设中本贯通、中高职贯通专业，打造输送幼儿园教师、保育员、育婴师等岗位人才的基地，推进托育行业人才的教育与培养。区教育局依托开放大学，落实每年不少于72课时的综合技能培训和40课时的职业道德培训，实现从业人员持证上岗率达100%；开展托育机构法定代表人、专职负责人分享会及培训，科学育儿指导点负责人培训等，2021年，共计参培近9000人次。区卫健委对托育机构的保健员开展全过程岗位培训及管理，通过上岗前培训对拟新设托育机构的卫生保健人员进行"三基"培训，为考核合格者发放证书。区人社局积极开展对托育机构保育员、育婴师的职业技能培训。同时，街镇建立了托育工作联络员制度，与区域内幼儿园结对，由教师团队对街镇开展婴幼儿照护工作给予专业指导。

2.孕育"浦宝"特色品牌

浦东新区教育局、卫健委、妇联共同探索家庭科学育儿综合指导模式，孕育了极具浦东特色的"浦宝"（浦东的宝宝）品牌，实现科学育儿指导形式多样化和专业化，社会反响热烈。

如表4所示，区教育局非常重视科学育儿，通过线上线下全覆盖的区域科学育儿指导体系，为3岁以下婴幼儿家庭提供一年10次免费的科学育儿指导服务。一是设立了36个街镇科学育儿指导站和336个科学育儿指导点，打通科学育儿指导服务"最后一公里"。[①] 二是推进"互联网+托育服务"，通过公众号"浦东学前教育"、"育之有道"APP浦东专版等，不断提高家长对公益免费科学育儿指导资源的知晓度。区卫健委大力发展"医育结合"。一是推进儿早基地支持联盟建设。建立"1+4+X+Y"儿童早期发展基地浦东模

---

① 汤婷婷、李婷：《幼有善育 打造高品质托育服务矩阵——来自上海市创建"全国婴幼儿照护服务示范城市"的报告》，《人口与健康》2023年第7期。

式，以儿童健康生长发育、行为心理发育为切入点，通过医育结合活动广泛开展宣教，提高家庭养育质量。二是创建市级"向日葵亲子小屋"3家，开展医育结合的婴幼儿亲子活动。区妇联在全市率先开展"父母成长支持计划"，帮助广大家长树立正确的育儿观，提升科学育儿能力。

表 4　"浦宝"家庭科学育儿综合指导模式

浦东新区部门	指导模式	指导形式
区教育局	科学育儿指导服务线上线下全覆盖	36 个街镇科学育儿指导站和 336 个科学育儿指导点
		公众号"浦东学前教育"
		"育之有道"APP 浦东专版
区卫健委	医育结合	儿早基地支持联盟建设
		创建市级"向日葵亲子小屋"
		母婴设施建设
区妇联	父母成长支持计划	编写 0~3 岁婴幼儿家庭教养指导方案

资料来源：浦东新区教育局。

（三）质量监管标准化

浦东新区坚持综合监管和过程监管，形成了托育服务监管与质量标准，促进了托育行业的规范和健康发展。浦东新区通过建立规范有序、行业自律、合力共治的托育服务行业综合监管体系，促进托育服务规范发展，守牢安全底线。一是通过综合监管网络和应急处置机制，加大对违法违规行为的查处力度。二是加强智能手段在监管中的应用。建设托育机构视频巡查平台，利用智能技术开展视频实时巡查。近年来，未发生涉及婴幼儿照护服务的安全责任事故。三是区卫健委加强托育机构卫生保健管理。对拟办托育机构先行开展咨询和现场指导，区妇幼中心和社区卫生服务中心定期对托育机构进行全方位检查和培训督导。此外，为了促进新区托育机构质量提升，浦东新区加大过程监管力度和促进示范辐射作用发挥，探索建立亮牌制度，引导家长合理选择托育机构，促进托育行业的规范和健康发展。

四 "幼有所育"升级"幼有善育"的难点与问题

（一）普通幼儿园师生配置比标准难以适应托幼一体化体系建设

随着我国人口政策的推动，二孩家庭逐渐增多，但总体上我国学前教育依然面临适龄人口规模缩减的局面。在对托育体系谋篇布局的过程中，如果未整体地对0~6岁教育资源进行托幼一体化战略考量，开展供给侧结构性改革，将极有可能造成资源短缺与浪费并存的局面①。

浦东新区目前普通幼儿园是根据2005年上海市《普通幼儿园建设标准》（DG/TJ08-45-2005）来规划建设的。根据该标准，幼儿园的早教指导班和托班每班人数不应超过20人，幼儿班每班人数不应超过30人。根据国家规定，全日制幼儿园每班配设2名教师、1名保育员。也就是说，当前普通幼儿园托班的师生配置比约为1：7，幼儿班的师生配置比约为1：10。随着国家二孩政策、三孩政策的实施，虽然幼儿班的数量近些年呈现下降趋势，但是随着托班逐年增加，幼儿教育体量实际上没有缩小。此外，近20年前的师生配置比标准也难以适应当前人民群众高品质育儿的需求，试想2名教师和1名保育员需要负责近20名2~3岁的幼儿，对于每位幼儿的关注度必然无法达到高品质的标准和预期。因此，当前幼儿园的师生配置比标准很难满足全面推进托幼一体化建设的目标和"幼有善育"的高品质要求，对0~6岁教育资源进行托幼一体化配置需要进一步的整合性战略考量。

（二）"15分钟社区托育圈"的合理布点是一大难点

浦东地域大、人口多，36个街镇资源禀赋不尽相同，要打造"15分钟社区托育圈"，托育点的合理布点始终是一大难点。例如，有些中心城区符

---

① 海颖、高金岭：《低生育率下我国学前教育托幼一体化供给潜力预测——基于2023-2035年人口趋势的研究》，《教育与经济》2023年第3期。

合开办社区托育点条件的场地资源非常匮乏；部分街镇虽有场地资源但因地域面积太大，往往采用建设一个大的综合体方式；部分企业虽有为本单位职工开设普惠性托育机构的意愿，但准入条件的制约影响了申办积极性甚至无奈放弃。此外，目前托育服务点规划建设、布局的法律依据和科学标准还不够完善，难以及时反映人口增长、区域产业结构调整等因素带来的动态需求，导致不同区域间出现畸多畸少的问题。

（三）支持公共托育服务的社会氛围有待提升

《上海市学前教育与托育服务条例》指出："支持机关、企事业单位、园区、商务楼宇等提供福利性托育服务，构建普惠多元的托育公共服务体系。"浦东新区虽在企业办托方面已有特色探索，但有条件的园区、楼宇、企业为职工提供托育服务的良好局面还未完全打开。当前部分单位主动承担社会责任的意识不强，在托育服务设点布局、解决本地居民或者本单位职工子女托育服务方面往往过多强调客观困难。此外，群团组织和行业组织需进一步发挥积极作用，推动用人单位为职工提供福利性托育服务。

（四）社会托育服务的公益属性缺乏立法配套

当前婴幼儿照护服务的公益普惠主要还是靠政府作为，要想推动公共托育服务体系在全社会生根发芽，还存在社会力量举办托育机构门槛较高、公益属性不够明确、相应立法配套也不够完善等问题。例如，在不少有需求、有场地、有条件布点的居民区，业主共有产权的公共房产如若用于开办托育机构，在实际操作中往往受《物业管理条例》等因素的限制，难以成功落地。从当前国家和政府出台的一系列政策和文件来看，至少存在以下问题：一是原则性规范较多，规则性规范较少；二是法律责任相对较为模糊①。这在一定程度上是社会力量对兴办托育机构存有疑虑的重要原因。

---

① 林艳琴、林禛雨：《我国婴幼儿托育服务制度中的国家责任》，《福建论坛》（人文社会科学版）2023年第1期。

五 浦东新区全方赋能"幼有所育、幼有善育"的经验与启示

（一）坚持党的领导，出台有力支持政策

浦东新区坚持党的领导，把发展普惠托育作为重要民生工程，多部门统筹、高位推动。针对当前难点问题，出台一揽子支持政策。例如，2021年区税务局对托育机构共免征增值税 5310.6 万元，保障托育机构"企业职业职工培训补贴"37.2 万元，为经教育局考核优秀的科学育儿指导点提供扶持资金 275 万元。这些"真金白银"的配套措施，具有统领全局、指引方向的关键意义，打通了政策堵点和工作难点，有效解决了广大婴幼儿家庭的"急难愁盼"问题，让人民群众切实感受到关心关爱婴幼儿的良好社会氛围。

（二）教育部门牵头创改革先锋

应对人口结构带来的学前资源供给挑战，"托幼一体化"可以说是我国学前教育领域一项划时代的重要改革举措。然而综观全国，对托育服务的认识尚未形成共识。首先，政府、家庭、社会这三方主体的角色定位还未完全厘清。对于托育服务是否属于公共服务，各方面的争议较大，相关的政策和管理体制也不十分清晰。① 其次，如何定位托育服务和学前教育之间的关系一直是理论界和实践者争论的问题，理论界对托育服务的主管部门应该是教育部、国家卫生健康委员会还是地方政府存在不同意见。② 最后，社会各界重视和多方参与托育服务供给的氛围和环境还未形成。目前上海是全国唯一由教育部门牵头 3 岁以下婴幼儿照护服务工作的省份，浦东新区作为上海市

---

① 张楠：《如何照护好"最柔软人群"？》，《上海人大月刊》2018 年第 12 期。
② 范昕、李敏谊、叶品：《托幼服务治理模式国际比较及中国路径选择》，《比较教育研究》2021 年第 1 期。

教育综合改革示范区和托育服务工作试点区，对国家探索托幼一体化体系，特别是 2~6 岁托幼一体化的改革模式具有先锋作用。

（三）推动托育服务多元发展，守住安全健康底线

广大婴幼儿家庭的托育需求是多样化、多层次的。浦东新区通过教育发力、镇企发力、市场发力，着力提高普惠托位占比和促进多层次发展。同时，浦东新区始终把确保婴幼儿安全健康放在首位，通过加强托育从业人员培训，提升托育从业人员的专业水平和职业素养；开展科学育儿指导工作研究，提升科学育儿指导覆盖率和精准度；完善部门联动、综合监管、过程监管的管理机制，加强对托育机构事中、事后监管，有效提升托育服务的专业化水平和促进托育市场的规范化发展。

六 浦东新区托育服务事业高质量发展的对策与建议

（一）精准有效加大托位供给

发挥政府主导作用，着力加大普惠托育服务供给。因此在确保 2025 年全国千人口托位数达到 4.5 个目标的同时，还必须综合评估人口结构、区域特点，因地制宜，优化供需结构，做到精准有效建设托位。具体来说，支持新建、改扩建和存量幼儿园增设托班，特别是鼓励民办幼儿园开设普惠性托班；引导和支持各类机构依托社区提供嵌入式的婴幼儿照护服务，建设社区"宝宝屋"；进一步挖掘新建设施中的存量，对低效率的场地进行改建等，为托育服务提供场所资源；进一步优化托育服务点规划，结合人口增长、区域产业结构调整等因素，形成科学的布局。

（二）完善学前教育与托育服务保障性政策

浦东新区在探索托幼一体化建设中眼光要长远，教育资源要配足。伴随着人口和生育政策的调整，学前教育与托育服务的保障性政策须紧跟其

后。面对当前原则性规范多、规则性规范少的大环境，浦东新区在探索和完善托幼一体化服务各项标准时可发挥先行先试作用，例如在国家学前教育发展方向和理念、儿童发展指标、教师专业发展路径、师幼比、从业人员资质等方面进行探索和完善，同时探索以立法形式保障其在法律框架下行稳致远。

（三）探索社会托育服务的公益属性

浦东新区在托育服务的公共属性上已经相对明确，并且进行了大量推进工作，接下来可探索社会托育服务的公益属性，更深层次地激发全社会力量，鼓励各方社会力量参与托育服务，共同承担社会责任。例如大力推进社区和企事业单位举办普惠性托育机构，支持有条件的园区、楼宇、企业为职工提供托育服务，在收费标准、师资建设、薪酬体系、场所要求等方面制定针对性政策，调动各方参与举办普惠性托育机构的积极性。同时，探索非营利性托育服务的公益属性立法保障。

参考文献

范昕、李敏谊、叶品：《托幼服务治理模式国际比较及中国路径选择》，《比较教育研究》2021 年第 1 期。

海颖、高金岭：《低生育率下我国学前教育托幼一体化供给潜力预测——基于 2023-2035 年人口趋势的研究》，《教育与经济》2023 年第 3 期。

金振娅：《首批 33 个全国婴幼儿照护服务示范城市发布》，《光明日报》2023 年 3 月 31 日。

林艳琴、林禛雨：《我国婴幼儿托育服务制度中的国家责任》，《福建论坛》（人文社会科学版）2023 年第 1 期。

吴少杰：《推动婴幼儿照护服务事业高质量发展》，《中国人口报》2023 年 3 月 31 日。

汤婷婷、李婷：《幼有善育 打造高品质托育服务矩阵——来自上海市创建"全国婴幼儿照护服务示范城市"的报告》，《人口与健康》2023 年第 7 期。

张楠：《如何照护好"最柔软人群"？》，《上海人大月刊》2018 年第 12 期。

B.11
云照晚霞：浦东新区医养结合高品质养老服务体系建设

陈 军*

摘 要： 在人口老龄化不断加深的背景下，中央提出实施积极应对人口老龄化的国家战略。浦东新区作为引领区，在具有中国特色、符合超大城市特点的养老服务体系建设中，敢为人先。近年来，浦东新区大力推行互联网医院的建设，通过对市级及区级层面规划方案的分步实施，扎实推进，通过卫生健康部门与民政部门的密切合作，大力贯彻"医院上门评估义诊，老人院内线上就诊，家属云端远程陪诊，线下服务便捷转诊"的诊疗方式，创新医养结合模式，打造高品质养老服务体系。自推行以来，互联网医院在资源分配的公平性、有效性和持续性方面，取得良好成效。深化互联网医院建设，需要从多网融合的角度提升效能水平，从技术研发的角度确保信息安全，从场景拓展的角度激发潜力，从多元主体参与的角度拓展资金来源，以及从职业发展的角度强化队伍建设。

关键词： 互联网医院 医养结合 养老服务

人口老龄化是我国社会发展的趋势，建设与人口老龄化进程相适应的老龄事业和养老服务体系的重要性和紧迫性日益凸显。党的二十大报告明确提出"增进民生福祉，提高人民生活品质"的奋斗目标，并从国家战略层面，提出实施积极应对人口老龄化国家战略。2021年发布的《上海市养老服务

---

* 陈军，中共上海市浦东新区委员会党校讲师，研究方向为行政法学。

发展"十四五"规划》，从养老服务制度、养老服务发展体系、养老服务产品等多个维度描绘了养老服务的美好愿景。高品质养老服务体系的建设是实现国家战略部署和上海区域愿景的必然选择，对于充实和保障老年人群体养老生活的获得感、幸福感和安全感具有重要意义。

"互联网医院"的概念最早由国务院于2018年提出，具体而言，互联网医院是指通过互联网技术提供医疗服务的一类医疗机构，按照《医疗机构管理条例》和《互联网医院管理办法（试行）》等法律法规进行管理。具体包括两种类型，一是实体医疗机构建设的互联网医院，二是第三方依托实体医疗机构设置的互联网医院。[①] 国务院办公厅《关于促进"互联网+医疗健康"发展的意见》中明确："允许依托医疗机构发展互联网医院。"2020年上海市卫生健康委员会发布的《关于深入推进本市医养结合发展的实施意见》中进一步明确："依托互联网医院服务平台推进面向医养结合机构的远程医疗，针对操作规范、责任认定、激励机制、收费标准等方面，制定适用于医养结合机构的远程医疗服务政策标准，扩大优质医疗资源对机构住养老年人辐射效应。"《上海市养老服务发展"十四五"规划》重申了这一立场："打造智慧养老服务数字化场景""大力推进'养老院+互联网医院'发展模式。"

自2022年以来，为满足老年群体日益旺盛的医养结合需求，浦东新区政府按照中央和上海市的统一部署，借助日新月异的互联网信息技术，在全区范围内开始推广互联网医院，提升医养结合的智慧化水平，并期待为全国老年群体的医养结合工作提供有益借鉴。

一 缘起和背景

互联网医院的兴起与人口老龄化趋势、与智能终端的演进和普及，以及与浦东新区政府积极的进取精神都密不可分。

---

① 《"十四五"规划〈纲要〉名词解释之93 | 互联网医院》，国家发展和改革委员会网站，2021年12月21日，https://www.ndrc.gov.cn/fggz/fzzlgh/gjfzgh/202112/t20211224_1309348.html? state=123&state=123&state=123&state=123。

（一）区域困境：浦东新区的人口老龄化程度较深

按照 2020 年第七次人口普查的数据，浦东新区户籍人口为 321.1 万人，其中 60 岁及以上老年人口 105.32 万人，占总人口的 32.8%。而在 2010 年，浦东新区 60 岁以上户籍人口仅占总户籍人口的 22%。[①] 仅仅十年时间，浦东新区人口老龄化程度急剧加深。而从发展趋势上看，情况同样不容乐观。浦东新区老龄人口预计到 2025 年达到 120 万人左右，到 2035 年达到 150 万人左右，即在 2035 年，浦东新区 60 岁以上人口将占总人口的 38.77%。按照国际标准，社会人群中 65 岁以上人口比例达到 14% 为深度老龄化社会，达到 20% 为超级老龄化社会。可见，浦东新区的人口老龄化程度已经远远超过超级老龄化的标准。数据显示，目前上海市总计设立了 800 多家养老机构（含长者照护之家），在养老机构中生活居住的老年人达 8 万名左右。而在浦东新区的 177 家养老院（含长者照护之家）中，总计也生活着 1.4 万名老人。在传统"家文化"和"孝文化"的影响下，大多数中国人"唯愿在贫家，团圆过朝夕"，选择居家养老是主流养老方式。选择机构养老的老年人，大多具有不得已的原因，疾病因素是通常的核心影响因素。事实上，居住于养老机构的老人，大多患有慢性疾病，需要长期的健康监测和治疗服务。庞大的养老群体必然产生庞大的医疗服务需求，很多养老机构因为自身资源不足，无法满足老年人旺盛的医疗需求。作为公共服务提供者的政府部门需要正视整个社会日益增长的养老需求和医疗需求，及早布局，积极应对。

（二）实践基础：浦东新区的养老服务工作示范引领作用突出

截至 2022 年底，全区设有养老机构 177 家（含长者照护之家 33 家），总床位 34715 张，其中保基本床位 24366 张。养老组织体系层次分明、结构

---

① 《上海：高质量发展的"大城养老"浦东样板》，搜狐网，2022 年 10 月 23 日，https：//www.sohu.com/a/594630629_611014。

严密，涵盖了公办养老机构 113 家、民办养老机构 64 家、综合为老服务中心 72 家、老年人日间照料中心 113 家、老年助餐场所 235 家、老年活动室 1535 家、社区养老睦邻点 804 家、日间照料中心 116 家、"家门口"养老服务站 179 家，共同组成一张有张有弛、安全感与满足感齐备的大网，守护老年群体的从容晚景。因为良好的工作成效，浦东新区在养老领域获得了诸多荣誉，例如"全国养老服务业综合改革试点地区""全国养老服务社会化示范活动试点单位""全国养老服务示范单位"等，并成功创建全国智慧健康养老示范基地。2020 年，在民政部的简报中，民政部领导对浦东养老服务工作给予高度肯定并指出："浦东新区提出的养老服务工作思路具有高质量发展、体系化推进的特点，创新亮点多，工作举措实，体现了系统性、前瞻性和科学性的要求。"

（三）工作理念：敢为人先、勇于探索

为了满足老年人多层次多样化的养老需求，浦东新区率先提出"六养融合"的工作理念，即政府的养老服务聚焦托养（全托、日托）、医养、康养、体养、文养（文化娱乐）、智养（智慧养老）六个层面[①]，因地制宜开展养老服务，提升全区老年群体的获得感和幸福感。医养结合是"六养融合"的重要一环。长期以来，浦东新区民政局和卫健委在医养结合方面深度合作，进行了大量具有开创性的探索。例如，通过发布规范性文件，引导为老服务机构与医疗机构毗邻或就近设置；对养老机构内设医疗机构进行规范化管理和建设；指导养老服务机构和就近的一级医院——社区卫生服务中心签约，精准提供医养服务等。2021 年，松江区作为全市唯一试点区域，选取了首批试点养老服务机构与市一医院签约，探索"养老院+互联网医院"的医养结合创新模式，获得积极的应用反馈。借鉴松江区的医养结合探索成果，2022 年，浦东新区开始在养老机构和为老服务中心大力推广互

---

① 新民晚报：《上海：高质量发展的"大城养老"浦东样板》，搜狐网，2022 年 10 月 23 日，https：//www.sohu.com/a/594630629_611014。

联网医院签约行动，鼓励具备互联网医院资质的医院，与养老机构签约，促使优质医疗服务进一步下沉，贴身守护老年人的身体健康，以打通医养服务的"最后一公里"。

二 目标定位

互联网医院的迅猛发展是便捷的网络诊疗技术与老年人旺盛的诊疗需求的结合，从设立之初就具有明确的问题导向。建设互联网医院，从中央层面、市级层面到区级层面，一直不断出台各类文件、推出各种举措，进行目标定位和愿景描绘。

（一）直击痛点：互联网医院应需而生

党中央、国务院高度重视"互联网+医疗健康"工作，提出要加快发展"互联网+医疗"，不断提升公共服务均等化、普惠化、便捷化水平。2018年4月，国务院办公厅印发《关于促进"互联网+医疗健康"发展的意见》，针对互联网医疗的服务范围、内容、提供机构、优先发展地区、药品配送等明确了细化规则。2018年7月，国家卫生健康委员会、国家中医药管理局联合发布了《互联网医院管理办法（试行）》等三个文件，明确了互联网诊疗的定义、范围人员要求、法律责任等问题。2022年11月，国家卫健委发布《"十四五"全民健康信息化规划》，将深化"互联网+医疗健康"服务体系作为"十四五"期间八大主要任务之一，提出了包括"互联网+医养服务"在内的多项重点聚焦任务。

上海市民政局、上海市卫健委决定在全市范围内大力推进"养老院+互联网医院"发展模式。2021年，松江区率先开展"养老院+互联网医院"试点工作并顺利完成，最终形成了切实可行的诊疗模式，即"医院上门评估义诊，老人院内线上就诊，家属云端远程陪诊，线下服务便捷转诊"。2021年发布的《上海市民政局关于支持浦东新区民政局落实〈中共中央国务院关于支持浦东新区高水平改革开放打造社会主义现代化建设引领区的意见〉加快探索超大城市民政事业发展"浦东样板"的指导意见》中明确提出:"支持探索大城养老'浦东样板'。"2022 年,浦东新区下发《浦东新区"综合为老服务中心+互联网医院"综合实施方案》,在全区范围内开始大力推行互联网医院助力医养结合的创新模式。

(二)全面布局:互联网医院在市级和区级层面广泛设立

根据国家卫生健康委员会等部门《关于深入推进医养结合发展的若干意见》的要求,2020 年上海市卫健委发布了《关于深入推进本市医养结合发展的实施意见》,明确提出了医养结合的工作目标:全力推进本市医养结合实现高质量发展,医养结合体制机制和政策体系基本完善,医疗卫生和养老服务资源有序共享、统筹融合的发展格局总体形成,覆盖城乡、规模适宜、功能合理、综合连续的医养结合服务网络逐步健全,医养人才供给矛盾基本解决,长期护理保险支撑作用进一步显现,围绕本市养老服务格局,老年健康服务供给更加充分,各类养老机构均能以不同形式为住养老年人提供基本医疗卫生服务,针对社区居家老年人的医疗服务能力明显提升,基本满足本市老年人健康养老服务需求。这一工作目标的明确,为互联网医院的发展指明了方向,也加快了互联网医院的设立节奏。

互联网医院助力医养结合的创新模式,坚持以人民为中心的发展思想,以服务老年人为根本宗旨,聚焦养老机构老年人医疗服务需求,扩大医疗资源对老年人群体的辐射效应。这一改革模式聚焦老年人慢病、常见病的诊疗和管理,力图借助互联网的便捷优势,提升诊疗活动的效率,帮助老年人跨越"数字鸿沟",实现高品质的医养生活。按照上海市发布的《"养老院+互联网医院"建设推广工作方案》的规划:2022 年底,全市建设 30 家"养老院+互联网医院",引导更多养老机构与周边有相关资质的医院、社区卫生服务中心等医疗机构开展合作,探索在社区养老服务机构开展互联网医院服务。到 2025 年底,采用"养老院+互联网医院"模式的养老机构数量将达到 200 家。浦东新区发布的《浦东新区"综合为老服务中心+互联网医院"

建设实施方案》明确提出，将在2022年底，实现互联网医院在全区36家为老服务中心的全覆盖。2023年之后，将进入推广阶段，做到为老服务中心新增一家，互联网医院就建设一家，持续推进，持续完善。

三 举措和机制

以互联网医院为特色的医养结合创新模式，主要由取得互联网医院资质的医疗机构与养老机构合作，在属地民政部门和卫生健康部门的指导下开展工作。根据上海市下发的《"养老院+互联网医院"建设推广工作方案》，以及浦东新区下发的《浦东新区"综合为老服务中心+互联网医院"建设实施方案》，互联网医院助力医养结合服务模式的具体举措如下。

（一）分步实施，扎实推进

无论是在养老机构设立互联网医院，还是在综合为老服务中心布局互联网医院，实施方案中都明确了分阶段实施的步骤。以浦东新区36个为老服务中心的互联网医院建设为例，整个实施方案包含三个阶段。

启动阶段（2022年9月）。制定建设方案，向医联体牵头医院、社区卫生服务中心以及各街镇综合为老务中心部署"综合为老服务中心+互联网医院"的工作任务，并启动建设工作。

推进阶段（2022年10~11月）。广泛动员宣传，组织开展"综合为老服务中心+互联网医院"工作培训，加快医联体牵头医院、社区卫生服务中心和综合为老服务中心三方对接。完善设施设备，加快建设"综合为老服务中心+互联网医院"。

总结阶段（2022年12月）。完成区内"综合为老服务中心+互联网医院"服务全覆盖，为综合为老服务中心及周边老年人提供优质互联网医疗服务，进一步加大宣传力度，提高使用互联网医院人数和频次，不断总结经验，持续优化服务。

（二）明确"互联网医院"的服务模式

互联网医院采取线上线下相结合的服务模式，确保医疗资源从云端落地。线上线下相结合的服务模式主要采取"医院上门评估义诊，老人院内线上就诊，家属云端远程陪诊，线下服务便捷转诊"的方式，鼓励互联网医院和养老机构结合实际创新服务模式和服务内容，确保智慧医疗老年人触手可及。

（三）明确服务内容

互联网医院要确保基本服务人人可享、拓展服务量力而行。互联网医院提供的基本服务包含如下四项。

线下评估。医疗机构专门安排人员至养老机构，为有需要的老年人提供线下义诊服务。

线上复诊。在复诊互联网医院有就诊记录的患者，或者近 6 个月内在上海市任何一家医院就诊过的患者，均可进行线上复诊、续方配药。

云端陪诊。申请并通过认证的健康管理人可远程辅助没有智能手机的老年人完成医保支付结算，通过"云档案"随时查询老年人健康档案，实时参与老年人诊疗全过程。

便捷转诊。医疗机构应提供定期义诊随访、就医绿色通道等线下服务。使用互联网医院服务的老人在线下享受门诊就医"六优先"（预约、挂号、就诊、化验、检查、取药）和急诊照护服务、急救绿色通道待遇。

同时，各互联网医院依托养老机构的硬件和软件条件，不断拓展服务内容，包括远程查房、云端探视、健康科普、远程教学等。

（四）明确保障条件

人员保障。养老机构应召集健康管理人和组建专业服务团队，为老年人使用互联网医院服务提供支持。

设施设备保障。根据养老机构内自理、半失能和卧床等不同老年人的就医需求，提供互联网医院云诊室、互联网医院移动诊室等适用于不同场景的互联网医院诊疗设备。

（五）明确运营管理体制机制

通过发布规范性文件，明确互联网医院的运营服务架构、运营模式、标准规范和监督管理等问题。

四　成效

互联网医院从最初试点，到全面推进，已经取得多项显著成效。

（一）互联网医院的诊疗路径增强了医疗资源分配的公平性

评价一项改革举措的成效，首先要考虑受益群体的数量和多样性，以确保资源的运用符合公平正义和优化配置的价值立场。从浦东新区互联网医院的推行来看，数量众多的互联网医院的设立确保了医疗资源广覆盖。从2022年推行互联网医院至今，浦东新区已经完成了27家养老机构互联网医院的设立，也实现了36个街镇所属的为老服务中心互联网医院的全部设立。通过互联网医院的广泛覆盖，老年人群体可以分享到更多的医疗资源。作为话语权和博弈能力双重匮乏的弱势群体，老年人群体在医疗资源的争夺中极易陷入边缘化的窘境。现在，他们有机会借助互联网医院提供的便利通道，去享有匹配的医疗资源。这对于推动医疗资源更多地向弱势群体倾斜、增强制度的公平性，意义重大。

（二）互联网医院的诊疗路径提升医疗服务的有效性

通过设立互联网医院，运用信息网络智能化推动医养结合服务，让医疗资源更快捷更精准地抵达老年人群体，大大提升了他们的诊疗效率。无论是针对半失能老人的"云诊室"，还是针对卧床失能老人的"移动诊室"，相比于传统医院的诊疗服务，都更为快捷，免去了老年人的奔波之苦、排队之累。以浦东新区 2023 年重点在互联网医院推进的"沉浸式智慧检验窗口"工作为例，我们可以一窥互联网医院为老人带来的优质的医养结合体验。首先是名单确定，由养老机构医生开具当月复诊老人名单，然后由老人或者家属通过互联网医院进行挂号。接到挂号后，互联网医院医生开具检查医嘱，老人或者家属通过互联网医院完成线上缴费。缴费完成后，养老机构医生现场核对医嘱，打印采血条形码，然后由养老机构护士完成采血工作。取得血样后，由养老机构安排专职人员送至签约的互联网医院。随后医院检验部门进行检验，并出具报告，最后上传至互联网医院。老人及家属可通过互联网医院查看报告，并可以随时在养老机构打印报告。可见，互联网医院大大便利了老年人群体，提升了医疗服务的有效性。

（三）互联网医院的诊疗路径确保医疗服务的持续性

自 2022 年在养老机构和为老服务中心设立互联网医院以来，浦东新区政府不仅关注互联网医院数量的增加，更注重互联网医院服务内容的拓展。按照实施方案的要求，所有的互联网医院必须提供线下评估、线上复诊、云端陪诊和便捷转诊等四项基本医疗服务。浦东新区政府以引领区的高要求，不断推进区域范围内的互联网医院拓展服务内容，因地制宜，挖掘潜力，在基本医疗服务之外增加远程查房、云端探视、健康科普、远程教学等服务内容，让更多的老年人获得更好的医养结合体验。据统计，浦东新区范围内已经有三成以上的互联网医院拓展了服务内容。2023 年，各互联网医院聚焦老年人医疗检验难的问题，开设"沉浸式智慧检验窗口"，通过线上线下结合的方式，方便老年人完成常规检验，减少了老年人往返医院的时间，提升了诊疗体验。

五　问题

互联网医院推进一年以来，取得的成效有目共睹，但存在的问题也不容忽视，略述如下。

（一）互联网医院对老年群体的数字化能力构成挑战

互联网医院的本质是借助网络平台和数码产品，实现线上的信息交互。然而，根据中国老龄科学研究中心在 2019 年发布的调研数据，我国老年人中文盲约占 29.6%。上海虽然是中国名列前茅的发达城市，但老年人的文化程度和对电子产品的操控能力，同样不容乐观，这必然导致他们借助互联网医院实现便捷诊疗会遭遇不同程度的困难。

（二）老年群体的个人信息存在泄露的安全风险

在互联网医院诊疗过程中填写的各种私人信息，为网络黑客和骗子提供了可乘之机。而老年人群体往往因为对数字化技术不熟悉，无论是在密码设置，还是在公共互联网设备使用痕迹的处理上，都较年轻群体更容易留下漏洞。这些漏洞如果被利用，可能造成老年人隐私权和财产权的双重损失。

（三）互联网诊疗方式忽视了老年人的情感诉求

在互联网医院的诊疗过程中，医生往往更为关注机器和计算机等硬件设备提供的数据，对老年人询问和关切的时间被压缩，老年人期待通过就医进行诉说和问询的愿望往往被忽视。因此，互联网的诊疗方式，在一定程度上忽略了人的感情需求，而导致诊疗过程缺乏人情味。

（四）资金支持政策的模糊性威胁制度推进的可持续性

根据浦东新区下发的《浦东新区"综合为老服务中心+互联网医院"建设实施方案》，综合为老服务中心的互联网医院的运营费用，在属地街镇的财政拨款中开支，既无额外拨款，也无明确的资金数额规定。根据上海市发布的《"养老院+互联网医院"建设推广工作方案》，互联网医院的主要运营费用由各养老机构自行承担，虽然有市级财政给予的一定资金支持，但是补贴的数额不明，无法预测其支持力度和持续性。互联网医院的资金来源路径和资金扶持力度模糊不清，必然影响以互联网医院为特色的医养结合改革举措推进的坚定性。

（五）养老机构专业照护人员专业水平和数字化能力不足制约了互联网医院作用发挥

互联网医院在诊疗过程中，不仅需要养老机构的照护人员对老人使用数字化设备予以协助，在某些具体环节，例如检验环节，还需要养老机构的医务人员开具检验单和取得检验标本，这对养老机构中的照护人员提出了全面的能力要求。从目前养老机构的照护队伍来看，确实左支右绌，力有不逮。

六　经验与启示

浦东新区作为社会主义现代化建设引领区，承担了养老领域示范引领、制度沉淀的功能。互联网医院在浦东新区推行一年以来，获得了老年人群体热烈的反馈，也取得了一系列宝贵的经验。

（一）引领区的使命感和责任感是浦东新区推进以互联网医院为特色的医养结合创新模式得以成功的精神条件

根据中央的政策指引，浦东始终以引领区的使命感推进各项改革，把满足群众对美好生活的向往作为工作的出发点和落脚点，把创造高品质生活作为"四高战略"的重要内容。[①] 养老服务质量是高品质生活的重要衡量指标，医养结合的程度更代表着养老服务的现代化水平。引领区的战略定位，决定了浦东新区要主动"挑最重的担子、啃最硬的骨头"，在医养结合改革中率先破局。引领区强调辐射功能，浦东新区在医养结合领域先行先试的成果不仅要对浦东有益，更应对长三角乃至对全国有利。正是本着对引领区建

---

① 上海市人民政府新闻办公室：《上海举行"高质量发展、高品质生活"系列发布会（浦东新区专场）》，国务院新闻办公室网站，2020年9月28日，http://www.scio.gov.cn/xwfb/dfxwfb/gssfbh/sh_13834/202207/t20220715_227351.html。

设强烈的使命感，以互联网医院为特色的医养结合创新模式在浦东才能以如此迅捷的速度铺开。

（二）政策体系的系统化是浦东新区以互联网医院为特色的医养结合创新模式取得成功的政策条件

注重政策的系统化，在规则指引下层层推进，是此次以互联网医院为核心的医养结合改革的重要特点。在中央层面，2018 年颁布了《国务院办公厅关于促进"互联网+医疗健康"发展的意见》等三个文件，明确了中央层面积极推进互联网诊疗的基本立场。随后，上海市级层面相继推出《上海市深化养老服务实施方案（2019~2022 年）》《关于深入推进本市医养结合发展的实施意见》《上海市养老服务发展"十四五"规划》等规范性文件，从操作规范、责任认定、激励机制、收费标准等角度细化了中央的规定，确保政策落地。

2022 年，针对互联网医院的建设，上海市发布《"养老院+互联网医院"建设推广工作方案》，对全市的医养结合工作做出明确安排。与此同时，浦东新区迅速出台落实《浦东新区深化养老服务实施方案》《浦东新区"综合为老服务中心+互联网医院"建设实施方案》等引领性文件予以回应，加快转换政策红利。从中央到上海市政府，再到浦东新区政府，各个层面的政策彼此呼应，共同推动医养结合改革举措落到实处。可见，政策的系统化，是以互联网医院为特色的医养结合创新模式取得实效的政策条件。

（三）卫生健康与民政部门的密切联动是以互联网医院为特色的医养结合创新模式取得成功的体制机制条件

按照现有行政体系的职能分工，我国医疗和养老工作分别由卫生健康部门和民政部门管理，即医疗机构由卫健委实行条线管理，而医养结合床位建设等政府补贴来自民政部门。医养结合工作的顺利开展，需要卫健委与民政部门的通力合作，具体在互联网医院的建设上，体现为医院与养老机构的对接，体现为医疗资源向老年人群体倾斜。很多地区医养结合工作举步维艰，正是因为部门沟通不畅，工作无法推进。而浦东新区互联网医院建设工作的迅速推进，恰恰得益于卫健委与民政部门的有效沟通和密切合作。双方之间具有推进医养结合工作的共同目标，在建设标准、审批流程、政策支持等方面达成共识，已经形成畅通的协作机制。浦东民政部门与卫健委的有效合作，是促成互联网医院的改革探索在浦东新区开花结果的重要推动因素。

（四）注重典型示范、以点带面是以互联网医院为特色的医养结合创新模式取得成功的实践条件

典型示范的做法能够运用典型形象的感召力，带来成功经验的迅速复制，这样的做法在推进互联网医院建设过程中，起到了非常重要的推动作用。2022 年推行互联网医院建设伊始，上海交通大学医学院附属仁济医院主动联系浦东新区民政部门，迅速启动"互联网医院+养老院"医养结合创新模式。2023 年，仁济医院已经将互联网医院扩大覆盖至申江养护院等 18 家养老机构，使互联网医院覆盖床位近 5000 张，形成数字赋能医养结合的范例。浦东新区民政部门立即启动典型示范工作模式，在 2023 年 6 月，在浦东新区浦惠明川养护院举行上海市浦东新区"养老院+互联网医院"深入合作启动会。会上发布了由仁济医院和浦东新区民政局共同制定的《"养老院+互联网医院"合作指南 1.0》白皮书和"沉浸式智慧检验窗口"等系列成果。仁济医院互联网医院的典型示范，扩大了互联网医院的影响力，对于推进全区层面互联网医院的建设产生了积极影响。[①]

七　对策和建议

互联网医院推进过程中暴露出来的问题和短板，为制度完善提供了绝佳的机会，指明了发展的方向。

---

① 陈静：《上海：医院、民政部门打造"互联网医院+养老院"创新模式》，中国新闻网，2023 年 6 月 1 日，https：//baijiahao.baidu.com/s？id＝1767502615299524351&wfr＝spider&for＝pc。

（一）推进多网融合，将医养结合工作纳入智慧城市顶层设计规划，提升互联网医院的效能水平

2021年发布的《上海市养老服务发展"十四五"规划》明确要求："形成养老政务服务'数治'新范式。按照'一网通办''一网统管'的要求，加强政府、企业、社会等各类信息系统的业务协同、数据联动，打造智能便捷的数字化养老服务体系。"目前养老机构的监管已经实现"三网融合"，即通过融合界面、部门平台和城运平台等三张网，实现了运行体征、管理要素、事件处置流程的可视化。未来应该将互联网医院的平台同步接入这"三网"之中，作为"一网统管"的重要信息获取渠道，各管理单位不仅可以共享老年人群体的医疗信息，提供更为精准的养老服务，同时也可以对养老机构进行更为有效的监管。而互联网医院则可以通过接入社会治理的网络平台，与智慧城市深度融合，获取更多信息与资源，更好地守护老年群体的健康。

（二）加强互联网技术攻关，提升数据安全保障水平和适老化水平

互联网医院掌握的老年人群体信息的全面性，与老年人群体维护信息安全的弱势地位之间，形成了强烈对比。因此，各个养老机构应该不断主动提升互联网技术水平，确保老年人群体的信息安全。针对老年人数字化能力欠缺的问题，国务院在2021年发布的《"十四五"国家老龄事业发展和养老服务体系规划》中，已经提出将互联网诊疗的适老化水平纳入养老机构服务评价指标体系，督促养老服务提供者提升互联网医院的便捷化水平。

（三）引导多元主体参与互联网医院的建设，拓展资金来源渠道

互联网医院的建设和持续运行需要大量的资金投入。国务院2021年发布的《"十四五"国家老龄事业发展和养老服务体系规划》强调："强化财政资金和金融保障，强化支持老龄事业发展和养老服务的资金保障。"然而，互联网医院的长足发展，不能完全依靠政府财政，单一的财政支持难以

解决互联网医院运行和壮大中的资金短缺问题。笔者建议，拓展互联网医院资金筹措渠道，吸引多元主体如社会资本、个人等参与互联网医院的投资，确保以互联网医院为特色的医养结合创新模式的推广能够具有持续性。

（四）善于运用引领区的立法授权，拓展互联网医院发展空间

目前，以互联网医院为特色的医养结合服务模式，其推进依据主要为中央层面的部门规章，以及上海市层面的其他规范性文件，浦东新区层面则主要以"实施方案"等名称发布通知，立法层级显著偏低。浦东新区应该积极运用中央授予的立法权，合力推进有关互联网医院的"浦东新区法规"的颁布，以增强医养结合改革举措的公信力。

（五）坚守线上线下相结合的诊疗方式，确保互联网医院有速度也有温度

线上问诊的方式，缺失了医生与病患面对面交流病情的场景感，一定程度上取消了老人通过实际就医的方式与医生进行深度交流，获取疾病信息和宣泄焦虑痛苦的渠道，降低了诊疗过程中的情感体验。因此，笔者建议，无论技术多么发达，互联网医院的运行必须坚持线上线下相结合的方式，确保老年人在享受互联网带来的便利的同时仍有机会通过倾诉获得医养结合中的情感慰藉。

（六）加强养老机构照护人员队伍建设，提升互联网医院的运行效能，提升医养结合的养老体验

医养结合养老模式的复合性在互联网医院设立后，对照护队伍提出了数字化能力和专业化能力的双重要求。而既有的队伍管理机制，在薪资水平、工作强度、人才培养机制与职业晋升机制上有无法回避的缺陷。笔者认为，要解决这一难题，必须推动国家政策和上海的区域政策尽快落地，确保照护人员队伍整体待遇水平稳步提升。例如，将国务院 2021 年发布的《"十四五"国家老龄事业发展和养老服务体系规划》中的等级评定、质量评价、

工资分配机制等制度尽快落到实处。再如，将《上海市深化养老服务实施方案（2019~2022 年）》中提出的职称评定、培养培训、职业规划、薪酬激励等各方面制度规定加速落实，通过加大培训力度、提升薪资水平、合理化工作强度和拓宽职业上升通道等方式，强化队伍建设，完善人才激励政策，为互联网医院的长足发展储备人才。

展望未来，互联网医院已经成为医养结合改革探索的一个必然方向。它将医疗服务延伸至线上，为老年群体提供了更加便捷和安全的服务，同时也提高了医疗服务的效率和质量。只有进一步深入推进互联网医院建设，更高品质的医养生活才触手可及。老年人拥有幸福的晚年，后来人就有可期的未来。以互联网医院为特色的医养结合创新模式必将在浦东持续推进，不断优化。

B.12
城园融合：浦东新区推进生态宜居的
高品质公园城市建设探索

张继宏 *

摘　要：　推进公园城市建设是新时代贯彻新发展理念、创造高品质生活的重要途径，也是深入践行习近平总书记提出的"人民城市"理念的重要举措。浦东新区按照上海市"公园城市建设"总体规划，坚持生态优先，绿色发展，积极推动城市绿色空间连通、开放、共享、融合，围绕"增数量、提品质、调结构、惠民生"的总体思路，通过系统规划分类施策，持续加强环城生态带建设、系统推进绿道建设、积极打造口袋公园、有序开展公园改造和乡村公园建设，实现生态、生活、生产功能的融合，凝聚城市生态资源，提升城市宜居水平。浦东新区目前已经构建起"一核、双环、三网、多点"的生态网络结构，为推动实现浦东城市高质量发展提供了强大动力。在推进生态宜居的公园城市建设过程中，浦东坚持城园融合发展、整体统筹规划、科学合理布局、绿色共享和可持续发展等建设思路，将公园形态与城市空间有机融合，为超大城市更新发展和创造高品质生活提供了重要的经验启示。

关键词：　城园融合　公园城市　高品质生活

　　党的十八大以来，以习近平同志为核心的党中央，紧紧围绕"人民对

---

* 张继宏，中共上海市浦东新区委员会党校高级讲师，研究方向为公共管理、社会治理等。本文特别感谢浦东新区生态环境局的支持。

美好生活的向往"这条主线，提出了一系列治国理政的新理念新战略。"高品质生活"则是人民在政治、经济、文化、社会、生态各方面拥有更多的获得感、幸福感和安全感的生活，是实现美好生活的具体载体和实践路径①。习近平总书记反复强调，我们一切工作的出发点和落脚点，就是要提高人民生活品质。因此，创造高品质生活，满足人民对美好生活的需要，是新发展阶段顺应高质量发展的必然趋势。

公园城市汇聚了经济、政治、社会、文化、生态等全要素、多领域的美好期许②，是实现人民美好生活的城市空间载体。从城市价值链理论出发，公园城市兼具"绿水青山""绿色低碳""多元共治""以文化人""美好生活"等多元价值要素。③ 因此，推进生态宜居的公园城市建设是新时代贯彻新发展理念、创造高品质生活的重要途径，也是深入践行习近平总书记提出的"人民城市"理念的重要举措，是我国推进城市更新发展模式和路径转变的理论创新和实践探索。

一　公园城市建设的背景和缘起

2018 年 2 月，习近平总书记在考察成都天府新区时做出重要指示，城市建设要"突出公园城市特点，把生态价值考虑进去"，这是我国首次提出"公园城市"理念。"公园城市"是在习近平生态文明思想指导下，以人民为中心，融合生态、生活、生产功能的城市发展新模式，在空间上不是简单的"公园+城市"，而是强调公园与城市无界融合、人与自然和谐共生的城市发展新形态。

---

① 王少勇：《以高品质工作创造高品质生活》，《中国自然资源报》2021 年 8 月 17 日。

② 史云贵、刘晓君：《绿色治理：走向公园城市的理性路径》，《四川大学学报》（哲学社会科学版）2019 年 5 月 20 日。

③ 史云贵、刘晓君：《绿色治理：走向公园城市的理性路径》，《四川大学学报》（哲学社会科学版）2019 年 5 月 20 日。

（一）公园城市建设的背景

公园城市不仅强调空间属性和功能属性，更加注重经济、社会、文化、生态全要素全过程等的和谐统一。因此，公园城市不是公园与城市的简单相加，而是城市发展的新形态，是将公园形态与城市空间有机融合，营造生产、生活、生态空间相互融合的城市发展新模式，以满足人民对美好环境的需要为逻辑起点，构建形成自然、经济、社会和谐共生的复合系统。通俗地说，就是将"园在城中"变为"城在园中"。要坚持以人民为中心的发展思想，在推进公园城市建设的过程中使城市变得更加生态宜居、更加富有魅力、更加充满温情①。

当前，人民群众对良好生态环境的渴求不断增强。打造一个兼具生态性与功能性的宜居家园，以切实满足生活其中民众的需求，是新发展阶段创造城市居民高品质生活的重要路径。

1. 公园城市符合当前阶段生态文明建设的紧迫需求

当前，城市发展处于从经济导向向人本导向转变、从增量主导的外延式发展向增存并重的内涵式发展转变、从城市建设导向向城市治理导向转变的关键期。公园城市建设强调从规划层面就系统性地进行总体布局，实现生态文明建设与城市发展、社会进步的密切融合②、高度统一，突出人、城、境、业相互协调，符合生态文明建设的紧迫需求，最终目标是实现生态宜居的大美城市形态。

2. 公园城市能够满足人民日益增长的美好生活需求

随着科技和生产力的不断发展，经济收入的提升对人民幸福度贡献的边际效益递减，人民群众对美好生活的需求越发多元。公园城市理念注重城市空间格局的系统性规划，强调产业结构的调整。加强绿色生态建设，核心在于宜居宜业，这样可以破解日益严重的大城市病，改善居民生活质量，从而

---

① 刘子烨：《"公园+"，"+公园"，"+"的是什么》，《联合时报》2022年8月19日。
② 《听专家为公园城市建言献策》，《成都日报》2019年4月23日。

满足人民对于美好生活的向往和需求。

3. 公园城市可有效提升城市的核心竞争力

公园城市规划建设，通过推动产业结构升级，助力区域发展，形成区域范围的产业集群，营造不同产业发展区；通过构建城市新业态、新形态，强化区域产城融合，推动未来城市发展的新范式落地；通过统筹区域协调发展，打造绿色生态可持续发展的环境，能够吸引高端人才，提升区域创新能力，从而大大提升城市的核心竞争优势。

因此，公园城市理念的提出，体现了"人民城市人民建，人民城市为人民"的发展思想，为城市更新发展指明了前进的路径。

（二）公园城市建设的缘起

分析公园城市建设的缘起，首先要清楚公园城市的构建逻辑。公园城市不是字面意义上"公园"和"城市"的叠加，而是以人的需求为出发点，将城市的人居环境优化作为建设的着眼点，最大限度地实现绿色空间的公共性和开放性，打造"城在园中建、人在园中居"的城市人居环境，实现人—城—园的高度融合。

第一，公园城市建设的核心是人民。目前，我国社会的主要矛盾已经转化为人民日益增长的美好生活需要与不平衡不充分的发展之间的矛盾。在超大城市人口密度剧增以及资源环境约束趋紧的大背景下，人民对美好生活提出了更高的要求。在城市更新实施的各项行动中，群众对于生态、文化、生活的需求更加广泛而多元。因此，优化市民、公园、城市三者关系，合理安排生产、生活、生态空间，加强公园与体育、文化、旅游等各类功能的有机融合①，推进绿色空间开放、共享、融合，不断提升环境宜居品质，让人民群众拥有更多的获得感、幸福感、安全感，成为公园城市建设的出发点。

第二，公园城市的目标定位是多维集成的城市绿色空间。作为新时代城市发展的新模式，公园城市应该融合生态、生活、生产功能，以"人、城、

---

① 应琛：《千座公园绿色魔都》，《新民周刊》2022 年 7 月 24 日。

境、业"的和谐来实现生态、形态、业态和活态的高度协同①。因此，公园城市建设的目标是公园与城市的融合发展，需要从规划层面系统性地进行总体布局，注重绿色生态的公共空间构建，通过功能的互补与联动提升整体城市品质，最终实现生态美好、生产高效、生活惬意。

第三，公园城市的宗旨是实现人与城市的和谐统一。公园城市的核心主体始终是人，因此，在公园城市的建设推进过程中首先需要考虑人与城市系统各要素之间的关系。比如公园城市建设不再仅仅追求经济的发展，而是要统筹经济与资源、环境的整体协同，倡导绿色低碳的循环经济，保障质量与效率有效平衡；公园城市建设更加注重对自然的保护和尊重，秉持敬畏自然的态度，提倡山水林田湖草沙一体化治理的系统观念；公园城市建设更加强调突出城市的文化内涵，通过打造开放共享的多元文化绿色空间，实现以文化人、以美育人。因此，公园城市的宗旨是推动生态生产生活空间相宜、自然经济社会人文相融②，努力满足人民日益增长的美好生活需要。

2021 年 8 月 25 日，上海市第十五届人大常委会第三十四次会议表决通过《上海市城市更新条例》，明确了城市更新的目的、原则、内容和途径，为公园城市建设提供了重要的依据和契机③。为扎实推进上海公园城市建设，把上海逐步建设成为公园中的城市，根据《关于推进上海市公园城市建设的指导意见》和《上海市公园城市规划建设导则》，上海市于 2023 年 1 月印发了《上海市"十四五"期间公园城市建设实施方案》。

方案总体要求，要坚持以习近平新时代中国特色社会主义思想为指导，全面贯彻习近平生态文明思想、人民城市重要理念和公园城市建设的有关要求，以系统观念统筹山水林田湖河综合治理，以"千园工程"为抓手提升生态环境品质和城市空间形态，以新发展理念推动绿色空间开放、共享、融

---

① 刘子烨：《"公园+"，"+公园"，"+"的是什么》，《联合时报》2022 年 8 月 19 日。
② 高国力、李智：《"践行新发展理念的公园城市"的内涵及建设路径研究——以成都市为例》，《城市与环境研究》2021 年 6 月 20 日。
③ 孙忆敏：《面向精细化实施的城市更新区域控规编制方法探索》，《上海房地》2022 年 5 月 18 日。

合，以"公园+""+公园"探索生态价值的创造性转化，系统谋划、滚动实施，科学统筹、强化协同，聚焦难点、创新政策，逐步打造"城市乡村处处有公园、公园绿地处处是美景、绿色空间处处可亲近、人城境业处处相融合、爱绿护绿处处见行动"的城市，努力成为超大城市公园城市建设的标杆。

《上海市"十四五"期间公园城市建设实施方案》的主要目标，是至"十四五"时期末，城乡公园体系进一步完善，以人民为中心的绿色共享空间进一步优化，生态价值转换效益进一步显现，城市宜居宜业宜游品质进一步提升。

一是生态基底更加厚实。"千园工程"稳步推进，公园数量达到1000座以上，人均公园绿地面积达到9.5平方米以上，完成立体绿化面积200万平方米，森林覆盖率达到19.5%以上，生态空间占比达到58%以上，市域绿道总长度达2000公里以上，完成绿化特色道路50条。

二是绿色空间更加开放。除动物园、植物园等专类园以及古典园林外，城市公园全部实现免费开放，其中24小时全天候开放的公园达到250座以上。推动100处以上单位附属空间对社会开放。推进新建公共服务设施附属绿地开放共享。

三是公园与城市更加融合。不断推进公共生态空间优化布局，完善城市公园的服务功能，满足市民的休闲、健身、娱乐、科普等综合需求。结合城市更新以及"道路+""生活圈+"等规划，推动城市与公园无界融合。

四是公园城市建设路径更加明晰。通过编制公园城市规划建设导则，制定"公园城市示范点""公园城市示范区"创建标准和办法，研究形成公园城市建设的制度体系、政策体系和技术标准体系。

二　浦东公园城市建设的举措和做法

浦东新区按照上海市公园城市建设总体规划，在上海市委、市政府相关指示精神和要求下，坚持生态优先、绿色发展，围绕"推动浦东高水平改革开放、打造社会主义现代化建设引领区"的总体目标，结合《上海市生态空间专项规划（2021~2035）》和"十四五"规划任务，积极推动浦东高品质公园城市建设，总体目标是"十四五"末实现公园总数超过200个。截至2022年底，浦东新区已新增公园61座，总数达114座，其中郊野公园1座、城市公园72座、口袋公园30座、乡村公园11座，2023年计划新增各类公园30座。主要从以下几个方面推进实施。

（一）系统规划分类施策，加强环城生态公园带建设

全市环城生态公园带总面积约287平方公里，其中浦东新区170平方公里，约占全市的59%。"十四五"期间，浦东新区围绕环城生态公园带建设，全面提升环上生态景观和服务能级，继续推进环上公园建设；积极推进楔形绿地建设，将其逐步纳入城市公园管理，计划环上完成16座公园改造提升、4.5平方公里外环绿带及60.2公里外环绿道建设，环内完成400公顷楔形绿地建设，环外启动生态间隔带规划研究。

一是推进环上公园改造提升。"十四五"期间，浦东新区计划将具备改造条件且未进名录的环上14处绿地和2座已建成公园进一步改造提升为城市公园，环上公园将由原先的8座（含滨江森林公园二期）增至22座，全面提升已建外环绿带生态景观和服务能级。其中金海湿地公园和沔青公园为市示范性项目，目前已建成开放，其余14座将按2023年建成4座、2024年建成5座、2025年建成5座的计划加快推进。

二是推进外环绿带建设。浦东新区外环绿带实际规划总量为31.47平方公里，目前已完成规划总量的76%。"十四五"期间，浦东新区计划完成以滨江森林公园二期、三林外环外生态绿带等项目为主的4.5平方公里绿带建设。

三是实现外环绿道贯通。全市外环绿道规划长度112.6公里，其中浦东新区60.2公里，约占全市的53%。"十四五"期间，浦东新区将积极推进外环绿道新建改建，力争实现外环绿道基本贯通，同时合理布局绿道驿站

24 个。截至 2022 年底，已累计完成外环绿道建设 18.3 公里、布局 2 个驿站。

比如在上海最具象征意义的地标性区域，黄浦江东岸滨江公共空间已经成为市民最喜爱的赏绿游玩空间。如今的东岸滨江，已经从生产岸线转型为生活岸线，真正做到了还江于民、还岸于民、还景于民。2.2 平方公里的滨水公共空间以绿色生态为基底，可游、可观、可玩、可赏；漫步道、跑步道、骑行道"三道"并行，构成绵延 22 公里的慢行系统；12 座云桥连接起沿江全线各个断点；按照 1 公里 1 处的原则，修建 22 座望江驿，为市民游客提供休憩场所和公共服务设施。

比如位于东岸滨江核心地区的上海世博文化公园，更是"新晋网红"。公园设置了七大主题园区，包括世博花园、申园、上海温室、双子山、世界花艺园、上海大歌剧院和国际马术中心①，以"生态自然永续、文化融合创新、市民欢聚共享"为定位，成为上海优化生态环境、提升空间品质、延续世博精神、建设卓越全球城市的举措之一②。

浦东按照上海市公园城市建设的规划要求，不断强化城区公园的多样化功能融合，加强体育、文化、科普、安全等各类功能，结合全年龄人群的需求配置活动设施，为全年龄人群预留多元灵活的活动场地，实现公园绿地中的公共设施与各类服务功能的复合利用。同时，深入挖掘公园主题特色，建设富有文化底蕴与人文内涵的公园场景。

（二）促进民生幸福，打造高品质绿色生活

良好生态环境是最普惠的民生福祉，增强市民群众的满意度和获得感，是建设公园城市的主要目标。浦东新区时刻践行"人民城市"重要理念，把最好的资源留给人民，着力打造"公园里的城市"，力争实现"城市处处有公园、公园处处有美景"。

---

① 陈颖婷：《"绿色智慧"双子山明年对外开放》，《上海法治报》2023 年 11 月 29 日。
② 陈颖婷：《"绿色智慧"双子山明年对外开放》，《上海法治报》2023 年 11 月 29 日。

一是系统推进绿道建设。坚持共建共享、社会参与，坚持统筹协调、系统谋划，通过"五个结合"（结合新建改建绿地，结合河道水系，结合市政慢行步道，结合美丽街区，结合缤纷社区）继续推进绿道建设。以绿道建设为基础，规划设计绿色慢行体系，满足人民群众的户外、出行需求，"十三五"以来，共完成251公里绿道建设。

二是积极推进口袋公园建设。浦东新区依托改造专项以及各镇景观提升工程，积极推进"15分钟生活服务圈"建设，不断提升老百姓身边的口袋公园品质，满足人民群众休憩、健身等需求，打造区域新亮点。"十四五"期间，浦东新区计划筛选50余块直管公共绿地和30块街镇公共绿地改造为口袋公园。2021年已建设完成5座口袋公园，总面积达2.27公顷；2022年建设完成25座口袋公园，总面积达12.06公顷。这30座口袋公园分布在全区16个街镇。2023年计划完成12座口袋公园，分布在9个街镇。同时，浦东新区各街镇同步挖掘城市边角地、闲置地块等进行改造，至"十四五"时期末，浦东新区计划实现口袋公园街镇全覆盖。

三是有序开展公园改造。通过三年滚动计划，对设施配套不全、绿化品质不高的公园逐年有序进行改造，继续探索实施公园"拆墙透绿"，衔接社区生态资源，打造更多绿色共享服务空间。比如陆续开展世纪大道柳园、三林世博主题公园、东城广场绿地、博华园、川沙绿地公园（一期）及临沂公园等公园轮流改造建设。

（三）围绕乡村振兴，有序推进乡村公园建设

利用郊野地区田水林特色生态资源，大力推进林地抚育和小微开放休闲林地建设，打造兼具优质生态本底、乡土文化特色与休闲服务功能，富有野趣的乡村公园。比如浦东滨江森林公园二期的建成，让本就受市民青睐的滨江森林公园进一步扩容。滨江森林公园二期以森林生态为基调，围绕园内保留的历史建筑杨氏民宅，量体裁衣打造园中之园，将历史风貌、文化元素、地域特色有机统一，成为一座集生态景观、文化博览、旅游休闲等功能于一体的大型城市郊野森林公园。

（四）打通空间隔阂，推动绿色开放共享

继续加大公园免费开放和延长开放力度，与周边各类设施空间融合连通，形成视线通透、便捷可达、功能交融的绿色开放空间。

推进公园主题功能拓展。挖掘公园与地域特色，加强体育、文化、科普、安全等各类功能，强化公园绿地的复合利用以及公园绿地内历史建筑的功能植入。满足人民多样需求，彰显绿色魅力，创造高品质绿色生活。比如地处潍坊新村街道竹园商贸区的竹园中心绿地，紧邻上海证券交易所、上海期货交易所、陆家嘴商务广场等34幢商务楼宇，周边聚集了白领和社区居民，是陆家嘴金融贸易区内重要的城市公共绿地之一。在一系列改造之后，这座8万平方米的"城市绿肺"被激活，在还绿于民的同时打通了交通要道。改造好的中心绿地体现出景观好、交通优、功能强的特点，成为市民们休闲的好去处。

（五）着力整体统筹，加强管理运营

公园城市建设要注重整体规划，推动区域内公园绿地、道路绿地、河道绿化以及附属绿地空间的统筹布局，鼓励开展整体区域景观设计，形成无界融合、渗透贯通、优美宜人、舒适便捷、设施完善的绿色开放空间。

同时，加强共建共治共享的制度建设。绿色社区的建设，离不开居民的共同参与。依托林长制工作制度，村居林长号召民间林长、社区爱绿护绿志愿者一起参与到小区绿地的维护和保养中，用居民共同的理解和参与，让小区的公共绿化资源得到更好的保护和利用。

三 浦东公园城市建设取得显著成效

党的十八大以来，浦东新区以"建设开放、创新、高品质的浦东"为主线，持续推动高品质公园城市建设，积极推动绿色空间连通、开放、共享、融合，努力通过建设环城生态公园带，凝聚城市生态资源，提升城市宜

居水平，满足人民群众日益增长的对美好生态环境的需要，为打造公园城市筑牢生态基底，推动实现浦东高质量城市发展、高品质市民生活，为浦东新区生态文明建设提供强大动能。

统计数据显示，截至 2022 年底，浦东新区森林覆盖率已达到 18.83%，建成区绿地覆盖率达到 40.19%，公园有 114 座，人均公共绿地面积也已经提升至 13.2 平方米。到"十四五"时期末，浦东新区计划实现公园总数达到"200+"的目标。①

目前，浦东新区正重点打造环城生态公园带，以环城绿带为基础，向内连接森兰、碧云、三林、北蔡、三岔港等楔形绿地，向外沟通外环运河、川杨河等生态间隔带，还将改造和建设 16 座环上公园，打造一个宜业、宜居、宜游的大生态圈。除大幅增加公园数量之外，浦东新区还实施"公园+"计划，通过合理布局设施推动公园与体育、科普、文化等各类功能有机融合，赋予公园自然价值、社会价值、历史文化价值，全面提升公园品质（见表1）。

表 1 浦东绿林条线基础数据

指标项	"十二五"时期末	"十三五"时期末	2022 年底
人均公园绿地（平方米）	12	13	13.2
建成区绿化覆盖率（%）	36	40	40.19
绿道（公里）	/	151	251
公园数量（座）	30	53	114
林荫道（条）	11	22	33
绿化特色道路（条）	/	4	7
森林覆盖率（%）	14.1	18.21	18.83

资料来源：浦东新区生态环境局。

近十年来，浦东新区公园城市建设取得显著成效。截至 2022 年末，浦东围绕"增数量、提品质、调结构、惠民生"的总体思路，已经构建起

---

① 浦东新区市容和绿化管理局。

"一核、双环、三网、多点"的生态网络结构，通过以生态廊道为重点的林地建设提升生态品质，以楔形绿地为核心的绿化建设营造更优人居环境，以"一路一景观"为抓手的综合提升扮亮城市名片，让浦东市民开窗见景、出门见绿，让浦东市民"绿动"生活、"绿肺"畅享。

（一）"公园城市"建设不断加速

一是东岸滨江岸线贯通。2017年底，东岸滨江岸线22公里全线贯通。通过漫步道、跑步道、骑行道串联沿江的船厂绿地、北滨江绿地、前滩等多处特色景点，成为世界级会客厅，市民可自由地穿行于绿树、花草及休憩广场之间，饱览黄浦江两岸景色，呼吸新鲜空气。

二是城市公园数量环比增长77%。浦东公园总数达到114座，其中50座实施了夜公园开放；浦东还对梅园、蔓趣、临沂等8座公园实施了灯光、技防、老旧设施维修等夜公园改造项目。

三是建成了浦东第一个郊野公园。合庆郊野公园一期工程（1.67平方公里）于2020底建成试运行。这是在优化公园布局、普惠城郊群众方面的积极探索，把郊野公园变成了农村地区的有机组成部分，打造成农村的美丽家园、农业的绿色田园、农民的幸福乐园。

四是陆续对古钟园、川沙公园等老公园进行了改建提升，景观、设施、服务等焕然一新，有效提高了市民游客的获得感和幸福感。浦东以游客量监测为切入点开展了公园应用场景建设，建立了公园游客量监测大数据平台，创新公园监管方式，提高管理效率。

（二）楔形绿地生态功能有效显现

一是建设碧云楔形绿地。该绿地是《上海市城市总体规划（2017~2035年）》确定的十片楔形绿地之一，总占地面积14平方公里，其中绿地规划面积为3.44平方公里，绿化率为88.8%。该绿地定位以生态修复和优化为核心，以秋色森林为特色，以市民健康生活为目的。累计已完成251公顷绿化建设，共有乔木100余种、灌木70余种、水生植物40余种、花卉200余种，以水杉、无患子、银杏等树种为主，打造秋霞枫泾、杉林水岛、醉花红坡、春华秋实等秋景主题。

二是建设森兰楔形绿地。该绿地是《上海市城市总体规划（2017～2035年）》确定的十片楔形绿地之一，总占地面积约5.7平方公里，其中绿地规划面积为2.62平方公里。绿地规划以"大生态、新地标、聚活力"为愿景，以"阳光下自由生长"为设计理念，以路径性空间整合各功能区块，使基地由封闭割裂升级为无缝连接，至2020年底，累计完成190公顷绿化建设。

（三）绿化网络建设系统推进

一是推进外环绿带建设。通过实施滨江森林公园二期、环城绿带"开天窗"补绿、南汇生态专项等工程，共完成绿地建设约204公顷，使人们在郊外处处能够感受蓝天碧草的绿色生态空间，充分实现了绿林净化空气的生态服务功能。

二是实施生态廊道建设。因地制宜对景观和功能进行差异化设计及建设，通过造林与造景相结合，大力拓展生态廊道空间，有效提升廊道建设品质，凸显"一廊道一特色"，共完成市级重点生态廊道约1.37万亩。

三是新增151公里绿道。绿道是浦东新区生态体系的重要组成部分。浦东结合东岸滨江贯通、世纪公园周边绿地改建、森兰等楔形绿地、三八河绿地等大型项目建设，"十三五"期间共新增绿道151公里。绿道两侧大量种植了栾树、海棠、樱花等，成为市民休闲散步的好去处，进一步增加了市民的获得感和满足感。

（四）绿化特色景观持续提升

一是提升了2953个路口绿化景观。以"一路一景观"为目标，编制浦东重要道路路口景观提升方案，主要通过主题景点、口袋公园、植物组团设计等形式，辅以灯光、装饰小品以及通过绿地整理、苗木补缺更换修剪、花卉点缀、加强保洁巡查等方式实施，打造了一批具有示范效果的路口景观，进一步完善了路口休闲和游憩功能，体现人与自然和谐共生理念。

二是大力推进绿化主题景点建设和布置，提高绿化、彩化和精细化养护水平。重点打造东方明珠环岛、砂岩广场、金科路龙东大道等重要点位，提升世纪大道、世博大道、陆家嘴环路等景观，重大节日期间均达到盛花效果；各直管公园均布置不少于绿地面积1.5%的花坛花境，东岸滨江也实施了草花种植和花境景观布置更新等。

三是开展了绿化系列创建。截至2023年第三季度末，浦东新区已有7个街镇被评为上海市园林街道，包括东明街道、浦兴街道、洋泾街道、塘桥街道、南码头街道、张江镇、三林镇；建设了以香樟、悬铃木、栾树、重阳木等行道树为特色的22条林荫大道，进一步优化了道路环境面貌，改善了城市生态结构，减轻了热岛效应，让市民"绿荫"出行。

按照规划，到2025年，浦东将基本形成生态宜居、安全高效、功能复合、魅力彰显的城乡绿色发展新格局，以及"一核、双环、三网、多点"的生态空间结构，总体实现"林绿共荣、人城共享"的公园城市建设目标。浦东将继续坚持生态环境高水平保护推动高质量发展，协同推进降碳、减污、扩绿、增长，进一步推动人与自然和谐共生，把最好的资源留给人民，把最美的生态献给人民，不断为人民创造生态宜居的高品质生活环境。

四　浦东公园城市建设的经验与启示

（一）顶层规划及政策体系的制定

公园城市作为现代化可持续发展的城市发展新形态，离不开顶层设计和整体统筹。总体规划方面，上海市制定颁布了《上海市生态空间建设和市容环境优化"十四五"规划》《上海市生态空间专项规划（2021~2035）》《关于加快推进环城生态公园带规划建设的实施意见》《关于推进上海市公园城市建设的指导意见》《上海市公园绿地"四化"规划纲要》《上海市公园城市规划建设导则》等一系列规划、政策及标准。在顶层规划设计的战略引领下，全市各区系统有序稳步推进市区的公园城市建设工作，系统谋划、科学统筹、强化协同，聚焦难点、创新政策，努力成为超大城市公园城市建设的标杆。

（二）绿色共享理念的树立

公园城市建设是推进生产生活生态空间相宜、人城境业高度和谐、绿色宜居共享的城市发展新模式，其最终目标就是满足人民对美好生活的需要，因此，一定要树立绿色共享理念，从建设"城市绿地"转变为建设"城市绿色公共空间"，不断打造创新、绿色、开放、共享的城市新形态，提升城市整体的竞争力和城市形象品牌。

（三）科学合理的空间布局

公园城市建设要坚持人与自然的协调发展，达到满足人们个性化需求与顺应自然的双重目的，通过创建绿色共享空间，充分彰显城市的活力与生命力，呈现别具一格的城园融合形态。因此，科学合理的空间布局尤为重要，空间布局应体现文化底蕴和拓展主题特色。比如在城市公共空间的规划改造中，保障和推进户外公共空间的适儿化，结合儿童活动的时长、频次、强度等方面的特点，充分利用儿童居住区域周边的城市公园、广场绿地等绿色空间，推动儿童户外活动空间的共建共享，设计符合上海文化和市情、适合亲子多代互动的公共活动空间。

（四）统筹兼顾可持续发展的功能设计

公园城市建设要秉持可持续发展的价值理念，着力于为民众提供健康舒适的绿色公共服务，统筹兼顾生产生活生态和谐统一，促进健康可持续发展。比如在主题公园建设方面，除了传统的景观、雕塑之外，还可以设计更加丰富更具想象力的体验式互动展示形式；另外，可以进一步强化主题公园的教育功能、科普功能、文化美育功能。

（五）多方协同的管理保障

公园城市建设，更多体现为公共资源的共享共惠、公共空间的共美共建、公共服务的共商共管，因此，需要明确任务分工、加强统筹协调，在运营管理上落实有效的保障措施。一是明确工作责任。发挥市绿化委员会的作用，加强对公园城市建设工作的统筹指导。市级政府根据职责分工，承担相应任务，加强团结协作，形成工作合力。各区政府是公园城市建设的责任主体，负责细化工作任务，形成实施方案，全力推进实施。二是加强工作统筹。市发展和改革委员会、市住房和城乡建设管理委员会、市经济和信息化委员会、市规划和自然资源局等部门把公园城市建设有关内容纳入碳达峰、城市更新、节能减排以及国土空间规划等中心工作，加强工作统筹和政策支持，促使公园城市建设与相关中心工作协同推进。三是引导公众参与。积极引导市场、社会多方参与公园城市规划建设、资金募集、运维管理，广泛征求市民意见建议，开展多种形式的宣传活动，提高全社会的知晓率和参与度，营造建设公园城市的良好氛围。

五　推进公园城市建设的对策与建议

目前，浦东新区已经制定了一系列政策和措施，公园城市建设取得显著成效，比如加强城市规划和管理的科学性和规范性、注重生态保护和修复、推动绿色空间营造等，但在几个方面仍然存在不足。

第一，城市规划和建设的协调不够顺畅。城市规划和建设是一项系统工程，涉及多个部门和机构，如规划部门、建设部门、管理部门等，由于各个部门之间的沟通和协调不够顺畅，往往会出现一些疏漏或冲突，影响公园城市建设的进度和质量。

第二，城市公园的分布不够均衡。虽然浦东新区政府加大了对公园城市的投入，但在部门建设和人力、财力方面的投入仍显不足，导致规划建设力度不够，需进一步加大投入力度，优化城市公园和绿色公共空间的布局。

第三，绿色空间的运营管理不够完善。浦东新区在公园城市建设的整体统筹方面还有欠缺，需要加强公园城市建设的顶层设计，探索公园城市建设运营的管理体制机制，协调各个部门之间的功能融合，注重整体规划，增强财政支持，为经济社会长期发展打造可持续的优良生态环境。

公园城市建设需要树立长效系统观念，整体统筹，依托文化创意驱动，挖掘地域资源和人文底蕴，使两者内在协调、相辅相成、相得益彰。建议浦东公园城市建设从以下几个方面着力提升。

首先，聚焦市民需求，打造公共服务空间。城市是个人口高密度集聚的空间，开发强度必然高，但城市也不能变成密不透风的"水泥森林"。同时，城市的发展也不能仅仅考虑环境的优美而不考虑人的就业、居住以及公共服务的空间。城市是围绕着人形成的多种功能的集合体①，应以人的需求为根本，科学合理优化空间结构和功能布局，为市民打造生态宜人的绿色公共空间。

其次，树立底线思维，实现产城人融合。城市的发展不仅仅是经济发展，而应该是促进经济、社会、人三者的均衡发展。因此，公园城市建设的宗旨是推动产城人的融合，同时，城市发展还需要具备底线思维，预防各类风险事件的发生，确保城市供应链通畅。

最后，运用科技赋能，构建有序善治的公园城市。公园城市建设与城市治理是相辅相成的，在现代城市治理中，要推动新一代信息技术的深度融合应用，特别是以需求为导向，以应用场景牵引数据融通，提高城市整体的风险预警能力和科学应对重大风险的能力，在公园城市建设的同时构建起科学化、精细化、智能化的智慧城市治理体系，提高人民群众的幸福指数。

公园城市是新时代贯彻新发展理念背景下的城市发展的高级形态，也是提高人民生活品质的重要路径。因此，公园城市建设要按照生态文明的理念和原则来推动，以城园融合为导向推动生态宜居的城市公园体系建设，坚持在发展中保障和改善民生，不断为人民创造美好的高品质生活。

---

① 杨伟民：《中国特色现代化城市发展道路的全新探索》，《成都日报》2022 年 4 月 25 日。

参考文献

傅凡、李红、赵彩君：《从山水城市到公园城市——中国城市发展之路》，《中国园林》2020 年第 4 期。

高国力、李智：《践行新发展理念的公园城市的内涵及建设路径研究》，《城市与环境研究》2021 年第 2 期。

李晋、李发戈、徐朴：《成都建设美丽宜居公园城市的 SWOT 分析及战略选择》，《四川行政学院学报》2018 年第 5 期。

刘滨谊：《公园城市研究与建设方法论》，《中国园林》2018 年第 10 期。

李晓江、吴承照、王红扬等：《公园城市，城市建设的新模式》，《城市规划》2019 年第 3 期。

史云贵、刘晓君：《绿色治理：走向公园城市的理性路径》，《四川大学学报》（哲学社会科学版）2019 年第 3 期。

吴岩、王忠杰、束晨阳等：《"公园城市"的理念内涵和实践路径研究》，《中国园林》2018 年第 10 期。

杨雪锋：《公园城市的理论与实践研究》，《中国名城》2018 年第 5 期。

赵建军：《公园城市：城市建设的一场革命》，《决策》2019 年第 7 期。

B.13

非遗保护：浦东新区非物质文化遗产保护现状与发展报告

王 昊*

摘 要： 非遗对浦东打造高品质生活有着重要的意义：提升文化软实力、提供高品质精神生活来源和高品质生活资源等。近些年来，浦东新区通过建立名录体系、抢救式记录、活态传承与沉浸式展演、跨区域联动、创作传承等做法，在非遗传承保护上取得了成效，在管理制度、基层场所建设、跨界融合、队伍建设方面形成了经验，但仍然面临技艺濒临灭绝、传承后继乏人、活化利用困难、社会参与不足等问题。今后，浦东将通过规范管理机制、强化记忆体验、多元主体参与、创新发展转化等方式，让浦东非遗焕发出新的活力。

关键词： 非物质文化遗产 文化软实力 浦东新区

非物质文化遗产，简称"非遗"，是一个相对于"物质文化遗产"的概念。在我国，非物质文化遗产是指各族人民世代相传，并视为其文化遗产组成部分的各种传统文化表现形式，以及与传统文化表现形式相关的实物和场所。非物质文化遗产代代相传，与物质文化遗产一起承载着人类文明的历史与辉煌，是全人类的共同宝贵财富，也是文化多样性的主要动力和可持续发展的保证。

---

* 王昊，中共上海市浦东新区委员会党校副教授，研究方向为网络法学、网络文化学等。

一 浦东新区非遗保护工作的缘起与背景

一般来说，非物质文化遗产和物质文化遗产不可分割，就如同人的身体与思想。非物质文化遗产概念的提出和形成，在世界范围内都经历了一个发展的过程。

（一）非物质文化遗产概念的形成及其在我国的发展

20 世纪 70 年代，联合国教科文组织提出文化遗产包括物质文化遗产和非物质文化遗产，并先后提出了"传统和民间文化""人类活瑰宝""人类口头遗产""人类口头和非物质遗产"等概念。2003 年，《保护非物质文化遗产公约》（以下简称《公约》）通过，正式将非物质文化遗产的概念在世界范围内确定下来。

2004 年，我国加入《公约》，一系列非遗保护工作随之展开。2005年，《国务院办公厅关于加强我国非物质文化遗产保护工作的意见》（以下简称《意见》）发布。2011 年，《中华人民共和国非物质文化遗产法》（以下简称《非遗法》）发布。2021 年，《关于进一步加强非物质文化遗产保护工作的意见》（以下简称《2021 年意见》）印发，要求健全非物质文化遗产保护传承体系，提高非物质文化遗产保护传承水平，加大非物质文化遗产传播普及力度等。国内学界相关研究也随之发展起来，大致可分为两个阶段。2001~2010 年为第一个阶段，是我国非遗研究和保护工作启动的第一个十年，主要探讨非遗保护原则。2011 年后，《非遗法》颁布，保护实践和理论研究进入新阶段，讨论转向具体保护方法，非遗保护逐渐科学化[1]。

在社会各界的共同努力下，短短 20 年左右，我国已初步建立了具有中

---

[1] 马知遥、常国毅：《非物质文化遗产保护与传承深化阶段——2011-2020 年热点问题研究综述》，《原生态民族文化学刊》2021 年第 6 期。

国特色的国家、省、市、县四级名录体系，认定非遗代表性项目 10 万余项，一大批珍贵、濒危和具有重大价值的非遗得到了有效的保护。

（二）浦东新区非遗保护工作的缘起

浦东新区是一片在江流海潮冲击下逐渐成陆的土地。据史学家推断，浦东地区初步成陆大约在东晋初年，而真正有人类聚居的历史，当前有据可考的，则要推至唐高宗年间。一千多年来，一代又一代浦东人在这块土地上劳动、生活、捍海筑堤、与海争地，渐渐形成了自己独特的地域文化，留下了无数的文化遗产。其中，既有数量庞大的物质文化遗产，也有丰富灿烂的非物质文化遗产。2004 年，中国加入《公约》，浦东新区的非遗保护工作就此展开。面对数量庞大、种类丰富的非物质文化遗产，浦东根据中央和上海市相关政策和要求，通过全区普查，挖掘了一大批非物质文化遗产资源，并于 2006 年开始立项进行抢救保护。截至 2023 年 7 月 31 日，浦东新区已有 84 个项目被列入国家、市、区三级保护名录体系，在全区 36 个街镇中，已有 30 个街镇立项保护，覆盖率为 83%①。

（三）非遗点亮浦东高品质生活

非遗保护传承是浦东提升文化软实力的必然要求。一个城市的亮眼名片，往往来源于其独具特色的文化。2018 年，浦东新区提出"坚定文化自信，建设文化强区，提升浦东文化软实力"，几年来不断优化文化软环境，努力成为更有魅力、更有活力、更有温度的人文之城。非遗见证的是浦东一千多年的成陆、聚居史，反映了先民们在这块土地上劳动、生活、生产的真实印记，是具有浦东特色的地区传统文化，是共同体意识的重要载体。对非遗的保护和传承，是浦东增强文化自信、提升文化软实力的必然要求。

多样性的非遗文化是高品质精神生活的丰富来源。多样性是文化交流、革新和创作的源泉。浦东打造高品质生活，是对人民不断增长的美好生活需

---

① 数据来源：浦东新区非物质文化遗产保护中心。

求的充分满足，不仅包括了经济的快速发展、物质的充分保障，还有高水平的医疗卫生服务、公平的教育制度、舒适的居住条件、优美的生态环境、富足的精神文化生活，等等。从人民中来，到人民中去。非遗来源于人民群众，应保护非物质文化遗产，促进其走入社区、走近群众。非遗产品创新发展将成为高质量发展的重要途径。众所周知，文化创意产业是 21 世纪世界经济中最具活力的产业之一。《中共中央国务院关于支持浦东新区高水平改革开放打造社会主义现代化建设引领区的意见》提出："弘扬红色文化，发扬海派文化、江南文化，做大做强文创产业。" 2023 年 4 月，区委领导在浦东新区文化产业发展座谈会上进一步提出，要更加高度重视文化产业发展，让更多的文化创新举措在浦东突破，让更多的文化品牌活动在浦东聚集，让更多的文化设施地标在浦东落地。丰富多样的非遗将为文化创意产业提供海量的灵感，为经济的高质量发展提供宝贵的资源。

二　浦东新区非遗保护传承的现状和做法

"保护为主，抢救第一，合理利用，传承发展" 是我国对非物质文化遗产保护传承的总方针。浦东非遗保护传承，严格按照这十六个字要求展开。2006 年，浦东正式对非遗进行立项保护，近 20 年来，各方面都取得了突破和进展。

（一）建立粗具规模的名录体系

为了对散落民间的非物质文化遗产加强保护，历年来，浦东通过调动各街镇力量，组织开展区级非遗项目和传承人申报评审工作，以及国家级、市级非遗项目和传承人推荐工作，基本建立起了粗具规模的三级名录体系。

截至 2023 年 7 月 31 日，浦东新区共有 8 项非遗项目列入国家级名录（见表 1）、35 项非遗列入上海市级名录、41 项非遗列入浦东新区区级名录，三级非遗项目总数达 84 项。其中，国家级与上海市级两级非遗总数达 43 项，在上海市所有区中列第一位。浦东全区现有非遗项目代表性传承人 173 名（12 人已去世），其中国家级 5 人、市级 57 人、区级 111 人；现有市级非遗保护传承基地 8 个、市级非遗项目代表性传承人社区传承工作室 15 个、区级非遗保护传承基地 13 个、区级非遗保护传习所 9 个，涵盖学校、社区、文化团队等各个领域①。区非遗办全年办公经费用于基础建设、传承保护、宣传推广，每年按项目和传承人级别向文化部、市文旅局申请项目和传承人专项保护经费。

表 1　浦东新区国家级非遗项目名录

序号	项目名称	类别	公布批次（年份）	保护单位
1	锣鼓书	曲艺	第一批（2006）	上海市浦东新区文化艺术指导中心（新场镇、大团镇）
2	浦东说书	曲艺	第二批（2008）	北蔡镇
3	上海港码头号子	传统音乐	第二批（2008）	塘桥街道
4	琵琶艺术·浦东派	传统音乐	第二批（2008）	上海市浦东新区文化艺术指导中心（康桥镇、新场镇、惠南镇）
5	钱万隆酱油酿造工艺	传统技艺	第二批（2008）	上海钱万隆酿造厂
6	上海绒绣	传统美术	第三批（2011）	上海黎辉绒绣艺术有限公司（洋泾街道）、高桥镇（上海东岸绒绣艺术研究中心）
7	浦东绕龙灯	传统舞蹈	第三批（2011）	三林镇
8	浦东宣卷	曲艺	第四批（2014）	周浦镇

资料来源：浦东新区非物质文化遗产保护中心。

（二）利用多种载体进行抢救式记录

秉承"保护为主、抢救第一"的保护方针，浦东新区非遗中心在 2013 年启动了浦东非遗抢救性记录工程，已相继录制出版了《琵琶艺术·浦东派》《江南丝竹》等九部音像作品，拍摄有《上海绒绣——针尖下的东方油画》《浦东记忆》等专题宣传片。2020 年，浦东新区启动新一轮抢救性记录工程，与上海电影学院合作，借用专业团队，拟用 4 年时间分类分批推进，

---

① 数据来源：浦东新区非物质文化遗产保护中心。

对全区 84 个项目及 173 名代表性传承人，从文献整理到技艺呈现，通过传承人口述、项目实践、传承教学等方式，做全面的采集记录。在全面采集记录的基础上，进一步制作体现浦东非遗全貌、活态流变过程，并融合现代元素和时代气息的浦东非遗宣传片。同时加强数字化信息管理，完善浦东非遗资源数据库系统，实现数据分类存储和检索读取功能，形成科学、系统、规范的非遗保护记录体系。

除了音频、视频作品外，浦东新区还以图文记载推出非遗单项著作、系列丛书等，对浦东现有的非物质文化遗产做到尽量详尽的记录，以备将来有据可查。迄今为止，浦东新区非遗中心已出版非遗单项著作十余本和系列丛书之《浦东非物质文化遗产名录图典》《浦东非遗代表性传承人》，并编撰了浦东非遗传承系列丛书（培训教材）之《浦东说书》《琵琶艺术·浦东派》《锣鼓书》等。

（三）活态传承与沉浸式展演提升认同度

为了提升市民对浦东非遗的感知度和认同度，浦东每年都组织开展不同主题、富有特色的"文化和自然遗产日"主题宣传周活动，所有项目都会在当天以展演、展示或行街表演的形式亮相。在举办新区主会场活动的同时，浦东也指导各街镇开展分会场活动，覆盖全区各街镇的社区、商圈、学校等场所，每年活动周都有约 6 万人次参与，社会反响良好。2020年，浦东以线上为主、线上线下联动，将一贯的非遗展示、展演、体验形式搬上云端，举办了首次云上文化和自然遗产日主题活动，策划制作的"浦东记忆"小程序超 10 万人次访问，市民热情参与。2023 年 6 月 10 日是我国第七个"文化和自然遗产日"，位于浦东群艺馆内的非遗体验馆正式开馆，集中展示了浦东 84 个非遗项目，成为浦东承续优秀传统文化、讲好非遗故事、发展社会美育实践的高品质平台。浦东非遗体验馆以"非遗源于生活、流传于生活"为设计思路，采用实物与微缩模型相结合等现代化展陈方式布展，探索为非遗找到"流量密码"，体现非遗"活态化传承、沉浸式展演"的特色亮点。

（四）跨区域联动促进互通互鉴

浦东积极探索跨区域传播方式，组织、举办、参加上海市多项非遗展示交流活动，包括参加第一届、第二届进博会展示工作，举办上海沿海五区非遗进军营传承走廊活动等。另外，浦东新区尝试通过加强行业协作，推动非遗项目的保护传承。比如，联合上海工艺美术研究所、恒源祥集团等上海绒绣各保护单位，以及上海美院、上海视觉艺术学院、上海二工大、上海工艺美院四所高校，制定《国家级项目〈上海绒绣〉振兴五年规划》，签订上海绒绣振兴示范基地、实验基地、培训基地、研究基地、实习基地以及"绒绣百人百画"创作协议，同时于 2021 年初成立了上海绒绣保护协会，定期召集会长会议和理事会会议，举办绒绣线上线下大展，编印绒绣教程，拍摄绒绣慕课等。

浦东进一步推动非遗走出上海，进行跨省市传播和交流。每年艺术节期间，浦东都以"缤纷长三角"为主题，牵头举办"浦东北蔡杯"曲艺邀请赛、"浦东康桥杯"少儿琵琶邀请赛、长三角地区锣鼓书会书、"浦东川沙杯"故事邀请赛、"浦东惠南杯"莲湘邀请赛等重大非遗交流展示活动，几年来共有 420 支长三角地区的非遗优秀团队参与，吸引近 5 万市民观看，构筑了区域间非遗交流的重要文化品牌。与浙江嘉善的深度合作，则开启了浦东非遗跨省市传习的先例。浦东国家级项目绕龙灯在嘉善县姚庄镇建立传承基地，嘉善县国家级项目"嘉善田歌"在浦东张江镇设立传承基地。浦东国家级项目"琵琶艺术·浦东派"在山东、安徽、吉林的高等院校皆设立了传播点位，并有传承人进行授课培训。另外，浦东与对口扶贫的新疆莎车、西藏江孜、云南大理都有非遗展示交流活动，扩大了浦东非遗的影响力。

（五）创作传承激发新活力

为了促进非遗保护传承，浦东着力激发创作活力，通过转换艺术形式呈现非遗等传统文化的魅力。在浦东群文创作舞台上，非遗相关题材的原创作品均广受专家和群众好评。以街镇保护单位为创作基地，北蔡镇排演了浦东说书《嫁女歌》、张江镇排演了浦东山歌《张江之韵》等非遗主题大戏，使传统文化在不同艺术形式的转化中重新呈现，起到了很好的传承传播效果。在2020～2023年的浦东新区创作节目会演中，非遗题材作品超过节目总数的1/3，并在国家级和市级比赛中获得好成绩，上海说唱《合作社里花与瓜》《登高》《桥》蝉联三届群星奖，凸显了地区文化品质。

为了促进非遗保护传承的可持续发展，浦东还将非遗保护传承上升到理论层面，进行持续研究和挖掘。浦东新区非遗保护中心协同上海第二工业大学成立"浦东新区非物质文化遗产研究中心"，开展课题研究，组织田野调查，并撰写报告。研究中心旨在加强非遗理论研究，提升浦东非遗的科学研究水平，充分挖掘非遗背后浦东的文化机理，促进浦东非遗的健康可持续发展。

三 浦东新区非遗保护传承中的难题和挑战

浦东非遗保护工作多年来取得了不少成就，但在实践过程中，仍然遇到不少的难点和痛点，其中也不乏国内外非遗保护传承的共同难题和挑战。

（一）部分技艺濒临灭绝

非遗之所以产生、发展，并在历史的长河中焕发出别样的活力，与当时的群众生产生活密切相关，拥有广泛的群众基础，能满足当时群众的物质与精神需要。但随着社会转型发展，人民生活日益现代化，部分非遗原先赖以生存发展的生产生活环境渐渐消失。比如，浦东新区国家级非遗"上海港码头号子"，曾是码头工人在装卸货物时为统一动作和节奏发出的呐喊演化形成的一种民歌。上海港码头号子是经百年流传下来的一种劳动歌声，它见证了浦东、上海乃至中国的历史变革，唱出了劳动人民的精神。这样一种独特的文化遗产，在20世纪五六十年代后，因为港口机械化的发展而渐渐消失，濒临失传。塘桥街道办事处于2005年成立了塘桥街道码头号子表演队，通过团队的传唱来延续上海的劳动之歌，让濒危的港口文化遗产重新呈现于新的时代。尽管如此，上海港码头号子现有的两位代表性传承人均已年长，一位已经 90 多岁，另一位也已接近 80 岁，传承人日渐老去，未来的保护传承仍是一个难题。

（二）项目传承后继乏人

传统文化技艺，往往依赖于师徒传承、家族传承等，甚至靠代代口耳相传。这样的文化传承，需要长时间的浸润和练习，往往是一门"苦功夫"。现代年轻人已经适应了现代化、高科技、快节奏的生活，他们更喜欢站在时代浪尖，接触新鲜事物。一些非遗项目对年轻一代来讲，有些"老土"、有些枯燥，甚至有些"浪费时间"。另外，部分非遗项目原有的市场化环境消失，传承人往往难以靠非遗技艺获取生活所需，即使有政府补贴也只是杯水车薪，这也让年轻人对传承非遗望而却步。浦东新区许多非遗项目的传承人都出现断代的现象，一些传承人老去，一些传承人故去，有些项目仅余一位代表性传承人，有时候一位老人故去，就意味着一座"活化博物馆"的消失。

（三）活态利用困难重重

对非物质文化遗产的保护传承，最理想的状态应当是促进其活态利用、活化传承，在创新发展中找到非遗自立、自强、自续之路。但随着时代的发展，一部分非遗项目与现代生活融合困难，自身"造血"功能缺失。还有一些项目看似市场环境仍在，但因与现代工艺要求存在差异，转型升级困难重重。比如，浦东新区国家级非遗钱万隆酱油酿造工艺，其酿造厂创始于清光绪年间，在当时以官酱园的招牌享誉大上海。2003~2005 年，钱万隆酱油连续 3 年获得"上海市优质产品"等称号，产品远销十多个国家和地区，出口量占上海口岸酱油出口的 75%。但随着酱油现代化生产工艺的发展，钱万隆酱油酿造的传统工艺因为时间长、成本高、产量有限等渐渐跟不上市场的需求，传统工艺的生产流程、生产环境等与现代食品卫生标准也存在不小差距，旧式的生产管理模式无法适应新的要求。2011年，钱万隆酱油因使用竹制、木制器具及日晒夜露的生产流程受到质疑，还发生生产记录缺失、某些原料无生产日期和保质期、生产环境差、检验设备过检定有效期等问题，浦东新区质监局勒令其停产整改近一年。后来钱万隆酱油又因为厂房搬迁等一系列原因，到现在也没有完全恢复生产，其产品在市场上几乎见不到。

（四）社会参与有所不足

《意见》提出，非遗保护工作的原则是"政府主导、社会参与，明确职责、形成合力"。但在当前浦东实践中，非遗保护主要还是政府在投入和出力。当前，浦东新区的非遗保护和传承，区级层面的工作主要落在浦东新区非物质文化遗产保护中心。该中心办公地点位于浦东新区群众艺术馆，目前与上海市一些高校、社会机构都开发了不少合作项目，促进了浦东非遗的传播传承。但总体来说，无论是经费支出、活动策划还是街镇非遗保护单位的建设和指导等，仍以浦东新区政府牵头为主。通过持续的活动传播，包括非遗体验馆的正式开放，现在浦东非遗在市民中的知晓度一直处于上升中，但仍有不少人对非遗知之甚少，甚至连听都没听过，市民和社会力量对非遗的参与度不足。

四　浦东新区非遗保护传承的经验和启示

通过多年的探索和实践，浦东新区在非遗保护和传承方面形成了一系列规范，总结了一些经验与启示，可供参考。

（一）项目和传承人管理制度化

规范管理，制度先行。根据《中华人民共和国非物质文化遗产法》、《关于进一步加强非物质文化遗产保护工作的意见》以及《上海市非物质文化遗产保护条例》等精神和要求，浦东新区出台了一系列管理制度和办法，如《浦东新区非遗保护与管理暂行办法》、《浦东新区非遗传承人认定与管理办法》、《浦东新区非遗传承基地管理办法》和《浦东新区非遗保护专项资金管理办法》等，对非遗项目和传承人的管理、扶持以制度的形式固化下来。尤其是在资金使用和管理方面，浦东新区严格按照各项管理办法，配合国家和市级资金，在区文化基金中设立了非遗项目和传承人配套补贴经费，给予项目上一年国家级补贴30%、市级补贴50%的补助；给予国家级传承人6000元/年，市级、区级传承人3000元/年的补助。

（二）基层传承场所建设体系化

浦东新区注重非遗传承场所体系化建设，实现展示馆、传承基地、传习所、传播点位联动保护，从区级到各街镇、从文化中心到村居学校等，都有覆盖。2023年6月，浦东新区非遗体验馆开放，为非遗项目新添了一个区级的传承场所。浦东许多街镇也按照自身情况设有不同规模的非遗综合或单项展示馆，截至2023年7月31日，浦东共有22个街镇非遗展示馆[①]，并定期对外开放。同时，各保护单位都设有非遗传承基地、传习所和传播点位等。截至2023年7月31日，共有"非遗在社区"传承传播点位49个，其中街镇文化中心36个、村居学校点位13个[②]。浦东新区文体旅游局与各个点位和68名非遗传承人、4个传承团体签订了三方工作协议，每个点位每月开展一次不少于60分钟的传承活动。

（三）跨界融合促进非遗市场化

跨界融合联动是当前文化行业的普遍现象，尤其是在文化创意产业中，"文化+""+文化"的跨界融合已经成为发展的趋势，成为高质量发展的一大增长点。非物质文化遗产有着深厚的文化底蕴，在跨界融合中具有得天独厚的优势。浦东新区瞄准非遗的这一特征，探索非遗与教育、旅游、商业、

---

① 数据来源：浦东新区非物质文化遗产保护中心。
② 数据来源：浦东新区非物质文化遗产保护中心。

科技等跨界融合。

多学科、多领域的碰撞和结合，探索出许多成功的案例。比如文教结合，"浦东非遗大学行"用课程、讲座、展览、实践培训等形式在 10 所高校传播和展示浦东非遗。市级项目"瓷刻"传承人张忠贤老师以公选课的形式，在上海第二工业大学教授瓷刻艺术。该课程计入学分，共 2 学分 32 学时，实现了非遗项目在校园的学科化、常态化教学。再如文旅结合，2021年，浦东非遗中心整合梳理了浦东东、西、南、北、中五条线路，在文化和自然遗产日期间，于"浦东记忆"小程序正式发布上线，从衣、食、住、行等方面生动地反映非遗与文化、生活、休闲的有机融合，从而打造传统文化活态传承的非遗品牌。非遗丰富了旅游的内容，而游客流量的导入又促进非遗的传播，扩大了非遗影响力。文商结合、文科结合等领域，也通过一些成功的案例和活动，增加了非遗的展示和传承场景，极大地提升了公众对浦东非遗的关注度。

（四）队伍建设人才培训常态化

干事创业，人才为先。非遗项目的活化传承更是离不开人这一根本要素。为了促进非遗传承，鼓励非遗传承人坚守技艺、提升传承能力，浦东新区常年开设由传承人授课的太极拳、沪剧、浦东剪纸等近 10 个项目的培训传承学习班。同时指导各街镇，根据要求积极开展"非遗传承大讲堂"活动，例如新场镇开设锣鼓书、洋泾街道开设上海绒绣、三林镇开设三林刺绣、川沙新镇和宣桥镇开设沪剧等非遗传承班，大力推动本街镇的非遗传承工作。

在浦东新区非遗项目的保护传承上，很多工作都落实到街镇属地化管理，基层工作人员的业务素质和能力也不容忽视。有一支稳定、优秀的工作队伍，对非遗的保护和传承有着非常积极的意义。为了更好地指导基层开展各项非遗工作，浦东新区非遗中心每年定期举办非遗项目和代表性传承人申报培训班，以及专管员业务培训班，并推选一线工作人员参加各级各类非遗培训，促进基层队伍建设。

五 浦东新区非遗保护传承的展望与建议

非物质文化遗产是一个民族、一个地区在漫长的历史长河中沉淀下来的精神和文化。保护非物质文化遗产，是对地方历史的一种认同和继承，对于浦东传承传统文化、建设先进文化有着非常重要的意义。

放眼未来，浦东要以高质量发展助力高品质生活，文化将成为其中必不可少的部分。而非物质文化遗产的保护和传承，也将是文化发展中浓墨重彩的一笔。

（一）规范保护机制葆有非遗生命力

我国非遗保护传承工作开展时间不长，尽管进展迅速，但仍有不少不尽完善之处，尤其是在各地方的具体执行中。当前，国家对于非遗保护传承的制度主要是《非遗法》《意见》《2021年意见》等几个文件。这些文件给出了全局性的宏观指导意见，在执行上，各地仍需结合地方特色探索制定符合自身需求的管理机制。在健全组织领导体系的基础上，可探索建立定期进行非遗普查的制度体系，或以街镇为单位，由专管员联合专家、文化志愿者等展开普查。当前浦东已有30个街镇有了各自的非遗项目，有6个街镇目前仍是非遗项目的空白地带。可从这6个街镇开始，进行全街镇范围的非遗普查工作，以便查漏补缺，填补上这片空白，条件成熟时可以做到浦东新区36个街镇非遗项目全覆盖，吸引更大范围、更多公众投入非遗的保护传承。

在对传承人的保护和管理上，健全非遗传承人绩效考核激励机制。加强项目和代表性传承人名录体系监管，从履行职责、资金保障、奖励扶持等方面，进一步规范非遗传承人应承担的责任和义务。探索实行传承人认定和退出机制，破除非遗代表性传承人"终身制"，为传承人队伍注入新鲜力量，使其葆有源源不断的生命力，推动非遗传承的稳健发展。

（二）强化记忆体验扩大非遗影响力

近年来，浦东非遗活跃在区内各个活动的舞台，通过社会各界和市民的宣传，非遗的社会关注度和百姓知晓率不断提高，但在许多老百姓心中，非遗仍然与自己有着不小的距离。要消除非遗与老百姓的距离感，扩大社会影响力，可探索将非遗项目送到百姓身边，嵌入人民的日常生活，唤醒浦东老百姓的非遗记忆。

比如，浦东有许多特色古镇、老街，将其打造成非遗活态传承和非遗传承人的基地，有利于街镇品牌的建立和文化竞争力的提升。在古镇、老街建立非遗特色镇和街区，有利于合理利用非遗资源，丰富街镇文化元素和加强文化生态保护区建设。可结合传统街市的场景，将非遗项目生活化地嵌入人民日常生活设施中，打造浦东非遗文化生态保护区；引入优势品牌项目，如上海民俗文化节、上海浦东沪剧节等，结合国内外活动品牌资源，打造非遗文化街，定期举办非遗博览会；在传承队伍中推介一批大师级传承人，在古镇、老街内建立大师工作室；等等。

（三）多元主体参与激发非遗凝聚力

非遗的保护和传承不应该仅仅是少数人的活动，而应是聚合多方力量的集体行动。

在非遗保护发展的初期，政府对非遗保护的投入和付出，是非常重要的。政府因其地位、资源、经济实力等，"完全有可能为身处风雨飘摇中的非物质文化遗产搭建起一座牢固的足以抵御外来文化冲击的防护大堤"①。但仅靠政府一方力量，在非遗保护传承中不免常有"力不从心"之感。鼓励社会各方力量积极参与，对于提高非遗的社会认知度、吸引资金投入、推进传承、促进理论研究等，均有不可忽视的作用。

当前，浦东新区在非遗保护传承中，通过跨界融合，已经吸引到一些高校、科研院所等参与。未来，浦东将通过各种非遗的宣传、展示活动，积极寻求与社会各方的跨界合作，力求吸引到更多的社会主体，包括社会组织、

---

① 顾军、苑利：《非物质文化遗产普查申报工作需要注意的几个问题》，《原生态民族文化学刊》2009 年第 1 期。

新闻媒体、企业、民间资本等参与，探索以合适的方式携手发展、合作共赢。多元主体参与，形成合力，可为浦东新区非物质文化遗产的保护和传承提供更大的舞台。

（四）创新发展转化发掘非遗生产力

非遗的保护和传承对资金的需求量极大。尽管从国家到上海市到浦东新区，都对非遗有一定的保护专项资金，但落实到数量众多的非遗项目上，仍显捉襟见肘。况且，单纯依靠"输血"式的抢救也不是非遗可持续发展的长久之道，促进非遗项目恢复并提高其自身"造血"功能方是上策。尤其是对一些有条件的非遗项目来说，可促使其创新性发展、创造性转化，与文化产业紧密结合，从而打开新局面，达成各方多赢。

根据浦东自身的特色，文旅结合是非遗发展的思路之一。每个街镇打造一条非遗线路，结合东、西、南、北、中五大路线，整合成浦东旅游文化休闲云图，并利用抖音、B 站等新媒体平台，策划不同的专题和直播提升热度。打造体验式、互动式非遗旅游景点，完善非遗产品线上与景点同步的销售平台。组织浦东非遗精品展，开展与长三角其他地区、北京等地的文化交流，并依托"一带一路"倡议，规划与丝绸之路经济带并行的海外文化传播线路。

搭载互联网快车也是当前非遗发展的一条有效路径。截至 2021 年底，"淘宝上非遗店铺数量超过 35000 家""淘宝天猫上有 14 个非遗产业集群年成交过亿""非遗商品消费者规模已经达到亿级"①。浦东非遗中的衣食住行等产品，比如绒绣、钱万隆酱油、高桥松饼、下沙烧卖、土布制品等，现在依然有其市场和受众，可以开发网络平台，以互联网的巨大流量带动非遗产品销量，促进非遗项目发展。同时，通过互联网平台的展示，让年轻人看到非物质文化遗产的巨大魅力及其良好的市场前景，激发他们传承的兴趣，吸

---

① 柴爱新、林凡军、郝建彬：《数字化如何激发非遗活态传承内生动力的分析及建议》，《文化和旅游智库要报》2022 年第 88 期。

引更多的人投入非遗的保护和传承。

非物质文化遗产的魅力和潜力远远不止于此。深入挖掘非遗，与浦东特色产业相融合，与张江科学城、上海自贸区两个国家级战略相融合，必会擦出不一样的火花，对浦东文化创意产业的发展、以高质量发展助力高品质生活，都有着重要的意义。

参考文献

林继富、王祺：《非物质文化遗产领域的"两创"实践研究》，《中国非物质文化遗产》2023 年第 2 期。

魏崇周：《2001—2010：当代非物质文化遗产热点问题研究综述》，《民俗研究》2010 年第 3 期。

薛可、龙靖宜：《中国非物质文化遗产数字传播的新挑战和新对策》，《文化遗产》2020 年第 1 期。

B.14
国际社区：引领高品质生活的碧云国际社区

刘　静[*]

摘　要:　提高人民生活品质是新时代新征程中增进民生福祉的战略方向和总体目标。一直以来，上海市深入践行"人民城市"的重要理念，着力打造高品质生活区，建设卓越的全球城市。作为上海最早一批国际化社区，碧云国际社区基于外向型、多功能、现代化国际新城区的功能定位，借助环境先行的系统规划、"只租不售"的投资战略、公司制物业和全方位配套服务，打造了安居、乐业、乐活和人文的高品质生活区域。碧云国际社区引领高品质生活的成功经验可以归结为：以人为本、产城融合、配套齐全和专业物业服务。未来，碧云国际社区应持续推进建筑更新和房屋焕新计划，坚持做好服务提升，稳步推进高品质生活的实践探索。

关键词:　宜人家园　宜居宜业　高品质生活　碧云国际社区

一　引言

习近平总书记在党的二十大报告中提出"增进民生福祉，提高人民生活品质"。提高人民生活品质是社会主义现代化建设和实现共同富裕的内在要求。高品质生活是人民群众对经济、政治、文化、社会、生态环境等方面需要均得到高水平保障和满足的一种生活状态。高品质生活着眼于对基本的物质文化生活提出更高要求，以满足人们对更高水平、更丰富的物质文化生

---

* 刘静，华东师范大学公共管理学院博士研究生，研究方向为行政体制改革和基层社会治理。

活和服务的需要。同时，高品质生活也着眼于提出新的高层次需要，以满足人们对公平正义、社会尊重、实现自身价值、全面发展等高层次的需要。

《上海市城市总体规划（2017~2035 年）》提出"努力把上海建设成为创新之城、人文之城、生态之城，卓越的全球城市和社会主义现代化国际大都市"。高品质生活是建设卓越的全球城市的题中应有之义。自 2019 年习近平总书记在杨浦滨江考察时寄语上海城市发展"人民城市人民建，人民城市为人民"以来，上海始终深入践行"人民城市"重要理念，着力创造高品质生活，持续提升市民的获得感、幸福感、安全感。

二　碧云国际社区打造高品质生活的缘起与背景

在浦东开发开放的时代背景下，大量外资企业在金桥汇集。为满足外资企业高管的生活服务需要，碧云国际社区应运而生。从 1990 年开发建设至今，碧云国际社区整体上经历了启动期（1990~1999 年）、上升期（1999~2002 年）、成熟期（2002~2005 年）和完善期（2005 年至今）四个发展阶段。

（一）碧云国际社区的建设背景

碧云国际社区位于上海浦东新区北中心位置，紧靠上海市内环线和杨浦大桥，北起杨高路，南至云间路，东靠金桥路，西临罗山路，受到金桥开发区、陆家嘴金融贸易区和张江高科技园区等产业区的辐射，毗邻浦东机场、内环线和杨浦大桥，区位优势明显。整个社区占地约 4 平方公里，由生活服务区和办公核心区所组成。作为浦东、金桥涉外商务区生活配套的功能外放型高级住宅区，碧云国际社区秉承低密度、高规格的持续发展理念，凭借着浓郁的异国格调、卓越的文化品位以及多元的社交氛围吸引了来自 60 多个国家和地区的千余户外籍家庭入住，打造了一个真正的"最适合国际家庭居住的国际化社区"。

碧云国际社区的发展缘起于 20 世纪 90 年代的浦东开发开放。在浦东开发开放的时代浪潮下，大批外资涌入上海，随之而来的是大量跨国公司高管的生活住宿问题。20世纪90年代初，外企高管和归国人员主要以酒店为工作和居住场所，工作生活条件十分艰苦。为了留住企业和高端人才，金桥集团常常为外籍人士提供很多附加的服务，比如为对方联系保姆、安排对方子女的教育、安排家庭教师等。在此背景下，当时的金桥集团提出了在出口加工区内打造高品质生活园区的设想，并决定建设以出租物业为主的高端国际社区，服务对象主要是欧美高管家庭、归国人员家庭以及国内少有的具有国际视野的知识人群。

建设之初，碧云国际社区面临着重重难题。一方面，碧云国际社区的建设引起了较大的社会争议，外界人士批评金桥集团不务正业，不搞工业搞房地产，专业人士对此也并不看好。另一方面，诸如当时的金桥较为偏远、农民房子尚未完成拆迁等现实难题也阻碍了碧云国际社区的开发建设。但令人意外的是，外商们十分支持建设碧云国际社区。外商们的积极回应和反馈，给予了金桥集团排除万难的信心和勇气。

（二）碧云国际社区的开发历程

1997年，碧云国际社区正式动工。发展至今，碧云国际社区历经了启动期（1990～1999年）、上升期（1999～2002年）、成熟期（2002～2005年）和完善期（2005年至今）四个发展阶段。各个阶段在住宅开发、配套建设和环境营造、政策、产业和服务对象等方面具有一定的时代性。

启动期阶段（1990～1999年）。碧云国际社区确立了"先做环境，再造房子"的开发理念，在金桥地区内约4平方公里地块统一规划，以低密度、高绿化率为特色，借鉴国际先进的社区规划理念，建设功能、配套完备的开放式大社区。这一时期，金桥集团开发了定位高端的碧云别墅外销独栋别墅和银泰花园内销公寓，建成了中国福利会幼儿园、上海市民办平和学校、上海协和国际学校、中欧国际工商学院和新金桥大厦等学校和写字楼。建设初期，碧云国际社区主要是发挥产业区、工业区配套的功能，因而主要服务对象是普通外籍高层管理者。

上升期阶段（1999~2002年）。得益于1999年重点开发金桥的政策规划，金桥出口加工区贸易初具规模，跨国公司开始规模化进驻。在此政策效应和产业效应的双重影响下，碧云国际社区开发了百富丽山庄、碧云花园和金桥酒店公寓等高端住宅项目，并不断完善社区内的生活配套设施，如酒吧街、OBI建材超市和迷你高尔夫练习场等。这一时期，在周边产业区的辐射下，碧云国际社区的服务对象主要是大型跨国公司外派中高管、普通外籍高层管理者和中国籍白领。

成熟期阶段（2002~2005年）。伴随着陆家嘴CBD成熟，展览中心、磁悬浮等设施落成，浦东奠定了金融中心和产业中心地位，越来越多的跨国公司落户金桥和张江。在此背景下，碧云国际社区开始开发联排、叠拼等高端住宅项目，建成了世贸湖滨花园、浦东花园别墅和碧云东方公寓等住宅项目，同时配套开发休闲购物、文化教育和交通生活等服务设施。此阶段，碧云国际社区的服务对象主要是世界500强企业外派中高管、大型跨国公司外派中高管、普通外籍高层管理者、中国籍白领和出差的外派工作人员。

完善期阶段（2005年至今）。随着《上海市城市总体规划（2017~2035年）》将金桥、张江定位为上海城市副中心，大量的外资企业和跨国公司落户金桥和张江。受益于金桥现代服务产业园的建设和碧云焕新计划的启动，碧云国际社区开发了碧云别墅·银杏苑、碧云尊邸、由度人才公寓等中高端住宅项目，同时配套了百汇医疗和尚美齿科等医疗服务机构，以及碧云红枫、碧云玖零、啦啦宝都和久金广场等商办场所。此阶段，碧云国际社区的服务对象仍主要是世界500强企业外派中高管、大型跨国公司外派中高管、普通外籍高层管理者、中国籍白领和出差的外派工作人员。

三　碧云国际社区高品质生活的目标定位

碧云，意味着这样一种高品质生活：绿地阳光的休闲，与欧美大学接轨的国际学校，信步可达的医院、教堂，汇聚世界美食的各国餐厅……碧云国际社区致力于打造安居、乐业、乐活和人文的高品质生活区域。

（一）安居碧云，最适合外籍家庭居住的国际社区

碧云国际社区秉承"国际化、生态化、家庭化"的开发原则，以满足跨国公司各类员工入住需求为开发指导，开发了不同种类的产品以适应不同的客户需求。其中，碧云别墅致力于打造最适合外籍投资者家庭居住的住宅，碧云花园的目标是打造最适合跨国企业中高层管理者家庭居住的住宅，碧云花园服务公寓的定位是最适合商务人士中短期居住的住宅。此外，碧云国际社区相关负责人介绍道："住宅项目充分考虑了住户的居家和交往需求，每个小区都配备了形态、功能风格多样的会所，会所内建有标准恒温泳池、健身房、迷你影院、多功能会议中心、咖啡吧等设施。"（2023 年 5 月 31 日）①

（二）乐业碧云，最适合跨国企业投资的产业园区

金桥开发区分成东、西两个区域，西部为生活区——碧云国际社区，面积约 4 平方公里；东部为工业区，面积为 16 平方公里。金桥现代产业服务园区是位于碧云国际社区周边的低密度、低容积率的生产性服务业园区，建筑风格现代感十足，以花园式独栋办公楼吸引总部园区企业入驻，并以创造优质创意作业环境为开发宗旨，鼓励文化创意型企业入驻。目前已经建成的园区包括 office park 总部园、office park 金科园、由度工坊和由度慧谷等。在调研中，相关负责人介绍说产业园区的建设以客户需求为出发点，为客户量身定制产业空间："office park 金科园满足了客户对于灵活租赁面积、工业与研发需求和系统配套的需求，从内核上完善了园区的功能配套设施。"（2023 年 7 月 5 日）

（三）乐活碧云，与国际接轨的高品质生活配套设施

高品质生活着力于满足人们对高质量的教育、医疗和娱乐休闲设施的向往和需要。在教育方面，碧云国际社区内建有 2 所覆盖从幼儿园到高中教育

---

① 括号内为访谈时间，本章其他标准同此。

的国际学校——上海德威英国国际学校和上海协和国际学校，1 所十二年一贯制双语学校——上海市民办平和学校，以及享誉海内外的中欧国际工商学院。医疗方面，碧云国际社区内配套建有上海首家公立涉外国际医院华山医院浦东分院、可与境外医疗保险对接的专科医疗机构百汇医疗、浦东妇幼保健院、日资德清会牙科诊所、Pure Smile 尚美齿科等医疗机构，以及上海桑格休闲保健俱乐部等保健机构。在社区商业方面，碧云国际社区集聚上百家餐饮、娱乐和休闲商户，满足了不同文化背景的外籍家庭对生活、交往、休闲、娱乐和购物等高品质生活方式的不同需求，打造了一个时尚的现代国际生活社区。

（四）人文碧云，东西文化和谐交融的国际社区

在碧云国际社区，不仅能够感受到国际化氛围，也能体验到中国传统文化的人情味。调研中，负责人介绍道："社区每年在元宵节、端午节、圣诞节、感恩节、复活节、中秋节、春节等东西方传统节日举办社区活动，为外籍人士营造家的感觉，提升住户对社区的归属感和认同感。"（2023 年 5 月 29 日）从 2007 年开始，碧云国际社区每年举办"中外家庭闹元宵"活动，每年吸引 5000 多人次参与。此外，社区还积极举办跳蚤集市、儿童艺术周、长跑节等各类中小型活动。从 2002 年开始，碧云国际社区每年举办社区长跑节，吸引 15000 多人报名。从 2004 年开始，碧云国际社区连续开展社区家庭日活动，每年吸引 10000 多人次参与。从 2012 年开始，碧云国际社区每年举办社区音乐季，平均每年吸引 500 多人参与。在多元丰富的东西方文化活动的加持下，外籍人士称碧云国际社区为"梦想中的家园"。

四　碧云国际社区高品质生活实践探索的路径机制

作为上海高品质生活的一张亮丽名片，碧云国际社区在过往 30 多年的发展历程中，主要通过系统规划、长线投资、物业服务和服务配套四大路径机制探索和引领高品质生活。

（一）环境先行的系统规划

碧云国际社区在开发建设之初，就确立了环境先行的规划原则，注重景观和交通的系统规划。为了打造良好的生态环境，金桥集团专门开辟出 40 万平方米的绿化面积，种植了 5000 多棵树木，开发了 4 万平方米的水系面积。"碧云国际社区核心区域平均建筑密度仅为 20%，平均容积率为 1，部分住宅，比如碧云别墅 1~3 期，绿化率大于 70%。"（2023 年 6 月 5 日）在交通规划方面，依托金桥开发区在开发建设初期的"九通一平"规划设计，碧云国际社区较早实现了系统化通路。此外，碧云国际社区交通便利、地理区位优势明显。社区距离浦东国际机场仅 23 公里，且处在内环线上下匝道和中环线上下匝道的中间，驾车方便前往任何市区板块。

（二）只租不售的长线投资战略

为了便于长期服务，碧云国际社区在开发建设之初便确立了"只租不售"的投资战略——核心区的碧云别墅和碧云花园只租不售。据相关负责人回忆，"最初并没有想好要不要采取只租不售的模式，当时因为资金非常紧张，碧云花园出售了 100 多套，但后期发现还是有很大的租赁需求。从 1999 年开始，基本确立了只租不售的原则，以租赁模式保障整个碧云国际社区达到当初规划的国际社区效果"。（2023 年 5 月 29 日）只租不售、核心资产自行持有可以长期保持社区的竞争力。外商居住是一个短期现象，如果进行销售将无法持续发挥生活配套功能。相关的实践调研也表明，对待异国的居住生活，大量的外商家庭希望采用租赁方式。此外，"只租不售"也保证了可以长期持有房产，享受房产随着时代不断增值的红利。一个好的社区，其价值能够随着社会经济的进步而提升，而产品价值的培养和提升需要漫长的时间。随着时间的推移，"只租不售"的长线投资战略使得碧云国际社区得以持续完善、持续改进和持续增值。

（三）公司制物业提供专业化服务

碧云国际社区为住户提供五星级甚至超五星级的服务，这主要依托于专业化的物业服务公司。不同于其他物业管理模式的是，碧云国际社区的物业公司全部为金桥集团和金桥股份两家公司旗下的子公司。这开创了一种公司制物业管理模式，在该模式中，金桥集团①既是碧云国际社区的开发商，也是社区物业管理服务的提供者。公司制物业不仅可以囊括屋外的常规服务，还可以延伸至屋内服务，比如在外商家庭外出度假期间，帮忙托管宠物；又如在目标住户入住前开展详细的问卷调查，全面了解其爱好和需求，从而进行大规模的房屋内部整理。碧云国际社区的实践表明，公司制物业具有一定的服务延续性，可以从住户需求出发，最大限度地满足住户需求，提升服务满意度。

（四）全方位配套多样化服务业态

碧云国际社区以教育医疗配套、商业休闲配套为开发基本点。社区建设涵盖了生活居住、教育医疗、餐饮购物、体育休闲和文化娱乐等全方位的生活配套。教育方面，配套亚太排名前五的中欧国际工商学院、德威英国国际学校、协和国际学校以及民办平和学校。文化方面，红枫路两侧建成 2 座教堂——圣心堂和鸿恩堂，以及建有中国著名艺术大师纪念馆——吴昌硕纪念馆。医疗方面，建有上海首家公立涉外国际医院——华山医院浦东分院、国营—医保定点医院——浦东妇幼保健院，以及可与境外医疗保险对接的百汇医疗等。商业休闲方面，配套建有碧云体育休闲中心和红枫路餐饮酒吧街等。

五 碧云国际社区探索高品质生活的成效

经过 30 多年的开发建设，碧云国际社区已经形成了多元文化相交融、建筑风格多样化、适合境外人士多种居住模式需求的大型国际社区。碧云国际社区的高品质生活探索实践，重新定义了一流的国际生活方式，契合产业配套的功能规划，显著提升了基层社会治理水平。

---

① 金桥股份本身也是金桥集团的子公司。

（一）打造了一流的国际化社区

"仿佛走进了一座欧洲小镇"，这是很多人在走进碧云国际社区时的第一声感叹。目前，碧云国际社区居住着来自美、英、法、日等60多个国家和地区的外籍住客，是上海外籍人士家庭最为聚集的区域之一，因此获得"小联合国"的美称。在这里，建筑形态多元，随处可见风格各异的独栋别墅、联排别墅和大平层花园洋房。值得一提的是，碧云别墅荣获"新中国50年上海最佳住宅大奖"。

国际社区不仅需要包括欧美风格的别墅，还需要生态化的环境。碧云国际社区是上海最早通过ISO14000环境体系评价的区域，空气质量标准达到一级，绿化面积高达18万平方米，核心区更有5万平方米的草坪供人们活动。超过45%的综合绿化覆盖率、5000多棵树环绕社区、人工湖泊静谧清澈、社区内设置跑步道和散步道……优美宜居的生态环境使得碧云国际社区获奖无数，先后荣获2011年度最佳社区奖、三部委颁发的"国家级生态工业示范园区奖"和"2012年中国人居环境范例奖"。

此外，国际社区还必须要满足居民购物、教育、健康、娱乐、社交等多方面的需求。徜徉碧云社区，大型商贸中心、国际学校、体育休闲场馆等生活设施和服务一应俱全。以家乐福为中心建立的美食街和休闲街，是社区居民享受美食美景、度过悠闲时光的好去处；以碧云体育休闲中心为主体，建有健身、游泳、橄榄球、足球等设施，成为集合体育健康、特色购物、餐饮休闲等功能的碧云社区邻里中心。

（二）定义了国际化的生活方式

随着全球化的不断发展，"国际化的生活方式"成为一种趋势和流行标签。《上海市城市总体规划（2017～2035年）》提出要建设卓越的全球城市。建设卓越的全球城市离不开打造国际化的生活方式。那么，何为国际化的生活方式？碧云国际社区经过多年的探索交出了一份完美的答卷。

首先，高品质的生活需要链接全球服务与资源。碧云国际社区汇集了来自美、英、法、日等全球 60 多个国家和地区的外籍人士。社区中汇聚了碧云美术馆、中欧国际工商学院、基督教堂、华山医院浦东分院、碧云体育休闲中心等各类社会资源和服务，让住户在坐拥浦东繁华的同时，享受全世界一线生活方式。

其次，高品质的生活需要提供高定的物业管家服务。碧云国际社区独特的公司制物业促使其一切物业服务以住户为中心，始终围绕住户提供全方位的暖心服务。除了提供保安、绿化、维修团队的专业服务外，物业还在中外节日举办丰富多彩的特色活动，比如元宵节举办"中外家庭闹元宵"活动。据相关负责人介绍："部门每年要办 100 多场活动……中外节日都要过。通过这些活动，一方面促进住户之间的交往互动，另一方面也可以让大家在参与中相互了解历史人文。"（2023 年 6 月 2 日）碧云国际社区专业化的高定物业服务获得多项荣誉：2020 年，碧云国际社区物业负责管理公司金晨物业荣获"上海市物业服务综合能力五星级企业"称号；2022 年，碧云别墅银杏苑项目获得"上海市物业管理优秀示范项目"称号。

（三）契合了产业配套的功能规划

碧云国际社区最早是由金桥集团以金桥出口加工区居住配套区的名义开发的，发展至今，已经成为金桥集团对外招商引资的一张名片、一块磁石。碧云国际社区通过齐全的配套和多元的住宅产品，满足了以人为本的高端居住和生活需求，成功实现了筑巢引凤。

碧云国际社区配套了生活、商业、餐饮、文化、教育、医疗以及宗教等设施，在无形中塑造了金桥开发区看不见的竞争力。尤其是在吸引外商投资的过程中，碧云国际社区配套的教育、医疗和教堂等设施，使金桥开发区相较于其他开发区，具有显著的、独特的竞争优势。相关负责人回忆道："在引进美国柯达公司的过程中，碧云国际社区配套的高质量幼儿园、高品质中小学和大学，成功地吸引了柯达公司将中国总部设在金桥。"（2023 年 4 月 3 日）

碧云国际社区通过营造一个让大家住得下、愿意住的社区，为金桥开发区的招商引资锦上添花。众所周知，对于开发区而言，招商引资是重中之重，为了引进卓越的名牌企业，各地"八仙过海、各显神通"。不同于国内其他开发区的是，金桥开发区在碧云国际社区的助力下，另辟蹊径，走出了一条以服务为核心的招商引资之路，比如提供法律、金融、人才、教育和环境等配套服务。

（四）提升了基层社会治理水平

碧云社区是目前上海市规模最大、社区配套功能最完善、综合环境最具创意特色的综合性国际社区之一。面对来自全球各地的居民，浦东新区金桥镇和金桥管委会，依托管镇联动，创新社会治理模式，探索国际社区的共同体建设之道，提升基层社会治理水平。

首先，对接多元需求，搭建共治平台。深入对接各国居民需求，积极深挖区域资源。立足管镇联动大平台，聚焦社区、园区、校区三区融合，打造社区共同体目标下的社区多元共治自治平台，搭建社区与驻区学校、企业"三位一体"的合作共享平台，进一步有效整合区域资源，动员各类社会主体，不断提高社区群众的获得感、幸福感、安全感。

其次，缔结文化和公益纽带，拓展社区融合深度。依托"家门口"服务体系，结合中外传统节日，打造"融文化体验"系列活动，营造中国居民了解国际文化、外籍人士了解中国文化的"融、谐"氛围，引导中外居民参与社区活动，提升社区融合度。打造"情暖碧云天"系列公益服务项目，联动驻区单位、群团组织、社会组织的力量，广泛招募中外志愿者，开展"爱心集市家庭日""久久重阳""六一亲子嘉年华"等志愿服务活动。

六 碧云国际社区引领高品质生活的经验启示

碧云国际社区日益成为浦东高品质生活的名片，其成功经验可以归结为以人为本回归人性尺度、产城融合奠定发展基础、配套齐全营造国际化氛围和"只租不售"提供专业物业服务。

（一）以人为本回归人性尺度

碧云国际社区在设计中强调"小街坊、小路网"的宜人尺度。在设计和建设过程中，一定程度返还以居住为主要功能的社区所占用的大量城市空间，利用花园、广场等景观与社区风情街的结合，打造出兼具活力、绿化、宜居的国际社区氛围。

碧云国际社区强调满足人的功能需要，不仅仅是满足外商个人工作和生活的需要，更重要的是满足外商家人的需要。外商高管通常十分注重家庭，让孩子开心、太太安心、个人舒心的社区就是先生们的选择。碧云国际社区基于目标客户的文化背景和生活方式特点，以社区的完整性、人文关怀为导向，打造了一个国际化的和谐社区。

碧云国际社区不断强化外向型、多功能、现代化国际新城区的功能定位，在提高社区运转效率的同时，也为人们的生活带来诸多便利。在建设过程中，碧云国际社区选择先建设大环境，如引进配套设施，再逐步建设住宅小区的模式，以人为本，真正顾及居住者的居住体验。

（二）产城融合奠定发展基础

产城融合是指通过科学导向、总体规划、合理布局、投资和建设等多种举措，促进产业与人、城市与人、产业与生活区、产业与基础设施的协调发展，并最终实现产城融合发展，即"以城促产、以产兴城"。

在产城融合发展理念下，产业为城市发展提供原始动力，经济发展推动基础设施建设，基础设施完善提升城市的空间质量与形象，进而形成人口的区域集聚，人口集聚进一步拉动了对居住、教育、卫生、娱乐等消费需求。高素质、高技术人才的集聚倒逼文化、生态环境、公共服务等配套设施和服务的完善。城市功能的多元化和高端人才的集聚为产业的新一轮升级提供良好的硬件保障、产业基础和创新要素，从而达到产业、城市和人之间持续向上的良性循环，最终实现产业的高质量发展和城市的高品质生活。

产城有机融合、生活社区与城市产业之间形成最大限度的相互需要是碧云国际社区成功的前提。对于金桥开发区而言，产业是基础，没有产业就没有就业。产业发展可以带来大量的人口涌入，为金桥开发区的产业发展提供充足的劳动力供给。对于碧云国际社区来说，在金桥开发区、陆家嘴金融中心和张江高科技园区等产业区的辐射下，大量外籍人士和国内高收入群体入住碧云国际社区，拉动了对教育、文化、餐饮和娱乐休闲等消费需求，推动了碧云国际社区不断焕新综合配套设施和营造社区景观环境。

（三）配套齐全营造国际化氛围

一流的综合配套是支撑碧云国际社区成为高端生活区的基础。与国际接轨的完美生活设施，健康时尚、高品质的社区商业，以及绿色生态的社区环境，满足了不同文化背景的住户对休闲、娱乐和购物等高品质生活方式的需求，也将碧云国际社区塑造为一个洋溢着国际化氛围的高品质生活引领区。

一流的配套设施并不足以支撑起一个高端生活住区，碧云国际社区打造的高品质生活方式更值得一提。为了增强社区居民的归属感、融入感，碧云国际社区举办各类社区活动，如"碧云国际社区 Family Day"，每年都吸引4000余名社区内外居民参加，是上海参与外籍人士最多的民间组织活动之一；碧云国际长跑日活动，累计参与人数已经上万人，成为浦东新区的重点文化项目之一……碧云国际社区，不仅是一个社区，更是一个和睦友爱的国际化大家庭。

（四）"只租不售"提供专业物业服务

"只租不售"的战略经营方式形成了公司制物业公司运营方式，公司制物业使得金桥集团更有动力和责任感为碧云国际社区的住户提供满意的物业服务。碧云国际社区的每个项目尚在建设的时候，就考虑到建成后的培育、经营与运作，重视高品质生活社区的持续培育。碧云国际社区设有租售中心和物业管理中心两个机构，为住户提供全方位、全覆盖、全时段的双语服务，如房源选择、家具配置、孩子就学、保姆推荐、接机事宜等全链条服务内容。

碧云国际社区独特的公司制物业将物业服务从屋外延伸至屋内。碧云国际社区的物业管理中心不仅可以提供屋外常规的保安、保洁、保修和保绿等物业服务，还可以提供住户屋内的宠物照看和喂养、房屋清洁等服务。物业管理中心不仅是社区住户物业服务的提供者和服务者，更是社区内住户的朋友和家人，同心协力打造国际化、生态化和家庭化的高品质生活社区。

七　碧云国际社区创造高品质生活的建议

从 20 世纪 90 年代发展至今，碧云国际社区的整体环境和房屋内部装修变得过时陈旧，不利于发展及运营。一方面，伴随着时代的发展和外籍人士的大量汇集，外籍人士的生活需求不断提升，曾经风靡一时的家乐福和碧云体育休闲中心，不太符合当前碧云国际社区的发展定位和住户需求。另一方面，碧云国际社区部分房屋是纯木结构，历经 30 多年的时间，房屋老旧，且普遍缺乏智能化设施设备，在一定程度上无法满足数字时代住户对智能化生活的追求。未来应围绕持续推进焕新计划，稳步提升服务质量，展开全面扎实的工作。

首先，推进社区建筑更新，完善碧云国际社区的基础设施。2015 年上海市政府推出《上海市城市更新实施办法》，提出城市更新重点从"拆改留"转变为"留改拆"，城市更新目标从增量开发转变为存量更新。2023 年，上海市人民政府办公厅印发了《上海市城市更新行动方案（2023~2025 年）》，旨在有序推进城市更新行动。未来，为进一步解决社区建筑老化、过时等问题，碧云国际社区应搭上"城市更新"东风，积极推动区域内的建筑更新，推动高质量发展，创造高品质生活。

其次，持续开展房屋焕新计划，更新房屋内部装修。随着数字时代和低碳时代的到来，人们越来越追求智能化、绿色环保的生活方式。虽然碧云国际社区在建设之初便放眼未来，体现了一定的绿色、环保和生态的可持续生活理念，但住户对绿色、低碳和智能等高品质生活的需求日益增长。未来，碧云国际社区应进一步开展房屋维护，完善更新房屋内部装修和配套设施，以匹配住户日益增长的智能化生活、低碳生活需求。

最后，坚持做好服务提升工作。服务是碧云国际社区引领高品质生活的核心。未来，碧云国际社区应进一步落实"以人为本"的城市建设理念，做好服务提升工作，持续提供让住户安心、舒心、放心、暖心的生活服务，满足住户多样化、个性化、高品质的健康、养老、文化、体育等服务需求，坚持以优质的社区配套服务吸引更多的住户。

高品质生活对于建设卓越的全球城市、提升基层社会治理水平具有重要意义。在全面建设社会主义现代化国家的时代背景下，打造高品质生活，既是时代之需，也是民心所向。作为高品质生活的引领者，碧云国际社区在"只租不售"的长线投资战略和环境先行的系统规划指导下，借助公司制物业提供专业化和全方位配套服务，打造了一流的国际化社区，定义了国际化的生活方式，契合了工业区产业配套的功能规划，显著提升了基层社会治理水平。碧云国际社区的高品质生活实践为打造高品质生活区域、建设高品质生活城市提供了一条系统可行的路径。

参考文献

冯烽：《产城融合与国家级新区高质量发展：机理诠释与推进策略》，《经济学家》2021 年第 9 期。

蓝狮子编著《金桥范式：一个国家级开发区的崛起和发展路径》，中国友谊出版公司，2014。

李志明：《习近平关于人民生活品质重要论述的科学内涵与创新性贡献》，《中共中央党校（国家行政学院）学报》2023 年第 2 期。

毛巧丽：《现代物业经营管理中的规划风险及其治理策略——以上海浦东碧云国际社区建设为例》，《上海城市管理》2014 年第 2 期。

项久雨：《新时代美好生活的样态变革及价值引领》，《中国社会科学》2019 年第 11 期。

Bickenbach, F., Liu, WH., "Goodbye China: What Do Fewer Foreigners Mean for Multinationals and the Chinese Economy?" *Intereconomics* 57, 2022.

B.15
数字三联：城中村改造中的高品质生活圈构建探索

摘　要：　城中村改造作为中国城市化进程的重要组成部分，在实现高品质生活目标上，具有重大的理论和实践意义。本研究以北蔡镇为案例，深入探讨了"三联共治"和数字化治理在城中村改造中的应用和影响。研究发现，党建引领和数字化治理对于提升社区治理效率、满足居民需求、实现高品质生活具有显著效果。同时也发现在满足不同群体需求和解决权属瓶颈问题上，仍存在一定的挑战。据此，本研究提出了一系列有针对性的对策和建议，主要包括进一步强化党建引领的作用、推动数字化治理的发展、关注不同群体的需求、解决城中村社区治理转型的权属瓶颈问题等，以期为进一步推动城中村改造，实现高品质生活提供理论和实践参考。

关键词：　数字化三联策略　城中村改造　高品质生活　党建引领　数字化治理

随着中国城市化进程的加速，城中村现象越来越引起社会各界的关注。城中村改造成为实现城市更新和提升居民生活品质的重要手段。然而，如何在改造过程中既满足城市化的需求，又尊重原住居民的权益，保持社区的特色，是一个值得研究的问题。城中村往往人口密集、基础设施落后、生活条

---

* 翁士洪，华东师范大学公共管理学院教授、行政管理学系主任，研究方向为数字治理与政府治理、跨部门合作与社会组织。

件较差、居住环境复杂。在中国快速的城市化进程中，城中村改造成为一项重要的社会治理任务。近年来，中央及地方政府都高度重视城中村的改造工作，希望通过城中村的改造，提升城市的整体形象，改善居民的生活环境，推动城市的可持续发展，提出了以人为本、注重保障原住居民权益、实现高品质生活的原则。

2023 年 7 月 24 日召开的中央政治局会议强调，要加大保障性住房建设和供给力度，积极推动城中村改造。7 月 28 日，国务院召开的超大特大城市积极稳步推进城中村改造工作部署电视电话会议指出，在超大特大城市积极稳步推进城中村改造是以习近平同志为核心的党中央站在中国式现代化战略全局高度做出的具有重大而深远意义的工作部署。积极稳步推进城中村改造有利于消除城市建设治理短板、改善城乡居民居住环境条件、扩大内需、优化房地产结构。通过城中村改造为新动能新产业留足空间，实现以高品质为导向转型升级的目标，各级地方政府也制定了一系列政策和措施。如上海市浦东新区北蔡镇就创新提出了"三联共治"模式和数字化治理方式，以此实现社区治理的常态化，构建高品质生活圈，成为城中村改造的典范。

一　缘起和背景：中国城市化进程

城中村改造是中国城市化进程中的重要课题，其背后涉及的是如何在快速城市化的同时，保障原住居民的权益，改善他们的生活环境，提升他们的生活质量。在中国，城中村的存在已经有相当长的历史，这是历史原因和城市化进程中的一些问题导致的。[1] 随着城市化进程的加速，城中村的问题越来越突出，包括人口过密、环境污染、基础设施不足、社区治理混乱等。这些问题对城市的发展和居民的生活质量都产生了不利影响。在这个背景下，

---

[1] 黄渊基、匡立波：《城市化进程中的"美丽乡村"建设研究——基于城乡一体化视角的分析》，《湖南社会科学》2017 年第 6 期。

中央政府和各级地方尤其是超大特大城市政府都提出了城中村改造的政策，旨在通过城中村改造，改善城市环境，提升居民生活质量，推动城市的可持续发展。

浦东新区北蔡镇在城中村改造过程中，展现了强烈的创新精神和实践能力。北蔡镇根据本地的实际情况，创新提出了"三联共治"模式和数字化治理方式，实现了社区治理的高效化和常态化。这些创新的做法，不仅为北蔡镇的城中村改造提供了有力的支撑，也为其他地方的城中村改造提供了有价值的参考。通过这样的方式，可以看到，中国的城中村改造正在朝着构建高品质生活圈的目标前进。

二　目标定位：构建高品质生活圈

北蔡镇城中村改造的目标是通过创新的社区治理方式，构建一个生活便利、设施完善、环境优美的高品质生活圈，提升居民的生活品质。这不仅涉及物质层面的改善，如基础设施的完善、居住环境的优化等，更包括社区治理能力的提升、社区文化的塑造、社区公共服务的完善等方面。期望通过城中村改造，使原住居民的生活品质得到显著提升，同时也让城中村成为城市的一部分，融入城市的整体发展中。具体来说，高品质生活圈的构建，主要涵盖以下几个方面。

生活便利。需要完善社区内的基础设施，比如交通、供水、排水、供电、供暖、燃气等，保证居民的基本生活需要。此外，还要提供一定的商业设施，满足居民日常生活的需求。同时，还要考虑到教育、医疗等社区服务设施，这对于提升居民的生活品质至关重要。

设施完善。设施完善不仅指物质（硬）设施，还包括软设施，如社区服务机构、社区活动、文化活动等。这些都是构建高品质生活圈的重要组成部分。希望通过提供丰富多样的社区服务和活动，满足居民多元化的需求，丰富他们的生活，提升他们的幸福感。

环境优美。高品质生活圈要有优美的生活环境。这包括干净整洁的街道、绿色植被、公共休息区域等，这些都能提升居民的生活品质，使他们感到舒适和快乐。

三　举措和机制："三联共治"和数字化治理

在城中村改造过程中，北蔡镇政府采取了一系列具体的举措和制度安排，旨在通过创新的社区治理方式，构建一个生活便利、设施完善、环境优美的高品质生活圈，提升居民的生活品质。

（一）举措

北蔡镇采取的主要举措包括"三联共治"和建立数字化治理平台。

一是创新"三联共治"模式，这是北蔡镇在城中村改造中的一项重要举措。这一模式包括"联动"、"联心"和"联网"三个部分。

联动。联动是指通过整合社区内的各种资源，包括政府部门、企事业单位、社区组织、志愿者等，形成一个共同参与社区治理的联动机制。通过这种机制，可以有效调动各方的积极性，提高社区治理的效能。实现多主体联动的做法在于，通过党总支组织领导，以"1+5+12+X"[①]为基础的党组织架构进行资源整合。

联心。联心是指通过召开党组织、村民、物业企业、社会组织、党员代表等参加的联席会议，共同协商处理各类民生实际问题，强化了党建在促成协同共治长效化中的引领能力。联心的主要做法在于，邀请物业项目负责人担任村兼职委员，选派优秀的党员到联勤村物业化管理项目中担任党建指导员，通过党员的"双向进入、交叉任职"，搭建"红色桥梁"，打造"红色物业"。通过推进城中村"红色物业"管理工作，实现村委、业委和物业"三驾马车"一体化管理，真正提升政府在城中村社区治理中的服务能力。

---

① "1+5+12+X"即1个村党总支、5个网格党支部、12个"邻里"党小组，若干党员骨干、党员志愿者、社工、村民以及"新北蔡人"。

另以党员"先锋岗"、党员"责任区"、志愿者岗位进行责任划分，本着因地制宜、实事求是的原则，设立居村监督岗、综合治理岗、文明宣传岗、民生民意岗、调解信访岗、帮教帮困岗等多样化的服务岗位，助力实现政民联心。

联网。联网是指通过建立信息共享和交流平台，实现社区治理信息的联网共享。这种方式可以提高社区治理的效率和透明度，也有助于提升居民的参与度和满意度。联网的主要做法在于，通过完善以网格为基础的党组织体系，以网格工程、队组党建和党群服务站相结合的组织模式，切实打通基层治理的"最后100米"。同时，通过召开党组织、村民、物业企业、社会组织、党员代表等参与的联席会议，针对各类民生实际问题，共同协商处理，构建多元主体协商共治的行动网络。

二是建立数字化治理平台，该平台是北蔡镇在城中村改造中的另一项重要成果。该平台通过实现数据的智能采集、联动与处置，大大提高了社区治理的效率和透明度。同时，该平台也为居民提供了参与社区治理的渠道，提升了居民的参与感和归属感。其一是信息采集简约化；其二是内部监管透明化；其三是处置执行标准化；其四是流程运行闭环化。通过明确每个管理事项各环节的责任，促进治理流程闭环化。通过制定"一码通用"应用场景运行规程、管理事项指挥手册、系统角色权限清单等标准化操作规则，实现了具体应用场景事件处置流程的完善与规范，促进了管理事项和难点问题的精细化治理。

（二）机制

北蔡镇在城中村改造过程中，建立了一套有效的运作机制来实施上述举措，主要包括社区治理的协同机制、数据驱动的决策机制以及持续优化的反馈机制。

社区治理的协同机制。这是通过"三联共治"模式实现的。在城中村改造的背景下，社区治理的协同机制显得尤为关键。在城中村改造过程中，党的领导起到了重要的作用。其核心是利用党组织的领导作用，加强各方参与，形成一个高效、协同的治理模式。党组织作为社区治理的领导核心，负责制定和执行社区治理的政策和措施，保证社区治理的正确方向。[1] 社区自治是构建高品质生活圈的重要手段，其作为一种新型的治理方式，更加注重居民的参与和权益。在"三联共治"的模式下，不同的利益相关方，如党组织、村民大会、物业企业、社会组织、党员代表等，都参与到了社区治理中。这种多元化的参与方式，使得各方的资源和优势得到了充分的利用和发挥，形成了一个真正的协同机制。这不仅确保了社区治理的全面性，还大大提高了治理效率，确保了社区治理的有效性。可以看到，社区治理的协同机制是城中村改造成功的关键，为构建高品质生活圈提供了有力的保障。

数据驱动的决策机制。在北蔡镇的城中村改造过程中，数据驱动的决策机制尤显其重要性。北蔡镇通过建设数字化治理平台，不仅实现了数据的智能采集，更进一步实现了数据的联动与处置。这一平台集成了多种数据来源，包括但不限于社区治理、居民意见反馈、公共服务需求等，为决策者提供了一个全方位的数据视角。在传统的社区治理中，决策往往基于经验和直觉，而数字化治理平台为决策提供了实时、准确的数据支持，这不仅使得决策过程更加科学、系统，还确保了决策的准确性和针对性。数据驱动的决策机制不仅优化了决策过程，更重要的是提高了社区治理的质量和效率。数字化的信息流使得各个治理环节更为紧密、协同，从问题的发现、分析到解决，整个过程变得更加迅速、高效。北蔡镇数字化治理平台在社区治理中的应用，得到了广大居民的积极反馈。数据驱动的决策机制为城中村改造带来了革命性的改变，使得治理更加透明、高效，更能满足现代社会的复杂需求。在北蔡镇的实践中，这一机制已经证明了其巨大的价值和潜力。

持续优化的反馈机制。北蔡镇深知单一的反馈方式难以满足多元化的社区需求，因此，该镇采用了多种方式收集反馈，如定期的社区大会、居民调查、线上平台意见箱等。这样的做法旨在涵盖社区内的各个群体，确保每种

---

① 姜晓萍、田昭：《授权赋能：党建引领城市社区治理的新样本》，《中共中央党校（国家行政学院）学报》2019 年第 5 期。

声音都能被听见。北蔡镇在接收到居民的意见和建议后，会及时进行分析、研究，并根据实际情况进行相应的策略调整或举措改进，更好地满足居民的需求。持续优化的反馈机制为北蔡镇的城中村改造提供了强有力的支持。

四　成效与问题：高品质生活圈的三维分析

通过实施这些举措，北蔡镇实现了社区治理的高效化和常态化，下面将重点从高品质生活圈的三个维度，即生活便利、设施完善、环境优美来分析北蔡镇城中村改造的成效与问题。

（一）成效

北蔡镇实现了社区治理的高效化和常态化，成功构建了一个生活便利、设施完善、环境优美的高品质生活圈，具体的成效主要体现在以下几个方面。

1. 社区治理效率的提升

北蔡镇在城中村改造过程中，通过"三联共治"模式，实现了社区内各种资源的整合，显著提高了社区治理的效率。同时，通过建立数字化治理平台，实现了数据的智能采集、联动与处置，进一步提高了社区治理的效率。

在"三联共治"模式下，通过联动、联心、联网三个环节的协同作用，社区资源得到了更好的整合和利用。联动环节通过整合政府部门、企事业单位、社区组织、志愿者等的各种资源，形成了一个共同参与社区治理的联动机制。联心环节召开党组织、村民大会、物业企业、社会组织、党员代表等联席会议，共同协商处理各类民生实际问题，强化了党建在促成协同共治长效化中的引领能力。联网环节通过建立信息共享和交流平台，实现社区治理信息的联网共享。这三个环节相互配合，大大提高了社区治理的效率，使得社区治理能够更加迅速、及时地响应居民需求，解决社区问题。

而数字化治理平台的建设，进一步推动了社区治理效率的提升。平台通过实现数据的智能采集、联动与处置，使得社区可以更加精准、及时地针对各类问题进行处理。数据的智能采集使得社区能够更全面地掌握情况，数据的联动与处置则使得社区能够更快地对问题进行响应。这种数据驱动的治理方式，大大提高了社区治理的效率和透明度，同时也提升了社区治理的公正性。北蔡镇运用信息平台与"村（居）—镇—区"三级联动机制，有效实现了社区治理的高效联勤联动。目前已产生三个方面的工作成效：一是创建联席联动工作站，实现矛盾纠纷解决的高效化；二是完善预警监测与"人防—技防—物防"相结合的应急监测预警体系；三是构建联合维稳机制，推动平安北蔡建设。据统计，自这些举措实施以来，社区治理的效率提高了约30%。

2. 居民生活质量的提升

在城中村改造过程中，居民生活质量的提升是最直观、最重要的成效之一。通过城中村改造，北蔡镇构建了一个生活便利、设施完善、环境优美的高品质生活圈，促进居民生活品质的全面提升。

首先，生活便利。北蔡镇打造的高品质生活圈，让生活变得便利，提升了居民的生活品质。比如，联勤村是北蔡推进城中村物业化管理的先行试点村，其具有城中村的典型特征：人口复杂、条件差、难管理。在引入物业化管理以后，联勤村的人居环境得到了快速改善。农村停车场、快递柜、安全巡逻车等一系列原本只见于城市居民社区的基础设施逐渐融入城中村，为居民生活提供了诸多便利。原本杂乱无序的出入口和破旧围墙、绿化已重新规划设置，全村新建700余米围墙、修复300余米老旧围墙、拆除全部多余围墙，并设置了5个人车通行主出入口、7个人行次出入口、闸机、门禁、岗亭和监控摄像头也设置到位。联勤村社区环境得到了改善，社区服务得到了优化，居民参与社区治理的机会相应增加，这些都为提升居民的生活品质创造了条件。

其次，设施完善。基础设施的改善对居民的生活品质提升起到了直接的作用。例如，交通设施的完善使居民出行更为便利；供水、供电、燃气等基础设施的更新，保证了居民生活的基本需求；商业设施如超市、菜市场、便利店等的设立，满足了居民日常生活的需求；教育、医疗等社会服务设施的完善，不仅提高了服务质量，也让居民享有更好的公共服务。为强化对城中村的治理能力，北蔡镇党委、政府提出城中村封闭化、一体化、标准化的物业管理服务要求。2022 年 8 月，联勤村作为北蔡镇首个物业化试点村，率先启动了城中村物业管理服务工作的探索。联勤村借鉴住宅小区的物业管理理念，通过深入调查研究与周密部署，扎实推进党建引领并落实"两个实有"，为物业化管理工作的开展奠定了良好的基础。联勤村依托"一码通用"智能化管理系统平台中的农村自建房应用场景专项模块，实现了"一户一图、一间一码、三色管理"，极大地推进了城中村治理的规范化进程。

最后，环境优美。城中村物业管理模式的引入推动了传统农村向现代新农村社区转型，为新型城市空间的创建探索了新的发展模式。北蔡镇整合城运部门、养护公司、村属管理力量，统筹道路清扫、公厕管养、绿化养护、保洁维修等第三方单位与外口管理、房屋巡查等队伍，将其统一纳入北蔡镇下属的莲溪物业进行调度，更好地服务村民。新村民公约、各类工作流程和标准规范等已制定、公示，并经村民代表大会通过，进入试行阶段。目前北蔡镇已初步形成城中村"三化"物业管理服务工作模式，为应对人员复杂、人居环境差、管理难度大等城中村治理难题提供了新的思路，为构建整洁有序的人居环境提供了积极助益。据调查，居民对社区环境的满意度提高了约20%，对社区服务的满意度提高了约25%。这表明，城中村改造的成效得到了居民的广泛认可，居民的生活质量得到了显著提高。

3. 政府和社会的认可

北蔡镇城中村改造的举措得到了政府和社会的广泛认可。从政府的角度来看，北蔡镇的城中村改造工作是对国家和地方城中村改造政策的有效实施。浦东新区政府对北蔡镇的城中村改造工作给予了高度评价，并将其作为城中村改造的典型案例，在全区进行推广。从社会的角度来看，北蔡镇的城中村改造工作改善了社区环境，提升了居民生活质量，得到了社会的广泛关注和好评。这种社会的认可和关注，对于推动城中村改造的进程、提升城中村的社区形象具有积极的作用。

（二）问题

城中村改造工作尽管取得了显著的成效，但在实践过程中也暴露出一些问题，需要进一步解决。

1. 数字治理的精细化程度需要提高

浦东在城中村改造中，虽然通过建立数字化治理平台，提高了社区治理的效率，但目前的数字化治理还不够精细，还不能满足社区治理的所有需求，主要体现在以下几个方面。一是数据采集和分析能力有待提高，如数据采集范围不够广泛，数据分析方法尚不成熟，数据的实时性、准确性有待提升等。二是数据应用能力有待提高，如数据的利用程度不高，数据的决策支持能力有待提升，数据的价值发挥不够充分等。三是数据安全和隐私保护需要加强，如数据的保护机制不够完善，数据的安全风险管理有待加强等。

城中村居民主要为老龄人口和外来务工群体，人口流动性强、人口规模较城镇社区小。数字技术赋能社区治理需考虑社区实际情况，因此在老龄化严重、独居老人居多的城中村推行数字化治理存在相当难度。同时，技术治理具有一定的适用范围，并非所有的治理情景都能够转移至线上，而城中村内公域私域存在一定程度的交叠，因此大部分事务都需要治理主体当面调解，技术手段发挥作用空间有限。

2. 更好地满足不同群体的需求

问卷显示，联勤村非上海户籍人员占82.4%，73.2%的人来自农村，82.9%的人为租户。城中村社区内的居民群体复杂多样，不同的群体有着不同的需求。如何在社区治理中更好地考虑和满足这些不同群体的需求，是一个重要而又复杂的问题。村民期待物业可以提供保洁与垃圾清理服务、车辆交通管理、治安管理服务和绿化环境服务，比例都超半数，也有41.5%的村民希望物业提供更多的综合性生活服务。同时，村民对物业化管理服务有形性、可靠性、回应性、安全性和关怀性的期待各不相同。问卷显示，村民更加注重以下几个方面：物业提供及时的服务并有渠道反馈意见；强调每个人能享受相同的服务；希望在遇到困难时，物业能够提供帮助并解决；物业有齐全的服务设施及其指南。总的来说，村民希望城中村物业化管理可以提供更及时、更全面、更有效、更公平的服务，并且服务的内容可以根据公众的实际需求优化完善。如何平衡这些不同的需求，如何通过社区治理提升这些不同群体的生活质量，是一个需要解决的问题。

3. 城中村社区治理转型的权属瓶颈

城中村改造过程也暴露出在社区治理转型过程中的权属瓶颈问题，主要涉及农村遗留用地的公共空间归属不明和基层自治的法律法规尚不健全等。农村遗留用地的公共空间归属不明是一个复杂而又敏感的问题。在城中村的改造过程中，如何处理这些公共空间的归属问题，如何合理、公正地分配这些公共资源，是一个需要解决的问题。如果处理不当，可能会引发社区内的矛盾和冲突，对社区治理和居民生活质量产生负面影响。基层自治的法律法规尚不健全是另一个需要解决的问题。① 在城中村的改造过程中，如何构建一个适应新形势的基层自治法律法规体系，如何保障居民的合法权益，如何推动社区治理的法制化、规范化，需要进一步思考和改进。

五 经验与启示："党建引领+数字化治理"

北蔡镇城中村改造，以其创新的社区治理方式和丰硕的成果，为其他地区的城中村改造提供了有益的借鉴。经验表明，创新社区治理方式，尤其是结合党建引领和数字化治理，可以有效地推动城中村改造，构建高品质生活圈。

（一）党建引领是推动城中村改造的重要力量

在中国的社区治理中，党建引领起着至关重要的作用，浦东新区北蔡镇的城中村改造就是一个典型的例子。北蔡镇的经验表明，党建引领能够调动

---

① 桂华：《农村土地制度与村民自治的关联分析——兼论村级治理的经济基础》，《政治学研究》2017 年第 1 期。

社区内的各种资源，推动社区内的各方共同参与社区治理，从而有效地推动城中村改造。

党建引领在推动城中村改造的规划和决策上起到了关键作用，在动员社区资源和提升社区参与度方面发挥了重要作用，在推动社区治理创新上起到了关键作用。在北蔡镇的城中村改造过程中，党组织推动了"三联共治"模式和数字化治理平台的创新。这些创新为提升社区治理效率、提升居民生活质量、构建高品质生活圈，提供了有效的手段。

（二）数字化治理是提升社区治理效率的有效手段

北蔡镇的经验表明，构建数字化治理平台可以实现数据的智能采集、联动与处置，从而提升社区治理的效率和透明度，为社区治理创新提供新的可能性。例如，北蔡镇在城中村改造过程中，通过数据分析，发现了一些社区治理中的问题，并通过改进治理策略，成功解决了这些问题。总的来说，数字化治理是提升社区治理效率的有效手段，对于高品质生活圈的构建具有重要的推动作用。

六　对策和建议

（一）需要进一步强化党建引领的作用

在城中村改造的过程中，党组织的引领作用至关重要。但是，目前存在的问题是，党组织在一些社区治理中的作用还未能充分发挥，对社区治理的影响力有待提升。针对这一问题，本研究提出以下对策和建议：提高党组织在社区治理中的参与度，党组织应当积极参与社区治理的各个环节，包括规划、决策、实施和评估等。可以通过定期组织党员大会、民主评议等活动，让党组织的意见在社区治理中得到充分的表达。增强党组织在社区治理中的协调能力，党组织应当发挥自身的组织优势，协调社区内的各方力量，推动社区治理顺利进行。可以通过构建社区合作网络、开展共建共享活动等方式，增强党组织的协调能力。应当通过实践，积累社区治理经验，提升党组织在社区治理中的影响力。可以通过组织党课、开展党员示范行动等活动，提升党组织的公信力和影响力。党组织应当与社区居民建立密切的联系，了解和满足居民的需求，提升居民对党组织的认同感和归属感。

（二）需要进一步推动数字化治理的发展

数字化治理是推动社区治理效率提升的关键手段，它通过智能化的方式，实现了社区治理数据的采集、联动与处置，提升了社区治理的效率和透明度。然而，目前的数字化治理还存在一些问题，如数据的采集和处理效率不高、数据的应用和分析能力有待提升等。建议完善数字化治理平台，提升其数据采集、处理和分析的能力。另外，数据安全是数字化治理的重要保障，需要加强数据安全保护，防止数据丢失和泄露。提升数据公开透明度，可以增强社区居民对社区治理的了解和信任，提升社区治理的公众参与度。

（三）需要进一步关注不同群体的需求

城中村社区内的居民群体复杂多样，不同的群体有着不同的需求。在推动城中村改造、构建高品质生活圈的过程中，满足不同群体的需求是关键的一步。然而，目前的社区服务还存在一些问题，如服务内容和形式单一、服务覆盖率和满意度有待提升等。本研究建议根据不同群体的需求，完善社区服务体系，提供多元化的服务内容和形式。

（四）需要进一步解决城中村社区治理转型的权属瓶颈问题

制定和完善相关政策法规，明确农村遗留用地的公共空间归属，为城中村改造和社区治理提供清晰的权属界定。完善基层自治的法律法规，为社区治理提供强有力的法制保障。通过教育和宣传，增强社区居民对权属问题的认识和理解，引导他们积极参与社区治理。加强权属纠纷的调解和解决，防止权属纠纷影响社区治理的顺利进行，如可以通过建立权属纠纷调解机制，提供专业的权属纠纷调解服务，及时解决权属纠纷。

参考文献

黄渊基、匡立波：《城市化进程中的"美丽乡村"建设研究——基于城乡一体化视角的分析》，《湖南社会科学》2017年第6期。

姜晓萍、田昭：《授权赋能：党建引领城市社区治理的新样本》，《中共中央党校（国家行政学院）学报》2019年第5期。

桂华：《农村土地制度与村民自治的关联分析——兼论村级治理的经济基础》，《政治学研究》2017年第1期。

雷晓康、张琇岩：《高品质生活的理论意涵、指标体系及省级测度研究》，《西安财经大学学报》2023年第2期。

张冉等：《党建引领社会力量参与社区治理——基于上海浦东新区的实践探索》，上海交通大学出版社，2021。

赵秋成、姜昕彤：《城市化进程中"村转居"社区集体经济利益分配问题》，《农村经济》2017年第8期。

B.16
古镇桃源：新南村迈向高品质生活的"乡创+"探索

姜　朋*

摘　要： 在乡村振兴示范村建设的时代背景下，浦东新区新场镇新南村明确"古镇桃源、乡创新南"的发展定位，以"乡创+"为发展路径，以文化和创新赋能，促进乡村产业、文旅、科技、生态等集成创新：通过党建联建盘活、赋能、融合等手段，带动镇、村的资源、资金、信息发挥更大效能；通过吸收人才返乡，注重创业扶持形成乡村发展内生动力；通过推进乡村文化与旅游业的融合，最终实现三次产业振兴，进而驱动文化振兴、生态振兴和治理振兴。新南村已经成为具有江南水乡特色的"上海乡创第一村"，实现了产业兴旺、生态宜居、乡风文明、治理有效、生活富裕的高质量发展。

关键词： "乡创+"　乡村振兴　高品质生活

推动建设高品质生活乡村，就是对人民美好生活需要的精准响应。位于上海市浦东新区新场镇的新南村，以"乡创+"为发展路径，以打造新南村"上海乡创第一村"为目标，形成多业态、多维度产业赋能乡村振兴的有效经验，从根本上解决"三农"问题，实现生产、生活、生态"三生"协调，不断增强农民的获得感、幸福感和安全感。

---

* 姜朋，中共上海市浦东新区委员会党校副教授，研究方向为社会治理。

一 缘起和背景

中国要强,农业必须强;中国要美,农村必须美;中国要富,农民必须富。2017年,习近平总书记在党的十九大报告中首次提出乡村振兴战略,认为农业、农村和农民问题是关系国计民生的根本性问题,必须始终把解决好"三农"问题作为全党工作的重中之重,全面实施乡村振兴战略。2021年3月7日,习近平总书记在参加十三届全国人大四次会议青海代表团审议时强调指出,高质量发展的目的就是更好地满足人民美好生活需要,要把推动高质量发展和创造高品质生活有机结合起来。总书记回应人民的期盼,对高品质生活进行了系统的阐述,包括有更好的教育、更稳定的工作、更满意的收入、更可靠的社会保障、更高水平的医疗卫生服务、更舒适的居住条件、更优美的环境等。

2021年4月,第十三届全国人大常委会第二十八次会议表决通过《中华人民共和国乡村振兴促进法》,为乡村振兴发展提供了有力制度保障和法律依据,也为脱贫攻坚后新阶段乡村振兴实现了良好的开局。根据中央精神,2021年6月《上海市乡村振兴"十四五"规划》印发。规划强调,要在都市现代绿色农业发展中闯出新路,在乡村风貌整体提升中闯出新路;规划提出要落实"产业兴旺、生态宜居、乡风文明、治理有效、生活富裕"总要求,不断提升乡村居民生活水平与品质,并从提高农村基础设施水平、提升城乡公共服务均等化水平、促进非农就业和持续增收三个方面提出具体标准与实施路径。

浦东新区正在加快打造社会主义现代化建设引领区,高标准的乡村建设也是高质量发展和高品质生活的必然要求和重要组成。根据《浦东新区乡村振兴"十四五"规划》,"中部乡村振兴示范带"将大力发展科技农业、种源农业、品牌农业和智慧农业,打造农业农村现代化"三区五高地",即城乡融合发展先行区、农业农村现代化引领区、乡风文明治理样板区、产业发展活力高地、生态环境宜居高地、乡风文明建设高地、乡村治理现代化高地和居民生活品质高地。

新南村的乡村振兴本身已具有较好基础。2018 年，浦东新区农委启动《浦东新区美丽庭院建设行动计划》，新场镇新南村 24 组被评选为创建试点村庄之一。2019 年，围绕着"古镇桃源、乡创新南"的发展定位，新南村成立了全市首个由上海市人力资源和社会保障局命名的"乡村创客中心"，此后，土布 de 小院、乡创公司等多个项目也相继设立并投入运营，吸引了大批年轻创客返乡创业。2020 年，新南村入选了上海市第三批乡村振兴示范村建设计划，并成立了乡村振兴示范村建设领导小组，在新场镇党委、政府的领导下全力推进"乡创振兴"。

依据《浦东新区乡村振兴"十四五"规划》确定的重点建设区域，新南村正处在浦东中部乡村振兴示范带，这给新南村带来了前所未有的发展契机。新南村抢抓机遇，通过扎实的乡创之路，全面提升产业、生态、人文面貌，让农村社区呈现各美其美、美美与共的景象，最终目标是让村民享有高品质生活。

二 新南村乡村振兴目标和定位

新南村地处正在申报世界文化遗产的千年古镇新场、上海最大的人工河大治河之畔，总面积 4.05 平方公里，共有 24 个村民小组。全村总户数 1245 户，户籍人口 2990 人（常住人口 2040 人），村中有中共党员 128 名，下设 4 个党支部 10 个党小组。全村拥有 1800 亩生态片林、千亩果树桃林。位于上海的新南村，一方面，要利用好大都市资金、技术、管理、人口等要素外溢的利好效应，通过筑巢引凤，吸引了一个个优质项目落地，为乡村振兴集聚澎湃能量；另一方面，要打造居民生活品质高地，让村民生活在一个未来可期的小而优、小而美、小而活的乡村中。高质量发展和高品质生活就是新南村未来乡村振兴的目标定位，具体又可划分为多个小目标。

（一）新南村产业发展目标定位

产业振兴是推动乡村振兴的动力。乡村振兴归根结底是发展问题，只有产业兴旺，才能为乡村振兴奠定经济基础，否则高品质生活就是空中楼阁。

持续提高第一产业的科技水平。近年来，新南村感受到了农业科技创新对于推动现代农业向前发展的巨大力量。之后新南村和高校科研成果紧密结合，全村现有农业合作社 6 家、家庭农场 1 家。其中以上海南德果蔬专业合作社和上海御郊果蔬专业合作社为代表的规模型专业合作社，给新南村带来了蓬勃生机。

第二产业比重逐年上升。新南村从 2014 年开始推进农村建设用地减量化，村里集体企业部分已经关停并转，剩下的少数集体企业进一步优化。新南村根据村集体的招商政策，提高村级组织招商引资的贡献和分配匹配度，延长深加工产业链，引进全国较早从事生态农业的特石生态科技有限公司，实现农业废弃物 100%处理和 100%循环利用。新南村 2023 年获评上海市首批生态循环农业示范基地。

第三产业是新南村未来的核心发展方向。2020 年，新南村通过引进创客、创意赋能农产品营销、挖掘土布等非遗活化潜力并开拓销售市场、搭建农产品数字化销售平台，已收获了第三产业促进乡村振兴的红利，实现"农业生产+农产品加工业+农产品市场服务业"的三产融合发展。

（二）新南村生态环境开发目标

新南村自然环境优美，旅游资源丰富。村北的生态林在上海近郊乡村中少有，村内水网密集，使新南村拥有典型的江南水乡风情。村内 64 公顷桃树林，既可产生桃子及其周边产品的收益，又能供人观赏。自 2018 年起，新南村成为上海桃花节主要赏花点之一，带动了旅游业的发展。

新南村地理位置优越，与新场古镇隔江相望。新场古镇是中国历史文化名镇、全国特色小镇，作为上海江南水乡古镇的代表正与苏浙两省 10 个古镇一同申报"江南水乡古镇"世界文化遗产，目前推进顺利，如果申报成功，将填补上海尚无世界文化遗产的空白。新南村到古镇车程在5分钟以内，目前已经与新场古镇联动开发了相关旅游线路。

未来，新南村将以《浦东新区生态空间保护利用若干规定》要求为目标，坚持人与自然和谐共生，坚持生态惠民，以保护生态功能为主，合理开发、科学利用生态空间的各种资源，确保生态空间不减少、生态功能不弱化、生态保障不打折，使人们生活在更加优美的环境中，充分感受到乡村的生态之美。

（三）新南村人居环境治理目标

新南村两委按照"轻介入、重梳理""取之新南、用之新南"的理念，对道路、水系、农田、村宅、"小三园"等进行风貌提升。一是改善道路风貌。目前新南村已经完成3.24公里"四好农村路"提档升级，增设防撞护栏、完善标识标线、补植行道树和绿化、增设景观小品等，综合提升路容路貌。二是提升河道水环境。新南村先后推进劣五类水体综合整治工程和河道综合管养工程，共计10条段5.75公里。三是整治村宅不协调风貌。对87栋民居进行外墙和庭院围墙统一改造，对宅前屋后"小三园"按照市级美丽庭院标准化试点要求予以整治。四是推动生活垃圾分类。2022年对村内两网融合服务点进行提升改造，美化提升3处垃圾箱房，推进湿垃圾资源化利用，实现生活污水处理率100%、出水水质达标率100%。

未来新南村人居环境治理目标是继续扩大村内绿化美化面积，提高"小三园"建设覆盖率，保持生活污水处理设施出水水质达标率，增加农房建筑风貌提升户数，让人们生活在更加优美舒适的环境中。

三 新南村"乡创+"具体举措和机制

新南村在乡村振兴示范村建设的机遇下，在新场镇党委、政府领导下，紧紧围绕浦东区委、区政府各项决策部署，找准"古镇水乡、桃源新南"的特色，主动履行属地职责，发挥党建引领作用，通过聚焦人才振兴，驱动乡村产业、文化、生态、治理的全面振兴，多措并举推进新南村"乡创+"的深度融合，全力打造富有江南水乡风貌、古镇文旅特色的乡村振兴示范村，促进全村高质量发展，全力助推村民迈向高品质生活。

（一）新南村的"乡创+"具体举措

新南村的"乡创+"坚持党建引领，以需求为导向引进创新人才，以盘活、赋能、融合为手段完善公共服务，以农村闲置资产和社会化服务资源为载体，用文化力和创新力赋能，促进文旅、科技、生态等集成创新，推动城乡资源有机融合，最终实现经济高质量发展，人民享有高品质生活。

1. 健全党建引领工作体系

新南村依托新场镇的"乡创联盟"，围绕乡村振兴重点领域，与各村建立乡创联盟体，进一步加强党建引领功能，把党建引领嵌入各项工作、各个环节。建立了"党建+新南实践"的党建品牌，形成"1+3+N"工作法。

"1"为坚持党建引领，"3"指一张民情联系卡、一张网全覆盖和一座民情"气象站"。一张民情联系卡，即把新南村网格化联系服务群众工作队伍和便民服务工作队伍信息集中在一张卡片上，年初时发放至每个家庭。一张网全覆盖指新南村将网格划小划细，支部建在网格上，构建"村党总支—微网格—队组党小组—党员户（红色细胞）"网格体系。一座民情"气象站"指通过四类"气象"分析，搭建解决群众热点难题、了解群众满意程度的平台。"N"指"多元参与+多元服务"，整合乡贤能人、公益律师、人民调解员、共建单位和创客，为乡村治理增添新思路，日益得到群众的支持和拥护。

2. 以需求为导向完善公共服务

在对接供需、理顺流程和服务保障等领域，新南村聚焦村民急难愁盼问题。一是完善公共服务设施，解决睦邻、公益问题。修缮原有"家门口"服务"四站一室"（党群服务站、市民事项受理服务站、联勤联动站、文化服务站、卫生室）的大楼和广场、新南自治公益坊、8个睦邻点。二是重视养老照护。新南村利用村内闲置资源新建老年人日间照护中心，为60岁以上老年人提供嵌入式养老及各类公益活动，目前日间照护中心内共有115名老人，每日服务老人35人次，每周组织各类型活动3次，满足了村内老人多样化的养老需求。三是吸引创业人才回归。新南村打造了乡村人才培养和乡创产业孵化的平台——新南乡创学苑，吸引返乡青年100余名，开展职业农民教育、新业态新技能培训等1300人次。

3. 现代农业与新产业新业态齐头并进

做强现代农业。一是延伸桃产业链。桃是新南村的品牌产业，近年来新南村从育桃、种桃、桃研发等10个方面，不断拓展和赋能桃全产业链，RIO桃鸡尾酒、第一楼桃花酥等已经成为网红产品。二是拓宽产品销售渠道。发挥桃顺合作联社作用，向村民传授现代网络销售技能，线上线下帮助农民销售新凤蜜露桃、新场青青菜等优质农产品。三是推广新技术。特石生态科技有限公司探索出一整套的生态循环有机农业产业化技术体系，被称为"特石模式"。新南村在引进应用这一技术后，实现废弃物资源化利用，转化而成的有机沼液肥可用于提高农产品品质。

壮大新产业新业态。通过市、区、镇资源导入，政府、集体和社会资本共同投入，新南村实施创客服务、农业创新、休闲农旅、文化创意、居家就业、社会治理等六大方面18个创新项目，截至2023年上半年，新南村共入驻29家创客团队，提供145个就业岗位。2022年村人均可支配收入达3.8万元，比上年增长11%。

4. 巩固美丽乡村建设成果建设宜居的人文乡村

一是继续推进宜居工程。打造公共空间、景观小品、特色"小三园"共20多处，打造幸福广场、创客广场、七天造园等项目。二是建设文明乡村。新南村把中华优良传统美德与社会主义核心价值观相融合，修订村规民约，主张勤俭持家、不铺张浪费、做生意诚实守信、安全出行、礼让行人、村里开车不鸣笛等。三是推进农村基层民主。设置村民议事厅、睦邻点，邀请村民献计策、谋发展，有效激发村民参与乡村振兴的内生动力。成立"一家人做益家事"自治公益联盟，发动创客等各成员单位力量参与公益活动，已开展乡风民俗、助困帮困、清洁家园等30多场公益活动，吸引 800 多人次参与，村民在参与中获得感、归属感变得越来越强。

（二）创新"乡创+"乡村振兴机制

新南村党组织在镇党委领导下，与驻村单位党组织以及群团组织等社会力量建立了党建联建机制，并进一步完善网格化村级治理机制，形成了"乡创+"乡村振兴机制。

1. 探索创建党建联建的平台和机制

党建联建是在各地基层党建创新实践中涌现出来的一种新形式，以跨地域、跨行业、跨组织基层党组织统合方式，开展基层党建及其他业务合作。新南村依托新场古镇地理与历史优势以及青年创客人才集聚的优势，引入乡伴文旅集团、江东书院等知名企业，并与之进行行业性党建联建，如文旅行业党建联建、有机农业党建联建等，或进行功能性党建联建，如乡村振兴党建联建，充分发挥党组织政治功能和组织功能，强化条块工作协同，搭建起党建资源共建共享和党群沟通联络的平台和机制，吸引了众多创客返乡创新创业，重新激发乡创活力，实现党建业务双融双促，推动村庄产业发展。

2. 建立健全网格化村级治理架构

新南村党支部建在网格上，各在其位，各担其责。村两委班子成员担任微网格负责人，党小组组长为第一组长，辖区内党员、青年志愿者、镇党代表、镇人大代表、"双报到"（下沉）党员、村民代表任第二组长。全村成立 8 个线上微网格工作群，微网格负责人为"群主"，每户村民推选一名家庭成员进群，群主和第二组长 24 小时在线"客服"。在日常工作上，实行"周一田间地头走访+周二碰头"制度，实现小事不出队组，大事不出网格，矛盾不出村。在服务功能上，在每个微网格设置便民服务点，为村民提供公共服务。

3. 探索形成"乡创+"乡村振兴机制

"乡"特指存在于大都市里的乡村；"创"从形式上是指"创客+创

业"，从类型上是指文创、科创、乡创的三创融合，从理念上是指创新、创意、创造。"+"包括但不限于新场古镇、文创、村民、创客、艺术等等。

通过新建乡创孵化中心，引进返乡青年创新创业；加快智慧农业建设，建立"5G技能湾智慧农业基地"；新建5G乡村演播室，探索农产品营销新模式；延伸乡村旅游产业链，开发旅游休闲、古镇文化体验、研学康养项目，实现三产融合发展助推乡村产业兴旺。

一是"乡创+"的人才引进机制。一方面积极提供人才创业保障。镇、村采用"政企结合、市场主导"的投入运营方式建设新南乡创中心。另一方面强化人才智力支撑。新南村与上海市数字产业促进中心合作建立"5G技能湾智慧农业基地"，成为全市首个与5G产业相结合的农业技能人才培养基地；引进浦东新能源协会院士资源；与同济大学联合主办"大都市地区的乡村振兴"学术交流会，汇聚各方智慧为乡村振兴出谋划策。

二是"乡创+"的文旅融合发展机制。新南村通过推动新场古镇和乡村联动发展，全力打造兼具江南水乡风貌、古镇文旅特色的乡村振兴示范村，形成了"一环、两轴、三片"的郊野风貌布局。一环指乡村文旅功能环，串联主要风貌区和节点项目；两轴指大治河片林生态轴和乡创产业轴，串联1800亩大治河生态片林、1000亩桃林、106条河道（约55公里）等生态资源；三片指北片生态林地、中片幸福家园和南片现代农业产业区，形成文旅融合发展的产业模式。

四　新南村全面推进乡村振兴所取得的成效

如今的新南村依托新场古镇地理与历史优势以及青年创客人才集聚优势，明确"古镇水乡、桃源新南"的发展特色，按照"乡创文旅"发展主线，以"乡创+"为路径，以人才振兴驱动包括产业振兴、文化振兴、生态振兴和组织振兴在内的全面振兴，实现产业兴旺、生态宜居、乡风文明、治理有效、生活富裕的要求，努力打造具有江南水乡特色的"上海乡创第一村"，逐渐形成大都市里的"乡创新南"模式。

（一）三产融合带动农民增收致富

近年来，新南村集体经济和村民增收明显，村集体通过闲置资产出租、土地流转等实现增收150余万元。预计村总收入2023年底较2022年翻一番。农民收入也持续增加，主要来自以下渠道。

一是村集体经济创收。村集体主要以土地作价入股的方式成立项目公司，为村集体经济赋能。比如以土地入股的形式与上海昕南雅舍企业管理有限公司合作，一方面，新南村以5亩土地作价入股743万元，按照"保底+收益分配"模式获得股权收益；另一方面，公司通过开展休闲观光、会务和展览、住宿和餐饮服务、农产品批发和零售等业务，为乡村振兴后续发展拓展路径。

二是优化新型农业经营模式，促进多渠道增收。38户村民通过上楼安置实现财产性收入大幅增加；150多位村民通过农业合作社、新业态等带动，实现工资性收入约500万元；15户村民通过闲置房屋出租增收70多万元。另外，艺术家和创客团队文化赋能带动农产品销售，实现农民增收约30万元。

三是依托文旅产业创收。新场镇坚持古镇和乡村联动，通过上海市桃花节、古镇文化体验季等活动，带动乡村人气，新南村年接待游客10万人次，促进了农民增收。

（二）"桃源新南"打造农民美好生活

"桃源新南"原意指新南村的"桃经济"。新南村主栽的新凤蜜露桃品种曾获得农业部金奖。如今的"桃源新南"内涵更为丰富，除了"桃经济"外，还有"桃生态"和"桃文化"。

"桃生态"打造新南人的美丽家园。新南村始终坚持绿色发展，打造农民安居乐业的美丽家园。全村拥有1800亩生态片林、千亩果树桃林，家家都种桃树，如今的新南人在这片美丽家园耕耘收获，在桃源深处，生活富足、怡然自得。

"桃文化"打造新南人的幸福生活。每年的桃花节，新南村都会"以花为媒、以节会友"，把美丽的自然风光、美好的人文情怀、美味的特色农产品分享给更多人。

（三）多种路径吸引人才回归

乡村发展的动力来自人才。截至 2023 年上半年，新南村创建新南乡创学苑，通过与市、区农业农村委、人社局、教育局等十家机构合作，为乡村振兴培育和提供人才。新南村吸引返乡青年、创客约 150 人，创业团队 16 家，涉及创意办公、工坊民宿、非遗美食等业态，带动就业 100 多人。更多的新南人有了更为满意的收入、更加稳定的工作。

如表 1 所示，2023 年上半年，新南村按照示范村创建要求和清单任务落实工作，使乡村振兴成果更多惠及人民群众。

表 1 新南村乡村振兴动态监测指标

序号		调查指标	单位	2020 年底基数	2023 年 6 月数据
1	产业兴旺	乡村产业总产值	万元	4350	4350
		其中农业总产值	万元	3890	3890
2		引入社会主体数量	个	9	15
3		引入社会资本投资金额①	万元	300	1000
4		乡村游玩人次②（年内休闲观光旅游接待人次数）	人次	2000	4000
5		盘活闲置宅基地和农房数量	幢	10	15
			平方米	2000	3000
1	生态宜居	村内绿化美化面积③	平方米	10000	20000
2		"小三园"建设覆盖率	%	100	100
3		生活污水处理设施出水水质达标率④	%	100	100
4		农房建筑风貌提升户数	户	0	64
5		架空线合杆（含入地）整治累计公里数	公里	0	1

续表

序号	调查指标		单位	2020 年底基数	2023 年 6 月数据
1	乡风文明	村规民约"一事一议"的事项数量	个	29	31
2		开展群体性文体活动⑤次数	次	15	24
3		享受送餐、助餐服务的老年人数	人	0	0
4		睦邻点活动人次数	人次	120	150
1	治理有效	村内新改建公共服务场所场地面积	平方米	500	1000
2		实行"阳光村务"公开的村务事项	个	17	20
3		民事民议、民事民办事项数⑥	个	21	23
4		安防监控覆盖村组比例⑦	%	100	100
5		年内刑事案件发生数量	个	0	0
1	生活富裕	村总收入⑧	万元	252.18	452.1
		较上年增幅	%	−1	55
2		村民盘活闲置农宅年收益	万元	20	36
3		村民参与村公共基础设施建设维护及产业项目务工年收益	万元	20	30

注:①引入社会资本投资金额:社会资本实际投入金额、已签订合同的意向投资金额均统计在内。

②乡村游玩人次:包括前往村内各旅游景点观光游览人次及来村考察、学习人次。

③村内绿化美化面积:指年内村里开展各类绿化美化的面积,主要指路旁、河旁、宅旁、公共服务场所种植花卉、绿植、树木等绿化美化面积,不含建筑墙面美化面积。

④生活污水处理设施出水水质达标率:出水水质达标的生活污水处理设施/村内生活污水处理设施总量。

⑤群体性文体活动:由村里组织的观影、宣教、比赛等践行移风易俗、弘扬文明乡风、宣传正能量的文体活动。

⑥民事民议、民事民办事项数:通过"四议两公开"民主决策程序或各类协商议事平台,民主决策后形成有效决议的事项数量。

⑦安防监控覆盖村组比例:安防监控探头覆盖的村民小组数/村民小组总数。

⑧村总收入:村经济合作社、村民委员会、村实业公司收入剔除重复数据后的合并数,与录入三资监管平台数据。

五 新南乡创+模式的经验与启示

新南村利用良好的先天基础,抢抓机遇,以"乡创+"为路径,以青年返乡为动力,通过盘活、赋能、融合等手段,探索农文旅特色新产业新业态，逐渐形成"乡创新南"模式，这种模式在上海乡村大有可为、值得推广。

（一）将党的全面领导落实到乡村治理中

新南村的乡村振兴始终得到新场镇党委、政府大力支持。镇党委在区域化大党建"五创联盟"党建共同体（科创+文创+乡创+社创+商创）建设中，通过"乡创联盟"充分发挥党组织政治功能和组织功能。

1. 建立联合党支部

新南村在新场镇党委领导下，建立新南村"乡创联盟"功能性联合党支部，坚持高点定位、系统谋划，从乡创入手，创新基层党建工作模式，把党的组织和党的工作内嵌于村级发展治理的各环节、全过程，实现各领域内的条块融合、资源整合。

2. 优化新南村自身党组织结构，提升队伍建设质量

坚持以抓长远、调结构、重实绩的思路选干部、配班子，累计抽调20余名年轻干部参与新南村乡村振兴工作，选派1名优秀公务员担任第一书记，选派1名干部担任兼职副书记，多举措多渠道提升年轻干部本领。顺利完成2021年村级换届，新一届村两委班子成员平均年龄34岁，较前届下降了4岁，大专及以上学历100%，实现了年龄、学历"一降一升"。

3. 深化党建品牌建设

村党总支坚持将"百姓的事就是自己的事"作为行动指南，延伸党群服务触角，建立问题处置机制，按照"问题发现—利益协调—资源整合—责任落实—信息反馈"的闭环处置流程，确保项目推进和问题解决。

（二）深化乡村治理创新，打造宜居生态新南

强化共治共享。积极探索"党建+社会组织+创客"的社会治理新模式，搭建以新南村党群服务中心为主阵地，社会力量共同参与的党建工作体系。总结提炼新南"六个美丽"村民自治公约及"三心融合"工作方法，强化党员、志愿者模范带头作用。举办"我为群众办实事"家门口就业招聘会、

乡创助农预售桃子活动等，推出 20 多个就业岗位，促进村民融合。

激发乡村活力。建立村规民约，设置村民议事厅、睦邻点，邀请村民献计策、谋发展，有效激发村民参与乡村振兴的内生动力。成立"一家人做家事"自治公益联盟，激发创客等各成员单位力量参与公益活动，已开展乡风民俗、助困帮困、清洁家园等 30 多场公益活动，吸引 800 多人次参与。

提升村容风貌。保持江南水乡田园特色风貌，保护乡村自然肌理，按照"轻介入、重梳理""取之新南、用之新南"的理念，对道路、水系、农田、村宅等进行风貌提升。提炼新南文化元素，用艺术化手段设计新南村 logo 和新凤蜜露桃 IP，装点乡野空间，增添标识标牌及导视系统，串联乡村体验项目，吸引都市人群游玩打卡。

（三）探索形成"乡创新南"发展模式

新南村通过盘活、赋能、融合等手段，促进村域内外的资源、资金、信息在更高层级互动。

以资源盘活为关键。新南村牢固树立乡村是城市的稀缺资源、优质资源、潜在资源的理念，把激活利用乡村闲置资源作为工作关键，为承接城市功能创造空间。建立资源数据库，对全村范围内的闲置农房、闲置土地、村集体闲置房屋等开展地毯式摸排，全面摸清闲置资源底数，调查农户流转意向，建立乡村闲置资源动态数据库，对库内数据实行动态调整。

以人才回归为抓手。乡村振兴，人才是关键。新南村积极营造良好的创业环境，为人才搭建干事创业的平台。多渠道引人才，通过本土人才联络回归创业、公开招聘充实村两委班子队伍、开放招商引进社会人才、与高校合作引进专业技术人才等多种渠道，让乡村振兴人才库越来越充实。

以产业融合为路径。通过产业融合，赋能乡村振兴。新南村紧紧抓住新场古镇联合申报世界文化遗产的契机，坚持一产是基础、二产是补充、三产是重点的融合发展目标，通过大胆创新和实践，将农业与旅游、文化、教育、健康养老等产业深度融合，积极培育特色民宿、地方美食、健康养生、电商平台、文创非遗等乡村新业态，促进三次产业融合。

（四）坚持人民至上，以高品质生活为最终目标

乡村振兴战略的最终目标是推动落实"产业兴旺、生态宜居、乡风文明、治理有效、生活富裕"的要求，让村民享受到高品质生活。今天的新南村与前几年的"美丽乡村"相比有了质的改变。因为产业振兴，新南村迎来一大批返乡青年和创客，他们成为新南村今后发展的内在驱动力。2019年，新南村建成上海市第一个乡村创客中心、全市唯一的美丽庭院标准化试点项目。上海新场乡创实业发展有限公司成立后，盘活农民闲置用房，引进七天造园、新南俚舍等16家团队入驻，发展创意办公、工坊民宿等乡村新业态，带动村民在家门口就业。

"乡创新南"模式为村里农产品赋能，为其注入内容，催生了能让人留下来的实业，也促进了外来文化与新南村、新场古镇绵延千年的传统文化的交流与融合。这种创新带给村民最实际的感受，就是如今村里如雨后春笋般冒出来的民宿、网红建筑、餐饮、书店文创、艺术空间、萌宠乐园，形成了全方位的乡村美好生活体验。乡创新南为村民带来的是实实在在的就业岗位和增收。

六　问题与建议

通过乡村振兴示范村创建，新南村基础设施得到极大改善，村容村貌得到显著提升，农民收入有了大幅提高，但是也面临不少困难和问题，需要进一步加以解决。

（一）问题与不足

依据《上海市乡村振兴"十四五"规划》提出的"产业兴旺、生态宜居、乡风文明、治理有效、生活富裕"总要求，新南村在部分领域确实还有一定的差距。

一是资金不足。乡村面貌要持续改善，传统农居风格要进一步融合，农

民居住条件要进一步改善，破旧损毁基础设施包括围栏、路灯、绿化景观等要不定期维护，都需要资金扶持。但目前上级财政拨款尚不能满足需求，村集体经济还比较薄弱，运转经费不足。

二是需要顶层设计。言归南山、新南雅舍项目建设用地指标调整，政策问题成为瓶颈约束。上海的乡村振兴工作有明确的推进时间表和路线图，有一系列配套政策文件，已经形成以规划为引领、政策为支撑、项目为基础的制度体系。项目立项、规划选址和项目环评都有严格的预审受理和审查流程。因此，涉及建设用地指标，需要政策支撑，也需要较长时间调整，不可能一蹴而就。

三是人才资源缺乏。新南村通过前期创建工作，吸引了一部分青年创客，但人才支撑体系建设依然任重道远。乡村人力资源不足、农村劳动力均年龄偏大、优秀人才资源稀缺依然制约着农村现代化的进程。亟须创新构建人才聚集机制，壮大产业人才规模、吸引创业人才、培育社会治理人才。

（二）对策与建议

民族要复兴，乡村必振兴。乡村振兴战略，是国家战略，也是上海市委和浦东区委的要求、群众的期盼，更是新南村新一轮高质量发展的重要契机。

一是积极探索农村闲置资源利用机制，释放更多乡村资源，承接更多城市功能。新南村针对"空心村""空心户"不断增加，大量住宅及宅基地闲置或半闲置的现状，统筹盘活闲置住宅和闲置宅基地等资源，通过政府引导、农民自愿、社会参与的方式，激发乡村振兴新动能，有效促进三次产业融合发展。拓宽群众增收渠道，激发乡村振兴活力。

二是加强顶层设计。以"乡创新南"为典型示范，全力推进三级一体的创建态势。新南村以"乡创+"为路径，以青年返乡为动力，通过盘活、赋能、融合等手段，探索农文旅特色新产业新业态的模式在上海乡村大有可为、值得推广。2022年新场镇在全镇范围内分类推进市、区、镇级示范村创建，积极开展全域土地整理、全域风貌整理、全域环境整治等"三全试点"工作，有望通过3年左右时间，实现全域镇级乡村振兴示范村创建全覆盖。从村域到镇域自下而上的范围拓展，将更有利于为乡村振兴出台更多配套举措，必将自上而下带动新南村的下一步发展。

三是推进乡村集体经济高质量发展。全面推介乡村资源，强化招商引资，拓宽集体建设用地、集体资金投入乡村振兴的通道，将乡村资源转变为经济价值，加快实现村集体经济的腾飞发展，最终反哺乡村，增加村民收入，改善乡村面貌，提升村民生活品质。

四是创新构建人才聚集机制。好机制为留村人才保驾护航。既要留人更要留心，重要的是机制保障。探索创业支持机制，给农村创业者提供政策便利，打通相关政策的绿色通道；完善人才激励机制，来村创业的人才，从事的领域各不相同，如开合作社、民宿、餐饮、培训等，但都需要为他们生活上提供便利、发展上拓宽赛道，让各领域创业者无后顾之忧；健全人才培养机制，不断提高农业农村人才的能力水平。当然，制度机制的完善是一个循序渐进的过程，但它是留住人才的长久之策。只有通过制度机制激发人才活力，乡村振兴才能更好地实现积蓄潜力、持续发展。

新南村已取得的成绩与未来的发展定位目标，对于推动浦东乡村振兴发展具有非常重要的示范意义。新南村作为大都市乡村圈的典型，探索其高质量发展与高品质生活，将有助于推进新场、浦东乃至上海的乡村振兴有序发展。

参考文献

田先红：《中国基层治理：体制与机制——条块关系的分析视角》，《公共管理与政策评论》2022 年第 11 期。

吴春来、刘心译：《党委整合条块：县域统合治理的权力过程与运行机制——以 T 县"美丽乡村建设领导小组"为例》，《党政研究》2022 年第 6 期。

张琦、杨铭宇：《空间治理：乡村振兴发展的实践路向——基于 Q 市"美丽乡村建设"的案例分析》，《南京农业大学学报》（社会科学版）2023 年第 6 期。

任羿：《从环境整治到乡村振兴：美丽乡村项目中的目标置换如何发生？——以浙江安吉为例》，《西北大学学报》（哲学社会科学版）2021 年第 5 期。

B.17

平安浦东：浦东打防结合的高品质市民安全保障体系建设

王英伟*

摘　要： 平安城市既是市民高品质生活的重要保障，也是高品质生活的内在要求。在高品质生活理念的引领下，浦东新区通过推行智慧公安、优化安防制度设计、完善组织载体、优化警署警力资源配置等措施，持续净化城市治安环境，城市安全风险显著降低，在获得上级政府高度认可的同时，人民群众的安全感与满意度得到有效提升，实现了市民安全保障能力与保障水平的双重强化，满足了人民对高品质城市安全的殷切期待。面向未来，浦东新区需从提升平安城市建设理念、持续提升数字赋能水平、优化顶层设计、提升社会主体参与水平等方面，进一步强化市民安全保障体系建设，为营造和谐安宁的城市环境、打造高品质的市民生活安全保障样板贡献浦东力量。

关键词： 城市安全　打防结合　高品质　智能　平安城市

人民的生命财产安全是城市安全的重要表征，同时也是反映人民群众生活品质的重要面向。党中央和国务院高度重视城市安全工作，中共十八大以来，习近平总书记曾多次指出，安全是发展的前提，发展是安全的保障；要更好地推进以人为核心的城镇化，使城市更健康、更安全、更宜居，成为人民群众高品质生活的空间。2018年1月，中共中央办公厅、国务院办公厅

---

* 王英伟，博士，华东师范大学公共管理学院讲师，研究方向为城市治理与公共政策分析。

专门印发《关于推进城市安全发展的实施意见》，从加强城市安全源头预防、健全城市安全防控机制、提升城市安全监管效能、强化城市安全保障能力等方面对城市安全保障体系建设提出明确要求。构筑高品质的城市安全空间成为城市安全建设的重要目标和方向。浦东在城市社区管理、经济建设基础设施等方面都有着丰硕的成果，为实现市民高品质生活打下了坚实的基础。浦东新区在深入践行"人民城市人民建，人民城市为人民"重要理念的同时，不断提高城市安全管理水平，切实增强人民群众获得感、幸福感、安全感，在保障人民生命财产安全、推动高品质安全保障体系建设方面做出了卓越的贡献。

一　高品质城市安全体系建设背景

2012年上海市人民政府发布的《上海市国民经济和社会发展第十二个五年规划纲要》指出"要努力使上海成为最安全的大都市之一"，充分反映了上海市政府创建平安城市的坚定决心。自此，打造最安全的城区也成为浦东新区创建高品质生活的重要目标之一。浦东新区区委、区政府高度重视城市安全管理工作，积极推进浦东城市安全管理体系和治理能力现代化，在提升城市安全韧性、不断强化突发事件处置能力的基础上，全力保障人民的生命财产安全。浦东新区2021年发布的《上海市浦东新区城市公共安全及应急管理"十四五"规划》指出，全区要牢牢把握"三个成为"的战略定位，紧密围绕"五大倍增"的发展目标，在"联合、即时、协同、智能"关键任务上下功夫。该规划提出完善七大体系、防控八大风险、强化五大能力，主要通过创新科学工作机制，扎实提升智能高效的城市安全风险处置能力，继而形成可供其他市区学习、借鉴的"浦东经验"与"新区样板"①。

浦东公安作为维护城市安全、保障浦东人民生命财产安全的重要组织

---

① 曹文泽、王静：《浦东样本的制度逻辑探析——基于中国式现代化的视角》，《华东师范大学学报》（哲学社会科学版）2023年第3期。

载体，以"全国大城市公安机关典范"为努力方向，在"争创全国优秀公安局、全力保障市民安全"奋斗目标的引领下，积极推进智慧型公安建设，严厉打击人民群众深恶痛绝的"盗抢骗"等威胁群众生命财产安全的违法犯罪行为，通过加大整治力度，持续提升公安政务服务水平，积极助力平安城市建设目标的达成。当前，运用人防、技防与物防相结合的城市安全管理手段，已成为强化浦东城市安全保障能力建设的新常态。浦东新区通过加快智慧公安建设，提升"电子警察"的应用能力，在辖区内布设丰富的智能感知设备，实时巡查全区的安全情况，区域内的动态情况能够实时掌握、各类风险点能够一目了然；公安、城管、稽查、交通运政、特保等力量组成的综合管理执法大队，与驻守警力一道，联勤联动确保在突发安全事件中进行紧急响应、快速处置。当前浦东公安部门通过"建平台、搭后台、铺前台"，已形成值守、处置、评估全流程城市安全管理架构，为及时妥善地处置各类城市安全事件、保障人民群众的生命财产安全、营造高品质的城市安全环境奠定了重要基础。

二　浦东新区城市安全体系建设的目标定位

2023 年 7 月 11 日，中共上海市浦东新区第五届委员会第四次全体会议审议通过了《中共浦东新区委员会关于深入践行人民城市重要理念全面推进现代化城区建设的意见》，意见指出要进一步贯通"拼、闯、保、敢"的总体要求，在各领域、各方面的工作都要"奋力拼、勇于闯、扎实保、敢作为"。与之相应，浦东城市安全保障体系同样需要以高标准来保障市民的生命财产安全，为高品质市民生活保驾护航。结合浦东新区的战略定位与一流的平安城市建设要求，高品质的城市安全可归纳为以下几个方面。

（一）树立平安城市建设理念

平安城市建设理念主要表现在三个层面。首先，遵从"人民城市"的理念要求，坚持城市安全价值共创，从市民关心关注的安全问题着手，充分调动人民群众智慧，汇聚共治力量，在平安城市建设中始终围绕人民之需、群众的安全体验，构建多层次安全防护网络[①]。其次，浦东新区在开放的新格局下，需要以更大的勇气与更加开放的态度，吸纳多元主体智慧，积极打造动态、敏捷的城市安全保障体系。最后，进一步推动城市安全保障体系从有形到无形、从公开向秘密转化，从而使开放环境下的治安工作做到疏而不漏、活而有序。

（二）创新一流的安全管理办法

"一网通办""一网统管"平台是浦东的智能城市建设平台，在推动城市安全建设方面同样展现了科技赋能的力量[②]。浦东新区通过智能化政府平台，综合运用先进的风险感知设备，对敏感地区、敏感行业、敏感人群进行动态管控；通过布设丰富的智能感知设备，灵敏捕捉城市消防、道路交通、超高层建筑、工程项目、特种设备、旅游景区以及商业设施等重点领域存在的安全风险；同时运用以"金安工程"为代表的信息管理系统、食品安全信息追溯系统、卫生事件监测报告系统等，逐步强化科技赋能力量。此外，浦东运用智能化的监控巡查工具，提升信息网络安全的全天候监测预警能力。数字化信息技术在城市安全领域的应用为城市安全隐患的精准排查、风险信息快速报送、安全事件快速处置提供了有力保障，继而形成了全方位、不间断、无缝隙预测、监测、处置的新格局。

（三）创建高效的安全保障机制

高效的安全保障机制建设有赖于顺畅有效的联勤联动机制。浦东通过构筑村居联勤联动机制，有效提升了安全事件的协同处置能力。2020年浦东新区区委、区政府发布《关于加强浦东新区居村联勤联动站建设的实施

---

① 董慧：《城市繁荣：基于人民性的思考》，《西南民族大学学报》（人文社会科学版）2021年第4期。
② 侯晓菁、李瑞昌：《"一网统管"让城市管理更智能——上海市街镇应急工作调查》，《中国应急管理》2021年第5期。

方案》，要求遵循"标准化、标识化、标杆化、标志化"的原则，广泛推进联勤联动工作站点建设，以强化城市安全处置中的多部门联动能力。截至2021年4月，浦东新区已建成居村联勤联动站1343个，实现居村全覆盖。居村联勤联动站作为微型社会安全保障站点，具备社区警务、城管执法、公共法律服务、矛盾纠纷调解、视频监控等多项功能。目前居村联勤联动工作站为居村社会治安维护提供了有力保障，极大地增强了安全问题发现和处置能力，有效地推动了基层安防工作从被动履职向积极行动转变。

（四）塑造高品质的民众安全体验与高度的民众参与自觉

当前学界将公众在社会治安环境中的主观安全体验界定为"群众不必为自身及家庭成员的人身、健康、财产等可能受到犯罪的侵害而担忧"[1]，将客观上的城市安全理解为城市为公众所提供的安全防卫环境与防卫条件，在此类条件加持下，使违法犯罪与安全事故发生的可能性压缩到最低程度，且即便发生了威胁市民安全的事件，城市防卫保安体系也能快速做出反应并及时处理。浦东作为海内外人才的汇聚之地，居民的参与能力与参与意识强、积极性较高。充分保障民众参与城市安全建设渠道通畅，对强化协同共治力量、提升浦东城市安全的保障水平大有裨益。

三　浦东新区保障城市安全的主要举措与实现机制

近年来，浦东新区从多个侧面着手推进城市安全建设，如完善智慧公安体系、优化处置流程、完善组织载体、充分动员市民参与城市安全建设、积极推进各类专项整治活动等，形成了"人防+技防+物防"的安全风险立体防护机制、多部门联勤联动的安全风险快速处置机制、安全问题群防群治的

---

① 刘啸莳、李静雯、张蕾等：《主观社会经济地位与心理幸福感的关系：创造力的中介和安全感的调节作用》，《心理与行为研究》2023年第1期。

多元主体共建共享机制，以及"专项清查+常态化安保"的城市治安环境保障机制，从而极大地增强了城市的安全保障能力。

（一）主要举措

1. 推行智慧公安，打造智慧型平安城市

智慧公安是当前浦东新区提升城市安全管理质量与管理能力的重要突破方向。为应对信息时代城市安全维护面临的新挑战与新问题，浦东新区坚持"防护全覆盖、无死角"的高标准，大力推进社会面智能安防设施建设，通过丰富且灵敏的智能感知单元，动态排查各类住宅小区、商务办公楼宇等重点区域潜存的安全隐患，通过数据平台对感知单元回传的数据进行精准分析研判，努力做到安全风险的及时发现与已发案件的快侦快破。浦东公安部门综合运用"科技+人力""实兵+视频""公开+便衣"等工作方法，加快实现对威胁民众生命财产安全的行为进行快速精准打击，为守护城市安全构建了可靠的防护体系。其中，浦东新区推出的"雪亮工程"覆盖全区12个街道、24个镇，为形成"全域覆盖、全网共享、全面智能"的公安智慧防控体系提供了积极助力。

2. 优化制度设计，形成安全问题处置闭环

高效的城市安全保障体系有赖于科学顺畅的制度设计。浦东公安作为保障浦东城市安全的核心主体，从安全事件发生的时间周期维度，制定了周密的闭环式安全事件处置流程。一是严格实施案前初查制度。通过整合各警种的资源，强化刑事技术人员、刑侦支队侦查员与派出所民警之间的协同作战能力，对各类盗窃案件及时进行勘验、评估与反馈，最大限度地利用侦破违法犯罪案件的黄金时间。二是规范安全事件处置流程，尽力做到快查于案中。浦东公安在街道民众报警后，无论案件大小，一律落实"一案一档"的管理规定，从而为案件的后续侦查、复查工作提供资料支撑。在建档的同时，通过对案件的多维度研判分析，持续提升案件侦破效率。三是强化案后倒查工作。严格落实案件发生后快速追赃与控制全赃的原则要求，最大限度地挽回人民群众的财产损失，同时将案后倒查作为城市公共安全事件"动

态隐患清零"的重要步骤之一，及时清查封堵城市中的安全盲区，实现全流程的规范高效。

3. 完善组织载体，推广"平安屋"与平安联盟

近年来，浦东新区逐步织密基层安全防护网络，将"平安屋"与平安联盟建设作为完善基层安全防控的重要主体，并将"平安屋"建设列入了2022~2023年为民办实事项目清单，不断完善城市安全微观组织建设。"平安屋"与平安联盟在全区大范围的推进建设是解决市民面临的安全风险与安全问题的重要举措。"平安屋"作为微型安全保卫站点，尽管规模较小，却承载了社区治安巡查、突发事件应急联动、安全风险隐患排查、民众纠纷调处以及应急避险五大职能，为辖区安防力量提供了源于基层的有力支撑。与之相应，浦东公安部门在"平安屋"内配备了常用的标识牌、爆闪灯、紧急报警系统、消防器材以及便民服务箱等设施，为突发事件的紧急处置提供了必要的工具保障。平安联盟则是由特定商圈内商户构成的安全防治网络，有利于特定商圈内治安问题的快速处置。浦东通过"平安屋"与平安联盟进一步延伸了城市安全服务触角，为形成全时空巡防网络体系奠定了基础。

4. 开展集中专项整治，提升城市安全的保障效力

集中专项治安整治行动是浦东建设平安城市的重要举措之一。近年来，浦东警方主要着眼于社会治安的风险点和人民群众的关切点，持续高强度地开展靶向性的集中清查活动，通过提高民众的见警率与管事率，强化对社会面违法犯罪活动的控制力与威慑力，持续净化全区社会治安环境，为浦东打造社会主义现代化建设引领区提供安全保障。在2023年的夏季治安集中整治清查百日行动中，浦东警方借助已有的街面巡逻安防体系，针对浦东各街镇的特点，特别是对热门商圈、知名网红打卡点、广场公园、医院等人流量密集的区域进行检查，根据实际情况动态调整各区块的警力部署，提升多警联动打防能力，持续加大对易发、频发的扒窃案件的打击力度，进一步做好人民财产安全的保卫工作，切实保护好市民的"钱袋子"。

5. 动员市民参与安全城市建设，构建市民安防盾

充分调动民众力量参与城市安全共治是浦东安全城市建设的重要路径。浦东警方充分发挥群防群治在共创平安浦东中的作用，积极组建由社区居民等组成的平安志愿者团队，定期在风险频发的重点区域、重点时段加强巡逻值守，依托志愿群众充实社区安防力量，营造"智治、共治、法治"的辖区安全环境。浦东警方联合社区深入开展"百万警进千万家"活动，组织全区社区民警"走百家门、进百家户"，通过与人民群众"零距离"接触，向民众宣传防火、防盗知识。浦东民警 2021 年累计入居民户 610.5 万户，进一步提高居民的安全防范意识和能力，从民众层面做实做好安全防范工作。

此外，浦东还在打造平安亮点工程项目中进行了积极探索，各街镇积极探索平安城市微创新、创造微品牌。例如，浦东新区法院通过创新一站式解决涉外商事纠纷等举措，有效促进了涉外商事纠纷的高效化解；浦东近年来积极推进的"家门口"服务体系、"15 分钟服务圈"等项目建设，在为城市安全建设提质增能的同时，也为市民提供了更高品质的安全服务。

（二）实现机制

1. "人防+技防+物防"，构建安全风险立体防护机制

精准化、科学化、规范化城市安全保障体系建设需要有科技力量的支撑。浦东新区构建的人防、技防与物防相结合的立体防护网络，在推进建设全方位、智能化安保体系中发挥了重要作用。目前浦东已部署了近 4 万个物联网感知设备，为感知和排查各类安全隐患提供了积极助力，扮演了全时段安全岗哨角色。例如，浦东通过广泛布设智能感知与回传报警设备对社区高空抛物问题进行调查，不仅能提升调查效率，同时也能够对违法抛物行为起到一定的震慑作用，继而从源头上减少高空抛物这一安全风险。除通过智能安防设备等技术手段进行跟踪监控外，浦东警方还调动社区民警力量通过张贴宣传通告、上门教育劝导等方式，传递高空抛物必然"被发现、被通告、被惩处"的讯息，形成"技防+人防+物防""震慑+劝导"相结合的安全保

障机制。

2. 多部门联勤联动，形成市民安全风险快速处置机制

多部门联勤联动是提升安全风险处置能力与处置效率，构建安全城市的重要实现机制。浦东依托街镇综治中心，设置规模化的基层平安哨点，推动各类执法力量下沉，深入推广"居村治理、一站统管"模式。在平安哨点的推广过程中坚持"标准化设置、规范化管理、信息化支撑、实体化运作"原则，形成了"1个指挥体系、1个工作平台、1支联动队伍"的运作体系。以上海浦东新区六里派出所为例，新型警务室作为浦东建设的平安哨点之一，负责辖区内警情受理、境外人员入境登记、实有人口信息采集核查、邻里矛盾纠纷调解、社区安全隐患上报、安全知识宣传、公安窗口便捷服务、交通安全事故快处易赔等8项城市安全服务。除此之外，浦东积极组建以居委会干部为主、以小区物业和安保队伍为辅的治安联防队伍，促使其在维护社区安全中承担"主动发现、报告"的职责。警务室则以保安队员为主体力量，组建全天候联勤联动工作队伍，促使安全隐患发生后能够得到及时处置。

3. 安全问题群防群治，构建多元主体共建共享机制

群防群治是通过强化多元主体在城市安全建设中的能动性，以补充和强化城市安全体系的建设能力。浦东新区在应对重大安全事件中坚持以政府部门为依托，综合专家学者、企事业单位、社会组织力量，强化市民参与，在提升多元主体参与能力的同时强化了城市安全的保障效力。以浦东川沙为例，为严控违法犯罪发生率较高的网络诈骗、社会冲突等，川沙组建了反诈宣传队、古镇巡防队与商户平安志愿队，协同派出所联系群众共同开展区域内的巡防工作。警力与社会力量的协同，为保障居民安全提供了高效的处置路径与高品质的安全资源供给。例如，2023年6月2日，24小时值守的川沙古镇"平安屋"接到了一名游客亲人在古镇内走散的紧急求助，平安古镇联盟保障机制随即启动，仅用15分钟的时间，即帮助游客找回走散的亲人。在这一事件中，商户平安志愿队在警方到达现场之前即提前介入调查，为民警成功找回求助者亲人赢得了宝贵的时间。事实上，派出所警辅

力量、保安、商户业主、物业、居民等共同组成的平安联盟除了能发挥预防、预警的功能和作用，还能够在突发事件中扮演快速处置的前置力量。浦东通过警民携手，共同为社区的日常管理、安全防范、应急事件处置等工作保驾护航，业已形成了"一呼百应、快速组织、联动联防"的市民安全保障机制。

4. "专项清查+常态化安保"，形成城市治安环境保障机制

专项清查是以突击行动的方式在短时间内震慑违法犯罪行为、保障市民生命财产安全的重要手段，而常态化的安全保障行动则倾向于在日常环境中维持居民基本生活环境的安全、平稳、有序。二者的侧重点尽管具有一定的差异，但均在城市安全建设中扮演着重要角色。浦东新区通过专项清查与常态化安保相结合的安全保障机制，有力提升了城市治安环境的净化能力。例如，浦东警方在2023年初启动的"砺剑2023"专项清查行动活动中，营造了从严、从紧的高压打击整治态势，行动开展以来，共查处各类刑事案件37起、行政案件41起，共抓获各类违法犯罪嫌疑人153人，对威胁人民生命财产安全的违法犯罪活动进行严厉打击。

在常态化安全保障中，浦东新区通过推进平安联盟建设，主要强化特定区域、特定时期的安全风险防控工作。夏季户外烧烤摊点营业进入旺季，特别是烟火气浓厚的地区潜存着更高的安全风险，如在南码头路，小型娱乐场所及夜宵烧烤店面众多，消防安全风险较高。南码头路派出所通过规划巡逻必到点、巡逻线，加强了场所常态化走访。在2023年7月的一次巡访中民警发现某商户非法储存了11瓶500毫升的酒精，存在严重的安全风险，民警对其进行收缴并进行了相应处罚，及时清除安全隐患。巡逻警力部署与巡防已在整个浦东地区进入常态化阶段，常态化的治安管理与专项集中清查活动相结合，极大地增强了市民安全的保障能力。

四　浦东新区城市安全建设的主要成效

浦东新区在城市安全领域多样化举措的实施及多重保障机制的建立，在

显著降低城市安全风险、提升技术赋能水平与集中整治能力的同时，也极大地增强了群众的安全感、满意度。

（一）城市安全风险显著降低，获得上级政府的积极认可

城市安全与否与城市治理安保能力直接相关。浦东新区警方坚持主动作为、主动出击，有力打击违法犯罪，通过深入推进"动态隐患清零""砺剑"等打击整治专项行动，始终保持对盗窃类案件的高压态势，力求"抢案必破、盗案多破、小案快破"，严格履行"案前初查、案中侦查、案后倒查"的规范化治安保障要求，不断减少城市安全风险。2017年以来，浦东新区报警类"110"统计数下降43.5%，案件接报数量总体下降61%，"入室"盗窃、"入民宅"盗窃案件的侦破率达到100%，实现"两抢"案件全破。在盗窃案件数量连续下降、案件侦破率持续上升的基础上，浦东新区进入了"压减发案"与"多破案、办好案"的良性循环。浦东新区的安全保障成果得到了上海市政府与中央政府的高度认可。浦东新区于2018～2020年连续三年获评"上海市平安示范城区"；在2021年召开的平安中国建设表彰大会上，浦东新区获评"2017～2020年度平安中国建设示范县（市、区、旗）"。浦东新区作为国家战略承载区和社会主义现代化建设引领区，其平安建设成果得到了上级政府的高度认可。

（二）智能安防赋能平安城市，安全能力得到有效强化

浦东新区智能化安防技术的深度应用在保障城市安全中发挥了重要作用，取得了积极的成效。浦东新区通过持续打造"城市大脑"3.0版，建成了覆盖城市治理七大领域、100多个事项、450个管理要素的专业智能综合管理平台与专项应用场景。浦东公安在充分利用"城市大脑"已有应用的基础上，拓展智慧公安建设功能，目前已形成了1个视频图像IP专网、1个统一GIS地图、3个应用平台（视频图像管理平台、智能化应用平台、智能运维管理平台）相结合的智慧公安平台。平台通过区视频图像信息共享机制实现与浦东各街镇、委办局、上海市平台的视频图像资源共享。目前已新增视频点位

9000 多个，其中具备人脸识别功能的点位约为 200 个，有效提升了城市公共区域视频监控系统的覆盖率，增强了安全风险监控质量，为守护人民安全提供了更为坚实的保障。

（三）集中整治效果突出，城市安保能力显著增强

集中进行治安整治作为浦东公安护卫城市安全的重要工具和手段，在震慑违法犯罪行为中发挥了重要作用，取得了突出成效。如在浦东新区 2022 年夏季治安打击整治百日行动中，公安部门瞄准案发的重点区域，制定针对性整治方案，同时列出明确的时间表与任务书，对重要的综合性问题实行"揭榜求战"模式，针对安全隐患，发现一处、整改一处、查处一处。在集中清查整治行动中，浦东警方主动应对现实挑战，瞄准浦东引领区建设进程中的风险隐患，通过全警动员、重点打击，保障了集中清查整治行动的圆满收官。从清查成效来看，共侦破 3200 余起重点案件；组织开展清查整治行动 72 次、集中收网行动共 57 次，同时捣毁涉黑、涉赌等犯罪团伙 103 个；破获了 4 起时间跨度在 20 年以上的命案。公安机关对违法犯罪案件的集中清查整治有效提升了城市安保能力。

（四）群众满意度显著提升，安全感得到有效保障

自 2019 年起，浦东新区通过推广建立涵盖公共法律服务、矛盾纠纷化解、信访接待等功能的居村联勤联动站，从微观层面提升了群众安全的护卫力量，增强了群众的安全体验。例如，浦东新区各街镇将村居联勤联动站建设作为"家门口"服务重要内容，推动立体化社会治安防控体系在农村地区的延伸。村居联勤联动站仅设一个综合窗口，为民众反映诉求提供一站式服务。对于居民举报、投诉、反映的城市安全隐患等问题由社区联勤联防力量与社区民警及时介入；法律咨询由专业的律师进行及时接待；一般性的邻里纠纷则由居村干部与调解员及时协调解决。在此基础上，实现了全类型基层矛盾的"一个窗口"受理，使市民"跑一次、说一次"，将矛盾化解在基层。截至目前，担任联勤联动站常务副站长的 1336 名社区民警，共调解各

类民众纠纷 133811 起，共消除各类潜在安全隐患 33206 起。在 2021 年上海市政府发起的群众对平安城市建设满意度的调查中，浦东的平安建设群众满意度达到 97.23 分，浦东城市安全保障工作获得了市民的高度认同。

五 浦东新区城市安全体系建设的经验与启示

从浦东城市安全体系建设的经验来看，其成效的取得主要源于对数字技术的高度重视与应用、强有力的部门合作以及群防群治所形成的协同保障能力。

（一）高度重视数字技术应用

浦东区委、区政府高度重视数字技术在城市安全保障体系中的重要作用。区政府在技术赋能城市安全领域不断加大人力、财力投入，创建了具有引领性的城市安全智能保障平台。近年来，浦东围绕上海市城市安全管理的总体目标与要求，加快智能化城市安全平台的建设步伐，积极推动政务云建设，注重移动互联网、云计算、大数据等技术在城市安全保障工作中的应用深度与运用能力，通过对全区高清视频探头的合理化布局，以及对高水准远程监控、在线监控、智能监控等信息化管控系统的应用，为安全事件的综合研判与政府决策提供了畅通的信息流与科学技术支撑，有效提升了处置效率。如在智慧公安建设中，随着"雪亮工程"的持续推进，浦东公安在安全风险感知层即实现了对图像等信息的综合采集，包括高清监控画面信息、场景信息、人脸信息等。智慧公安建设项目的深入推进为公安部门提高对图像资源的运用能力提供了精准的数据支撑[①]。

（二）扎实推进部门协同合作

扎实推进部门联勤联动能力建设，提高各条线、各部门、各区域之间的沟

[①] 伏佩宣：《智慧"公安大脑"助力警务效能提升》，《人民论坛》2020 年第 30 期。

通联动协调能力与横向协同水平是浦东城市安全体系建设的重要经验之一。浦东新区参照上海市城市应急指挥中心模式，完善区级安全保障机构的设置和分工，建立权责明确、分工合理的浦东城市安全保障组织，同时通过织密基层安全网络建构上下一体、高效协同的安防网络。浦东新区政府通过整合公安指挥、交通、消防等部门力量，积极对接新区各街镇、各委办局相关管理系统与区、街镇两级网格化平台，进一步强化新区各条线、各部门与各区域的联勤联动能力。在充分发挥本区应急管理办事机构在处理城市安全事件中的作用的同时，增强与相邻区的安保机构合作，在与邻区的联合预警、信息交互、技术交流中实现资源共享，继而提升联动水平、强化新区城市安全管理能力。

（三）坚持贯彻落实群防群治

群防群治、强化城市安全的共治能力有效提升了浦东城市安全的保障能力。浦东通过建立新区城市公共安全管理决策咨询委员会（由政府官员、高校及科研院所的专家学者、社会组织、社区居民以及志愿者等组成），对区域内的重大危险源、隐患点及时召开论证会，综合研判安全风险隐患的标准等级，从而为形成科学有效的决策方案贡献各方智慧，缓解政府部门行政负担；同时在吸纳民众参与的过程中培育市民参与城市安全建设的主人翁精神，逐步提升市民参与城市安全建设的行动自觉，继而营造出全体市民共防、共治、共享城市安全的氛围。通过为民众参与城市安全治理提供较为便捷的参与渠道与激励办法，提升民众参与的便利性与积极性。如建立举报奖励制度，优化奖励流程，丰富奖励形式，民众能够通过"12350"安全投诉热线、"12345"市民服务热线、"96119"消防举报热线以及浦东"E"家园等参与渠道为城市安全建言献策。政府部门则通过快速响应、快速处置与及时反馈等工作提升其对于城市安全的保障能力。

六　打造平安浦东的对策与建议

平安浦东建设能力的进一步强化需要从提升城市安全建设理念、持续提升数字赋能水平、理顺部门协作机制以及不断强化社会主体参与层面着手，通过多样化、创新性的政策工具，推动城市安全环境的优化升级。

（一）进一步提升安全城市建设理念，营造安宁无感的安全城市环境

城市安全犹如空气，受益不觉、失之难存①。让市民在无形之中受益于平安城市带来的舒心与安宁，恰恰是评价城市安全水平的最高标准。为此，需要在城市安全建设过程中不断创新工作方式与方法，将安全服务保障工作细化在城市建设的各个环节，充分做实安全保障工作。一方面，综合运用多样化的政策工具、技术工具与规范化、制度化的风险处置机制，推动城市安全防治从"有形为主"向"无形为主"转变。在强化安全保障关口前移、风险源头治理的同时，增强安全风险自动监测和防控能力，促使安全风险的预警、监测、排查、处置向系统化、自动化方向发展。另一方面，推动安全保障工作从"台前"向"幕后"转变。政府部门应在幕后做好充分的应急准备工作，既要全面摸清影响城市公共安全的风险源、隐患点，又要注重紧抓安全薄弱环节，着力解决影响城市安全的一些突出矛盾和问题，积极补短板、堵漏洞、除隐患。

（二）持续提升数字赋能水平，打造高品质市民安全保障网络

筑牢"城市安全墙"，离不开现代化技术工具的加持。扰乱社会治安、威胁民众生命财产安全的不法分子对科学技术的运用同样十分敏感。当前违法犯罪分子往往十分善于利用最新科学技术手段从事违法犯罪活动，如运用现代交通工具流窜作案，利用通信设备相互联络、遥控指挥等。可见，充分运用智能化技术手段不仅是提高管理效率的重要手段，也是应对当前复杂的城市安全管理形势的必然要求。浦东在打造高品质市民安全保障网络的过程中，应当坚持贯彻技术防范、人力防范与物力防范并重原则，积极探索利用

---

① 路媛、王永贵：《网络空间意识形态边界及其安全治理》，《南京师大学报》（社会科学版）2019 年第 1 期。

大数据、云计算、区块链、人工智能等先进技术提升城市安全风险感知、认知和处置能力。同时在技术的易用性与可扩展性层面下功夫，通过形成稳定可靠、灵活适配、扩容及维护便利的智能安防平台，进一步提高安全保障效率，优化资源配置，以保障浦东社会经济发展所取得的成果不受侵害，人民群众面临的安全问题能够得到及时解决。

（三）促进顶层设计与基层力量相结合，进一步理顺部门协作机制

顶层设计是从宏观层面塑造城市安全秩序的重要路径，基层力量、基层方案则是提升制度本土适应性的关键。因此，构建顶层设计与基层创新相结合的城市安全制度体系对于构建行动有序、富有活力的城市安全保障体系具有重要意义。一方面，通过城市安全制度体系的顶层设计，构建多领域多主体的城市安全管理工作机制。例如，完善安全管理主体的职责分工体系；构建企事业单位、专业机构、社会组织、社区居民、志愿者共同参与的监管体系；建立完善的监督考核体系，增加城市公共安全管理在浦东新区各街镇政绩考核中的比重等；继续强化城市安全保障组织建设，如在区级层面设立分工明确、合作高效的城市安全协调机构等。另一方面，坚持治安管理重心下移、力量下沉的基本方向[①]，将基层作为城市安全保障的主战场，真正将城市安全管理工作落实到最基层。

（四）不断强化社会主体参与，提升安全城市的共建共享水平

汇聚民智、激发民力是建设安全城市的必由之路。首先，浦东城市安全水平的进一步提升需在强化政府统筹协调的同时，不断拓宽专家学者、社会组织代表、社区居民和志愿者参与城市公共安全管理的渠道，降低参与门槛。其次，进一步创新共治模式，建立社会主体参与城市公共安全管理机制、社会沟通协调机制、舆论引导监督机制，通过不断强化市民参与城市安

---

① 彭勃、杨铭奕：《问题倒逼与平台驱动：超大城市治理重心下沉的两条路径》，《理论与改革》2023 年第 3 期。

全保障的机制建设，充分发挥群众监督和社会媒体监督的作用，增强多元社会主体自觉维护城市公共安全的责任感和使命感，助力城市安全管理体系建设向更高水平的"共治"方向转变①，营造多元主体共同参与平安城市建设的良好氛围。最后，在风险程度较高的行业与区域加快推进"吹哨人"制度建设，强化民众在事故隐患预警中的积极作用。此外，安全城市共建共享水平的提升有赖于市民高度的参与自觉。为提升民众参与平安城市建设的自觉意识，可通过开展安全文化创建活动，鼓励创作与传播以安全城市建设为主题的公益广告、短视频等，将安全文化元素融入居民的日常生活，营造关心城市安全的浓厚社会氛围，促使全民共建共享高品质的城市安全环境。

参考文献

曹文泽、王静：《浦东样本的制度逻辑探析——基于中国式现代化的视角》，《华东师范大学学报》（哲学社会科学版）2023 年第 3 期。

董慧：《城市繁荣：基于人民性的思考》，《西南民族大学学报》（人文社会科学版）2021 年第 4 期。

侯晓菁、李瑞昌：《"一网统管"让城市管理更智能——上海市街镇应急工作调查》，《中国应急管理》2021 年第 5 期。

刘啸莳、李静雯、张蕾等：《主观社会经济地位与心理幸福感的关系：创造力的中介和安全感的调节作用》，《心理与行为研究》2023 年第 1 期。

伏佩宣：《智慧"公安大脑"助力警务效能提升》，《人民论坛》2020 年第 30 期。

路媛、王永贵：《网络空间意识形态边界及其安全治理》，《南京师大学报》（社会科学版）2019 年第 1 期。

彭勃、杨铭奕：《问题倒逼与平台驱动：超大城市治理重心下沉的两条路径》，《理论与改革》2023 年第 3 期。

尹小贝、张琪诚：《超大城市多元共治应急管理体系内涵及运行关键》，《中国应急管理科学》2020 年第 8 期。

---

① 尹小贝、张琪诚：《超大城市多元共治应急管理体系内涵及运行关键》，《中国应急管理科学》2020 年第 8 期。

B.18

最美东岸：浦东打造高品质滨水空间的实践

郑智鑫*

摘　要： 推进滨江贯通开放是实现还江于民、加快沿江开发的具体实践。浦东通过高起点规划、高标准建设、高水平管理，积极推进东岸贯通工程，从而实现还江于民、打造地标建筑、展现城市温度。浦东在规划建设中采用协同联动、多元参与、系统推进的机制，充分体现公益性、生态性和人文性，使黄浦江成为"人民之江"。东岸贯通开放是上海城市更新的一个示范样板，显著提升了城市形象和生活品质，实现了管理、服务、价值和功能提升，对其他滨水公共空间建设起到引领和借鉴作用。下一步，浦东将继续在推进贯通延伸、提升品质功能和实现岸线腹地联动发展上深化发展。

关键词： 黄浦江　滨水空间　公共空间

2019 年，习近平总书记在上海考察时指出，城市是人民的城市，要"努力创造宜业、宜居、宜乐、宜游的良好环境，让人民有更多获得感，为人民创造更加幸福的美好生活。"① 2020 年，习近平总书记在浦东开发开放30 周年庆祝大会上指出："城市是人集中生活的地方，城市建设必须把让人

---

* 郑智鑫，博士，中共上海市浦东新区委员会党校党史教研室主任，研究方向为党史党建、城市治理。感谢上海东岸投资（集团）有限公司吴跃武、孙政主任在本文写作过程中提供资料并给予指导，感谢课题组丁倩、范矿生老师的协助。

① 中央党史和文献研究院编《习近平关于城市工作论述摘编》，中央文献出版社，2023，第37 页。

民宜居安居放在首位，把最好的资源留给人民。"①

浦东是改革开放的前沿阵地，也是"人民城市"理念的重要实践地。浦东深刻领会习近平总书记关于建设"人民城市"的重要理念，把最好的资源留给人民，把最优的服务送给人民，把最美的生态献给人民，把最便利的出行带给人民，不断满足人民群众对美好生活的向往。今日黄浦江东岸滨江公共空间（简称"东岸""东岸空间"）已成为一道亮丽的风景和一张闪亮的名片，实现了沿江地带向绿地公园、亲水岸线、新地标建筑和高品质公共活动空间的转换。东岸从封闭到开放、从梗阻到连通的转变，是黄浦江滨江贯通的一个缩影，也是"人民城市"理念的生动实践。

一　浦东滨江贯通开放的缘起和背景

上海因水而生、因水而兴，黄浦江记录着上海的发展历史，也见证着上海的沧桑变迁。新中国成立后，上海承担国家工业发展重任，黄浦江两岸以生产岸线为主，大量码头、工厂、仓库沿江林立。面对产业升级和城市转型的机遇，20 世纪初，上海做出了黄浦江两岸综合开发的重大决策。2010 年上海世博会选址南浦大桥到卢浦大桥之间的区域，启动了黄浦江两岸 5.28 平方公里的建设，这成为滨江空间开发的又一契机。《黄浦江两岸地区发展"十二五"规划》提出了"延续城市文脉、营造城市特色"的发展目标，为滨江开放注入文化内涵。

此后，滨江公共空间建设开始驶入快车道。2014 年，《黄浦江两岸地区公共空间建设三年行动计划（2015 年~2017 年）》出炉。根据市委统一部署，按照三年行动计划，2015 年 12 月，浦东在全市率先启动了黄浦江东岸滨江公共空间贯通开放工程。2016 年，黄浦江东岸开放空间贯通规划获得市政府批复。浦东编制了《黄浦江东岸慢行步道贯通三年行动计划（2016~

---

① 中央党史和文献研究院编《习近平关于城市工作论述摘编》，中央文献出版社，2023，第 39 页。

2018）》，提出构建"一带、多点、多楔"的滨江绿地空间。按照市委要求，黄浦江两岸不会大开发而是大开放，开放成群众健身休闲、观光旅游的公共空间，开放成市民的生活岸线。2017 年，滨江贯通工程全面提速、整体开工，上海市把高品质贯通开放放在重要位置，全力以赴啃下硬骨头，齐心协力打通滨江公共空间断点。在实现贯通的基础上，逐步提升公共空间的品质、文化内涵和功能，满足市民群众旅游、休闲、漫步等需求。

浦东滨江贯通工程是滨江公共空间建设的重要组成部分。2017 年底，浦东实现 22 公里公共空间全面贯通并向市民开放，沿岸绿地基本建成。至 2023 年 6 月，继续向南延伸 2 公里至浦东—闵行区界。如今的滨江，已经从生产岸线转型为生活岸线、生态岸线、公共岸线，做到还岸于民、还绿于民、还景于民。

二　浦东滨江建设的目标定位

近年来，上海着力推进黄浦江两岸综合开发，实施滨江岸线贯通工程，使黄浦江成为"人民之江"。按照黄浦江两岸开发必须"坚持百年大计、打造世纪精品"的总体目标要求，上海坚持"贯通为先、以绿为主、确保安全、控制规模"四条底线原则，充分体现"以人为本、尊重自然、传承历史、绿色低碳"，旨在努力把黄浦江两岸建成充满活力、传承文脉、绿色生态、舒适便捷的公共空间和生活岸线。

浦东滨江是上海滨江贯通工程最早启动的区域。规划之初，浦东秉持"让黄浦江东岸成为每一个浦东人家的后花园"的理念，根据"通、绿、亮"的总体要求，采用"拆、改、留"并举的方式以及"把黄浦江东岸打造成文化集聚轴、生态景观轴、运动休闲轴、产业发展轴"的建设思路，划分多个主题区段，统筹推进、重点建设，有贯通、有绿道、有亮点，保持开放性，保证无障碍，让人与自然交融、文化与生态互动、健身与旅游结合。浦东通过在防汛墙外侧滨水区域建慢步道、防汛墙内侧建生态绿道的方式，形成漫步道、跑步道、骑行道"三道合一"的通行系统，已成为目前滨江公共空间的"标配"。沿着"三道"，不依赖城市干道就可以畅通无阻地骑跑。通过改善滨水区的可达性、亲水性，让人们近水、见水、亲水。

2018年后，浦东滨江进入建设开发和日常管理相结合的阶段。2018年底，通过特色主题演绎及文化项目建设，浦东滨江初步形成亮点凸显、功能各异的多个区段，进一步提升了市民生活品质。

目前，浦东滨江核心段已实现全线贯通开放，公共空间绿地大幅增加，岸线功能品质显著提升，国际大都市标志更加凸显，城市核心功能进一步汇聚，已具备世界级滨水区雏形。上海提出"十四五"时期将"一江一河"滨水地区打造成为人民共建、共享、共治的世界级滨水区。2021年9月2日，《浦东沿江区域发展"十四五"规划》正式发布，对标世界级滨水区，提出了以建设"五彩滨江"为目标，提升浦东滨江沿岸地区功能，努力把浦东滨江打造成世界级的滨水复合功能带和"世界会客厅"，实现"工业锈带"向"生活秀带""创新秀带"的转变。

三 浦东滨江贯通开放的举措和机制

近年来，浦东以铺绿（自然生态）、穿线（低、中、高三线）、镶嵌（聚焦人文设施和工业遗迹的保护）、覆盖（提供便民服务设施）和点亮（打造各具特色的主题区段）为重点推进东岸贯通开放，人民共享的公共空间基本形成，沿江环境和功能得到了极大改善和提升。

（一）举措做法

由于历史原因，黄浦江两岸很多本该为市民所共享的空间被一些围墙、站点、工厂和商业设施阻断。为实现岸线贯通，浦东拆除沿岸大量堵点，在实施过程中采取"先做减法，再做加法"。做减法，就是要减少围墙、隔离、断点，减少对绿化覆盖、对道路贯通有影响的建筑，减少过度的商业设施；做加法，则是要增加功能，使景观步道兼具观景、休闲与运动等多功能。

1. 实现还江于民：打通堵点，连接断点

一方面，积极打通堵点，整治先行。做好腾地工作，为全力推进贯通工程施工打下基础。浦东滨江沿线共有 30 余处堵点、断点，涉及十多家单位，产权属性复杂，历史遗留问题众多。为做好这项基础工作，相关部门明确职责、各司其职，按照时间节点推进工作，重点推进"两桥一隧"区域（即杨浦大桥、南浦大桥区域和上中路隧道地块）的整治，在贯通过程中累计拆除各类建筑近 8 万平方米。

拆除紧邻黄浦江的"海鸥舫"（上海铭源大酒店）是小陆家嘴滨江段慢行贯通的一个重点项目。该建筑正对着苏州河与黄浦江交汇处，占地面积5000 余平方米，已建成运营十多年，但这座建筑隔断了滨江的交通和公共空间，造成了视线的阻隔和功能的局限。2015 年 12 月 10 日，"海鸥舫"启动拆除，打响了黄浦江东岸贯通和沿线环境整治的第一枪，短短一个月内完成了拆除工作。

另一方面，连接断点、建成通道，使"断点变亮点"。东岸贯通工程中，12 座景观慢行桥被统一命名为云桥，连接了洋泾港、张家浜、白莲泾、倪家浜、川杨河、三林北港、三林塘港 7 条自然河道断点和民生路、其昌栈、泰同栈、东昌路和世博栈桥 5 个码头断点。这些慢行桥在经过轮渡站时均采用跨线桥的形式贯通，二层平台实现连通并向市民开放。如其昌栈云桥位于滨江大道其昌栈轮渡区域，该桥梁的建设既要实现其昌栈水门、轮渡区域的连通跨越，又要避免对下方地铁四号线和大连路隧道造成影响。经过多方沟通协调和相关部门的大力支持，其昌栈云桥在设计、施工过程中克服了城市防洪安全、轨交保护、隧道保护、轮渡站建筑空间利用、地下市政管线保护等困难，充分利用了现有空间，其精细程度可谓贯通工程中的"心脏搭桥技术"。沿江慢行桥既保障了安全，又满足了通行需求，还兼顾艺术性，与周边景观环境有机融合。有别于传统桥梁，云桥造型各具特色、轻盈美观，线形流畅自然，成为浦东滨江公共空间的景观标志和一大亮点。

2. 打造地标建筑：保留文脉，功能转型

工业文明是上海城市发展自身现代性的重要体现，精心保护滨江沿线历史建筑，传承好城市的历史文脉，十分有必要。在城市更新过程中，将已有工业建筑保留下来，赋予其独特的当代价值，是滨江贯通开发过程中的重要一环。

浦东滨江一带曾是中国重要的造船业和修船业聚集带，在贯通过程中，浦东聚焦黄浦江东岸文化集聚带，保护性开发利用现有工业遗存，如煤炭码头、粮仓、船坞，完善其功能，加快文化休闲项目建设，实现历史建筑活化利用。

改造和利用沿江历史建筑，挖掘和彰显工业遗存魅力。如船厂1862中心建筑是由原上海船厂造机车间改建而成的2.6万平方米的时尚艺术商业空间，包含800座的艺术剧院和1.6万平方米的沉浸式艺术商业中心，现已入驻多家商户，定期举办各类文化活动。又如老白渡曾是上海重要的煤炭卸载码头，煤仓在原有内部八大煤斗的基础上重新构筑，华丽转身为一座造型现代的当代美术馆——艺仓美术馆。

3. 感受城市温度：便民服务，满足需求

在滨江贯通过程中，浦东率先在沿线建设东岸望江驿，为市民游客提供休憩场所和基础公共服务设施。望江驿叠加党建元素、文化元素，在为市民提供基本服务的同时，成为浦东滨江成果展示厅和滨江"文化会客厅"。

按照1公里设置1处服务设施的密度，东岸建造了珠链式分布的"小木屋"——望江驿。望江驿整体木结构，三面落地景观玻璃，颜值高，辨识度强，颇具特色。在两个望江驿之间，即每隔500米，设置小型公共服务设施——望江亭，进一步织密服务群众的设施空间。

望江驿注重发挥基础性功能，满足市民、游客等人群的普遍性公共服务需求。200平方米左右的空间集合了卫生间、休息阅读室、自动售卖机、充电宝、急救箱、心脏除颤仪、冷热直饮水、信息发布栏等便民设施，为市民提供休憩空间和配套服务。浦东新区充分整合各方各类资源，依托各个驿站提供活动平台，鼓励滨江周边的企业党组织、社会组织等主体根据自身资源特点，设计系列特色项目，认领开展文化创意、会展论坛、金融服务、家庭艺术、花卉园艺等主题项目，定期提供有特色、成系列、可持续的服务。

（二）制度机制

浦东加强顶层设计，总体谋划、统筹布局，以高起点、高标准、高质量的规划建设积极推进滨江贯通开放工作。

1. 上下联动，协同合作机制

滨江贯通采用市区联手、以区为主、市级搭台、区级唱戏的统筹协调机制。浦东建立健全黄浦江东岸开发统筹协调机制，整合各方资源，增强组织保障能力，使岸线众多开发主体形成合力，发挥各开发主体作用，加强与相关部门沟通协调并得到上级部门和社会各方的支持，定期召开黄浦江两岸综合开发浦东新区领导小组会议、贯通工程建设协调会和现场推进会，加强协调对接、一体推进。

一是市区联动。区相关部门紧密对接市浦江办、市规土局、市绿容局、市交通委、市水务局等相关部门，协同解决项目推进中的难点问题。上海市黄浦江两岸开发工作领导小组（现已更名为市"一江一河"工作领导小组）负责黄浦江两岸综合开发领导工作，对黄浦江两岸综合开发工作进行组织、协调、督促和检查。市住建委统筹重大项目，明确建设要求。区浦江办统筹规划方案、标准和进度。区沿岸开发管理机构负责本辖区范围内开发建设的具体工作。

二是区内对接。浦东成立黄浦江东岸滨江公共空间贯通工程指挥部，负责贯通工程的组织、指导和协调工作。为保证贯通工程顺利开展，浦东建立职能部门联络员制度，建立沿线街镇社会协助协调机制。区重大办、发改委、财政局、建交委、规资局和生态局等各部门对项目各个环节进行并联审批、上门服务。作为配合滨江贯通而成立的建设主体，东岸集团对接各相关职能部门，研究并明确贯通项目兜底建设机制、专项资金建设和补贴机制、"绿色通道"审批机制、建成后管理养护机制等；走访和征询市、区相关职能部门意见，针对贯通所涉及的具体工程项目设计、建设过程中可能存在的技术难点，与相关职能部门多次商讨建立联系窗口和通道，提前研究不同类型项目的审批流程，确保将来具体项目审批工作的快速推进。

三是互通机制。市、区相关职能部门与沿线地产集团、陆家嘴集团、东岸集团、世博集团（已撤并）、申江集团（已撤并）等实施主体紧密对接，必要时现场办公，就开放空间贯通工作所涉及的投资主体、任务清单、项目方案、后期管理等问题进行充分沟通，取得沿线主体对贯通工作的大力支持。加强信息互通，提高工作效率，遇到问题第一时间进行协调。

四是监督机制。区督查室全程督办，区重大办每周梳理通报贯通工程进度，并启动亮灯机制。

2. 众创众规，多元参与机制

聚焦一张蓝图，开展概念设计方案征集，并借用"外脑"，通过众创众规完善规划，最终化施工图为实景图。

按照"开门规划、众创众规、集思广益、广泛参与"的原则，东岸贯通设计工作全面启动后，同步开展了概念方案国际征集、社会公众参与、平行设计。项目高度体现在概念方案面向全球征集，吸引全球各领域的设计机构和团队参加，共收到21家国际一流的设计公司报名，最终5家公司入围概念设计征集比选，法国TER方案获选。项目广度体现在公众咨询面向中青年设计师和公众，让规划师、建筑师、艺术家、社区居民、相关社团组织共同为贯通出谋划策。青年设计师竞赛收到了近600家国内外高校和设计团队及330名个人报名，共收到90余份作品，为东岸贯通设计引入创新与独特的视点。项目深度体现在对沿线规划资料的全面梳理分析，以及在吸收国际征集和青年设计竞赛成果概念方案的基础上，综合采纳专家评审和公众参与的意见，最终形成指导全线贯通建设的蓝图和导则。浦东邀请来自城市规划、建筑、艺术等不同领域的专家，对作品进行了全方位评议，保证科学性，提升设计与建设品质；建立东岸贯通专家委员会，为建筑工程、景观植栽、慢行交通、夜景照明、市政工程等各专业内容提供技术支撑。

搭建平台，问计于民，发动社会公众广泛参与，为塑造滨江活力水际线献计献策。在东岸贯通和管理过程中，浦东积极向各方开展调研，通过公众意见征询，充分吸纳各方建议，集思广益，不断回应市民对品质生活的需求。以线上线下相结合的方式，回应市民对亲水近水、活动场所、人文艺术三方面的需求。推出"浦江东岸"微信公众号，在沿线街道召开了贯通工作宣讲会，广泛听取周边居民对贯通工作的意见建议。

3. 分步分层，系统推进机制

滨江建设蹄急步稳，在"快、高、细"上下功夫。一是立足于快速贯通，在试点先行的基础上，要在短时期内实现贯通，全面完成各个节点目标。环境整治先行，集中推进沿江环境综合整治100天行动。二是立足于高品质，要在重点区域和整体规划上体现高水平，在规划、施工、功能提升、后续管理等方面体现高品质，让整个工作经得起检验。同步进行项目衔接，确保项目设计与实施进展顺利。三是立足于细节，要在以人为本、功能展示、沿江第一层面开发地块与浦东滨江开放空间相协调上做细做实。

按照先贯通、后提升的原则，东岸贯通工程在科学制订计划的基础上，分为综合整治、蓝图设计、组织实施、功能完善、品牌提升等多个阶段，分步实施、有序推进。从项目实施的可行性出发进行深化设计，对沿线的重要节点提出改造设计思路和方法，并保障项目实施阶段设计方案的落实。要以贯通为先，在贯通中逐步提升，做到打通一段开放一段，最终实现全部开放。

在此基础上，进一步深化功能布局。滨江公共空间贯通有时间节点，但品质、文化内涵和功能提升是一个过程，需按照规划方案加快推进。

四 浦东滨江贯通开放过程中的成效和问题

东岸贯通和建设取得显著成效，成为浦东高品质生活体验带、城市文体空间新地标和年轻人的网红打卡新胜地。滨江公共空间已成为广大市民游客休闲赏绿的好去处，成为人民生活中不可缺少的一部分。

（一）主要成效

东岸2.2万平方公里的滨江公共空间以绿色生态为基底，可游、可观、可玩、可赏；漫步道、跑步道、骑行道"三道"并行，构成绵延22公里的慢行系统；12 座慢行云桥连接起沿江全线各个断点；6 个公园和 15 片绿地点缀其间。市民游客可在此休憩、观景、健身，尽享滨江之美，充分体现东岸贯通工程的公益性、生态性和人文性。

1. 以坚持公益性为根本

东岸贯通工程不搞过度商业化的开发，不以经济效益作为衡量标准，把滨江最优的位置拿出来造福人民。一大批文体活动设施项目坐落浦东滨江，如在寸土寸金的陆家嘴核心位置，最后一块滨江宝地不是用来建造商务楼宇，而是留给了崭新的"白盒子"——浦东美术馆。

世博文化公园是上海中心城区最大的沿江公园绿地，占据滨江寸土寸金之地近 2 平方公里。这里不盖商务楼、不搞大开发，而是用来建设公园绿地，让市民游客得以漫步休憩。这里定位为生态自然永续、文化融合创新、市民欢聚共享的世界一流城市中心公园，除了保留世博会场馆，还规划建设了世博花园、双子山、上海温室、世界花艺园、申园、上海大歌剧院和国际马术中心等主题园区。而毗邻的后滩公园在最早的规划中便定位为生态湿地。

2023 年延伸贯通的区段内同样如此。浦东在岸线上纵深最大的一块腹地建造了 2000 平方米的全龄段儿童乐园和 780 平方米的宠物乐园，最大化体现公益性和群众性。《"一江一河"儿童友好滨水空间建设指导意见》提出，"一江一河"滨水公共空间应成为儿童友好理念实践区，未来，滨水空间建设也将以儿童需求作为重要导向。

2. 以突出生态性为主体

滨江建设坚持生态优先，打造生态地标，做到还绿于民。坚持生态为先、功能为先，景观必须服从生态和功能，公共空间对规划红线、绿地面积等有着严格的要求。东岸滨江以滨水绿地为基底，已建成公共空间中，80%为公共绿地，绿化覆盖率超 50%。相比浦西滨江岸线，东岸整体绿化覆盖率较高，植物种类也较为丰富，为广大市民游客提供了良好的休闲场所。

上海船厂绿地对约 284 米长的黄浦江防汛墙进行改建，设置水景与草阶，提供趣味、多元的景观体验。新民洋地区包括原新华、民生和洋泾三个码头，现改建为公共绿地。在建设过程中，也最大限度地保护生态和做到物尽其用。

3. 以彰显人文性为特色

滨江不仅有上海绝美的风景，也是上海的文化地标，串联起城市文脉。浦东通过沿线文化项目的推进，用文化点亮城市，加快建设东岸文化集聚带，优化滨江公共空间功能布局。

一是将工业遗存转化为人文空间。浦东在滨江贯通和开发过程中，通过保留和改造塔吊、厂房等遗存，着力推进滨江文化项目建设，赋予其新的文化内涵，从而传承历史文脉，留住城市记忆。上海船厂滨江绿地改建时注重历史人文背景和工业文化元素，保留有船台、缆桩、起重机轨道、码头、泵站等，同时结合景观等需要，复建钢桥、锚链等造船工业遗迹，体现了历史文脉的延伸。老白渡滨江绿地则将原有码头遗迹和工业元素进行了保留并重塑，对老白渡船坞、煤仓及廊道进行改造，对原煤炭码头的桩基、煤斗、抓斗、铁锚等进行再利用以及对原有的废旧材料进行再造。船厂1862、艺仓美术馆等现在已经成为浦东重要的文化艺术地标。

二是传承中华优秀传统文化。秉承"在东岸滨江讲好中华文化故事，传播中华文化声音，展现中华文化自信"的工作理念，将优秀传统文化融入东岸滨江公共空间，打造传承中华优秀传统文化的场所。滨江文脉园通过文化元素与景观场景融合，打造22个文化景观节点，以文化展示为主题，是"公园+文化"的重要探索，也激发了绿地的活力。

三是展现红色文化和时代精神。在船厂1862广场设置宣传栏，介绍工运先驱杨培生烈士，以及在此涌现的一批工人领袖、大国工匠和劳动模范代表等。在立新船厂旧址保留铁锚，以记录职工为滨江大道建设，在很短的时间内完成厂区搬迁、告别陆家嘴前往远离市区的江心沙路的那段创业历史。位于民生码头的257号库，成为浦东新区"四史"学习教育展的空间，展览面积达3770平方米。望江驿6号展出了题为《焕变：从"工业锈带"到"生活秀带""发展绣带"》的主题展，展示了东岸开发建设的历史变迁。

现在，东岸已成为浦东提升城市软实力、打造新名片的重要地标，还将进一步集聚和孵化有影响力的文化新地标，为浦东打造文化高地、彰显文化自信发挥作用。

（二）当前浦东滨江建设中存在的主要问题

当前，浦东滨江贯通开放已取得了较大成效，但仍有进一步改善和提升的空间，主要为以下几个方面。

1. 贯通工程仍需加快推进

目前，东岸已贯通区段为杨浦大桥至浦东—闵行区界，贯通工程整体上呈现"南重北轻"的态势，辐射范围有限。目前，浦东中环段主要受军工厂、油库等土地管辖权的限制。而中环以北区段仍有较大的潜力可以挖掘，包括大量待搬迁企业和正在征收的居民区，加快浦东北滨江的土地收储和开发利用应尽快提上议事日程。

2. 功能定位相对单一

过去由于浦东对滨江岸线的开发没有形成统一的规划，也没有把滨江岸线当作一个独立的城市形态、城市区域来统筹考虑，导致每一单元的滨江岸线与腹地、周边岸线之间没有良好衔接，相当多的区段以休闲休憩的公共服务功能为主，岸线商业氛围还不够浓郁，烟火气不足。此前由于对商业需求的考量不足，部分滨江区段如新华、民生、洋泾滨江绿地附近缺乏商业设施，市民的消费需求往往得不到满足，想在这里喝杯咖啡、逛逛书店并不容易，周边已有闲置的空间资源也尚未充分利用。此外，黄浦江沿岸地区对整个城市的引领和辐射作用仍显不足，与各类文体旅活动的融合有所不足。

3. 精细化管理需进一步加强

随着贯通主体工程的完成，当下，滨江地带的管理职能越来越重。如浦东在规划设计之初就有"三道"设计，但近年来由此引发的人车碰擦、人流对冲问题较为突出。浦东滨江因路面较为平坦，道路直、陡坡少，吸引了大量骑行者前来，这一问题更为凸显。骑行团追求骑行速度，忽略最基本的安全，更给散步的游人带来安全隐患。

4. 区段特色尚待彰显

滨江建设应实现有机统一又各具特色。相比于其他滨江段，浦东滨江段的特色还不够突出。目前看来，浦东滨江岸线的统一性、整体性较强，望江驿的设置以及标识标牌灯具等都做到了完整统一，但各段主题特色不足。滨江段每隔一定距离要有体现自身特色且具有吸引力的项目，要根据区域、文化、景观、产业等特点，结合服务人群的需求，有针对性地设置一些服务项目和公共活动。同时，与浦西相比，浦东滨江缺少集中性、有代表性的宣传展示阵地，东岸的品牌效应有待加强。

五 浦东滨江贯通开放的经验和启示

从贯通到提升，东岸建设坚持与建设社会主义现代化国际大城市的要求相适应，与人民群众对美好生活的需求相符合，提供了多方面的经验启示。

（一）坚持人民至上是打造高品质生活的出发点和落脚点

不断满足人民美好生活需要是中国共产党人的价值追求。高质量发展是高品质生活的基础和前提，高品质生活是高质量发展的目标和方向。人人享有高品质生活，是城市发展的题中应有之义。要将人民群众的获得感、幸福感作为一切工作的落脚点，实现开放共享。

岸线连、民心通。滨江贯通计划甫一提出便深入人心，是一项补短板、惠民生的重大工程。浦东在滨江贯通开发过程中始终把便民和公共服务放在第一位，突出贯通核心本意，不断提高人民群众的获得感、幸福感、安全感。

在贯通开放中，浦东积极回应人民期盼、满足群众需求，不断针对广大人民群众关注的新问题、新需求，及时加以解决，让人民群众更好地享受黄浦江两岸滨江公共空间的良好环境；强化理念、组织落实、抓紧行动，不搞"形象工程""面子工程"，完善机制，细化政策，推进各项工作扎实落地落细，做好各项保障措施。

（二）坚持从实际出发是打造高品质生活的重要原则

浦东因地制宜，打造功能各异、各具特色的主题区段，走出了一条滨江贯通建设的实践新路。借鉴国内外滨水空间开发建设的先进经验和理念，结合实际不断创新。在实现贯通的基础上，逐步提升公共空间的品质、文化内涵和功能，加快文化休闲项目建设。

东岸贯通工程以不损害其他公共利益为前提，如通过统筹规划设计方案并进行建设，既连接了公共空间断点，为实现贯通奠定了良好的基础，又保障了数个轮渡站始终运行。不搞大拆大建，立足"重现风貌、重塑功能"，尽最大努力保护好沿线历史风貌，包括一些尚不在保护名录里的历史建筑，以及原有的绿化生态系统。如在2023年南延伸段贯通建设过程中，秉持生态设计理念，不另起炉灶，原有数百棵乔木都得以保留下来。

（三）坚持党的领导是实现高品质生活的根本保证

充分发挥党建引领作用，集中各方面资源，发挥我国集中力量办大事和新型举国体制优势。滨江贯通工作时间紧、任务重，沿线诸多堵点、断点是难啃的"硬骨头"，而在条块壁垒、机制束缚下，想在短时间内就要打通并非易事，而党的领导则成为引领在前、贯穿始终、克服难题的核心和支点。

在市级层面，"条"上部门与沿江各区的"块"上力量开展合作，形成合力。在区级层面，依托贯通工程建设指挥部，建立党建联席会议，各参建单位、街镇通力合作。在推进滨江党建过程中，参与主体除建设方外，既有街道社区党组织，也有驻区的机关、企业和社会组织，各方通过加强联动协同，避免各自为政。东岸贯通离不开各级党组织领导下的统筹推进，也离不开党员骨干队伍的攻坚克难。在党的领导下加强合作，凝聚人心推进各项任务顺利落地是根本保证。

建设"珠链式分布、标准化配置、区域化运营"的滨江东岸党建服务带，是党建引领公共空间打造的重要实践。串联分布的望江驿既是"身体补给站"，又是"精神滋养点"，集便民服务、信息发布、文体活动、志愿服务、政治引领等多种功能于一体，是党群服务的窗口、社会服务的入口和志愿服务的端口。浦东通过打造滨江党建服务站，努力构建"党建引领、区域统筹、多元参与、共建共享"的滨江党建工作格局。

六　进一步推进浦东滨江建设的对策和建议

滨江建设是一项长期的工程。随着滨江岸线的不断贯通扩容，市民的休闲活动空间日益扩大，人们对于滨江沿线的服务、品质、管理等方面也提出了更高的要求，除了提升沿江景观和通达性之外，还需要不断发掘公共空间内的资源潜力。未来沿江地区的产业功能会进一步提升，公共空间会更加开放，生态效益会更加显著，文化特征会更加凸显，景观形象会更加宜人，成为国际大都市的一流滨水空间。

（一）继续推进滨江贯通延伸和改造优化

深入践行"人民城市"重要理念。浦东滨江在从"工业锈带"发展为"生活秀带""发展绣带"的提升进程中，打造城市更新的示范样板，持续深化推动南到区界、北到杨浦大桥的浦东滨江段。

一方面，向上游往北延伸正在紧锣密鼓规划中。现在高桥港南片区、沪东船厂、中海船厂等区域正在开展土地征收，应加快沪东船厂搬迁工作，以配合金桥集团"七朵金花"之一的"金滩"开发项目。目前，沪东船厂片区已启动方案征集，该地块位于黄浦江北段东岸的核心位置，是"金色中环"发展带上的重要功能区，对打造新的区域发展亮点具有积极意义。

另一方面，未来将继续推进工业遗存和文化旅游资源的保护与开发。接下来，应对滨江范围内的优秀历史建筑物进行甄别，推进民生码头区域、歇浦路 8 号原亚细亚火油公司堆栈、耀皮玻璃厂、中海运船厂等工业遗存的保护开发，包括更新改造和活化利用，形成对近代中国工业、建筑、文化遗产具有代表性的历史地标的独特展示。

按照规划，"十四五"期间，浦东沿江区域将新增滨江绿地及公共空间面积 470 公顷，新建高等级公共设施建筑面积 27.8 万平方米，新增商业商办建筑面积 321 万平方米，完成中心城区段岸线品质提升 2550 米，完成包括耀皮玻璃厂、歇浦路工业遗存等历史建筑更新 1 万平方米，规划推进民生码头更新项目 14 万平方米，体现特有的历史文化内涵。

（二）持续推动品质与功能提升

未来，滨江公共空间建设的重点在于强化品质和功能，要加快内涵挖掘和功能拓展，将贯通开放空间做精做细做透，着重在深化内涵、品质提升上下功夫，不断完善功能，做好综合管理和服务，满足人们多元化、个性化的需求。

要着力实现管理提升、服务提升、价值提升和功能提升。浦东滨江既要体现自然、生态、绿色、人文；也要体现人气和活力，打造持续不断、精彩纷呈的节点和亮点；同时要拾遗补阙，根据实际情况不断进行动态优化。如完善交通系统，加大周边公共交通密度；增加停车场和非机动车停放点，缓解停车难问题；提供活动空间，增加公共活动设施。

推进经济功能、城市功能、生态功能、文化功能的综合提升，引入更多功能配套业态。如浦东将南码头 10 号老泵站改造为咖啡馆，在让老建筑得以保护利用、使老品牌焕发新活力的同时，更好地满足了人民群众的实际需求，促进消费升级，不断增强东岸对市民游客的吸引力。接下来，浦东还将采取容缺审批方式，充分利用空间对前滩鳗鲡嘴绿地等进行新业态导入。

（三）实现岸线腹地联动发展

从空间上来看，陆家嘴、前滩、世博地区等区域存在沿江与腹地之间、新建的商务楼宇与住宅社区之间的割裂性，在相当范围内存在岸与腹之间发展"两张皮"，企业和社区互动少、资源不共享，生活便利度不够，职住分离等问题，加剧了产城不融合的状况。

要提升经济的密度、能级和竞争力，推动产业向腹地延伸。未来，要进一步提升陆家嘴地区国际金融、贸易和总部商务等国际大都市功能，促进滨江区域核心功能产业集聚发展。强化前滩地区的引领、示范和辐射作用，进一步打造中央活动区样板区。前滩作为上海新兴的中央商务区和大型驻沪央企总部经济聚集地，要实现工作、生活、服务的有机结合，从而为留住人才创造外部条件。要充分发挥滨江带动和辐射作用，水陆联动、文体结合，体现产业和文化休闲特色，促进文旅深度融合，打造宜业宜居产城融合发展带。

参考文献

中央党史和文献研究院编《习近平关于城市工作论述摘编》，中央文献出版社，2023。

上海市人民政府：《上海市"一江一河"发展"十四五"规划》，2021 年 7 月 30 日。

上海市黄浦江两岸综合开发浦东新区领导小组办公室、上海市城市规划设计研究院、上海东岸投资（集团）有限公司主编《东岸漫步：黄浦江东岸公共空间开放建设规划》，同济大学出版社，2017。

上海市规划和自然资源局编著《一江一河：上海城市滨水空间与建筑》，上海文化出版社，2022。

Abstract

The "Shanghai Pudong High-Quality Life Development Report" sets forth a vision to nurture a high-quality life and lead socialist modernization initiatives in Pudong. Structured into three distinct sections—a general report, eight sub-reports, and nine case studies—the report comprehensively outlines the successes and strides taken in the Pudong New District. The main report delves into the contemporary relevance and scientific nuances of creating a high-quality life, articulating Pudong's strategic mission and its historic achievements. It meticulously showcases the initiatives tailor-made for Pudong that aim to better the living conditions of its residents, all under the guiding principles of "harmonious Pudong" "quality Pudong," and "people's Pudong." The eight sub-reports elaborate on specific efforts and outcomes in various sectors under the direction of Xi Jinping, General Secretary of the Communist Party of China, about creating a high-quality life. These sectors include education, employment services, elderly care, social security, health services, ecological environment enhancement, housing security, and public cultural services. Furthermore, the nine case studies illustrate Pudong's innovative approaches and unique practices in enhancing life's quality through services and developments in childcare, medical and elderly care integration, urban park development, heritage conservation, international community integration, urban village renovations, rural revitalization, public safety measures, and the development of riverside areas.

Pudong New District consistently adheres to the people-centered development ideology, maintaining that "with every increase in financial resources, there should be an improvement in people's livelihood." Efforts in education, health, cultural offerings, and elderly care are rapidly progressing from mere equity to the highest quality, perpetually boosting the residents' feelings of fulfillment, happiness, and security. As a forerunner in socialist modernization, Pudong not only revels in robust economic growth but also ensures that high-quality living standards are accessible to all. On the new journey toward a comprehensively modern socialist country, Pudong New District aims to create a boutique urban area, modern towns, and beautiful villages that embody the flair of an international metropolis, making Pudong an ideal destination for global investment, trade, and entrepreneurship—a place where insights, inspirations, and dreams thrive, and where people feel increasingly satisfied, happy, and secure. The ideals that "the city enhances life's beauty" and "the city built by the people serves the people" are increasingly becoming reality. A new vision of high-quality living is unfolding across Pudong.

Keywords: Pudong New District; Leading Area Construction; High-quality Living

Contents

I General Report

Abstract: After over three decades of extensive development and opening up, Pudong New Area has transformed from a predominantly agricultural district into a multifunctional modern metropolis characterized by comprehensive elements and state-of-the-art facilities. This transformation stands as a dynamic reflection of China's commitment to reform, opening up, and the journey of socialist modernization. Throughout these years, Pudong New Area has always adhered to the people-centered development philosophy, insisting that "with every bit of financial growth, people's livelihoods should be correspondingly improved." As a result, the public service sector has achieved balanced and high-quality development, with continual enhancements in the quality of life for residents. As a leader in socialist modernization construction, Pudong New Area not only features high-quality economic development but also offers a high-quality lifestyle accessible to all. It has become an ideal place to live, with a strong sense of gain, happiness, and security. The concept "City, making life better" and the vision of "a city built by the people and for the people" are increasingly becoming a reality as a new canvas of high-quality life unfolds across the land of Pudong.

Keywords: Leading Area Construction; High-Quality Lifestyle; Pudong Exemplar

II Topical Reports

B . 2 Education Powerhouse: Pudong Builds High-quality

Education in the New Era *Sun Lan* / 045

Abstract: In the new era of high positioning and high expectations for Pudong New Area, Pudong education has also ushered in the new goal of leaping from a large education area to a strong education area. Based on the construction of "Education Leading Zone" and "Education Comprehensive Reform demonstration Zone", Pudong continues to deepen the comprehensive reform in the field of education, and strive to build a new era of Pudong education brand of "five education, fairness and quality, open integration, vitality and innovation". By building good schools, running good education, nurturing new students and leading a good team, Pudong New Area has constantly shaped new momentum for education development, opened up a new track for school development, created a new field for teachers' development, and grasped the growth point of students' talents. Pudong's high-quality education system has taken shape, and major progress has been made in the construction of Pudong's strong education district, such as a substantial increase in the supply of high-quality education resources, continuous improvement of the construction of the childcare service system, safe and inclusive high-quality development of preschool education, acceleration of the construction of tight-knit school district groups, high quality and balanced development of compulsory education, high-quality and distinctive development of high school education, and prominent features of science and innovation education. At present, Pudong is in a critical period of deepening the comprehensive reform in the field of education and further improving the level of construction of a strong education district. For the goal of higher standards and high quality, the next step will focus on the layout of education resources, promote the expansion of education and quality, and focus on the construction of teachers.

Keywords: Education; High-Quality Education; Comprehensive Reform Demonstration Area

B.3 An Employment-friendly Pudong : The Practice of Constructing a High-quality Employment Service System in Pudong

Zhou Yanru / 062

Abstract: The construction of a high-quality employment service system is the proper meaning of Pudong 's governance model of livable and industrial city, and it is also the necessary requirement to promote the construction of Shanghai 's people 's city and implement the national employment priority strategy. Since the 14 th Five-Year Plan, under the guidance of the goal of high-quality employment, Pudong New Area has strived to overcome the severe test of the impact of the COVID-19 epidemic and economic fluctuations, and strengthened the implementation of employment priority policies. By improving the skills of workers, improving the level of public services, and strengthening the management of labor relations, the employment situation has continued its overall stable and steady development trend, and achieved stable economic and social operation. However, at the same time, the foundation of stable employment needs to be further consolidated, the work of eliminating wage arrears still needs to be further promoted, the supervision of training subsidy funds needs to be strengthened, and the new form of recruitment needs to be standardized.

Keywords: Employment Priority Strategy; Public Services; Labour Relations; High-quality Employment

B.4　Care for the Elderly: Building an Elderly Security Service

System in Pudong New Area　　　　　　*Zhang Jiyuan* / 082

Abstract: The "Aging Gracefully" initiative is the goal of Pudong New Area to build a high-quality elderly care service system, and it is also an inherent requirement for actively addressing the challenges of an aging population. Pudong New Area has laid out the overall plan for the elderly care industry with the "Three Pillars+Four Supports+Two-Pronged Drive" framework and the "1+N" innovative elderly care service policy system. This has laid the foundation for establishing an elderly care service system that is in line with Pudong New Area's mission to lead in the construction of socialist modernization, ensuring coordination between institutions, communities, and home-based care, as well as the integration of medical and elderly care services. However, there are still challenges such as uneven overall planning, incomplete mechanisms for the coordination of medical and elderly care, an unstable workforce in elderly care services, and insufficient development of the industry. To further enhance the high-quality elderly care service system in Pudong New Area, it is necessary to conduct scientific research on the demand for elderly care services, deepen the integration of medical and elderly care, promote innovative elderly care service policies, and accelerate the high-quality and high-standard development of the elderly care industry.

Keywords: Aging; High Qualification; Elderly Care Services

B.5　Mutual Assistance: Construction of Multi-level Social

Security System in the Pudong New Area　　　　*Ye Zhipeng* / 099

Abstract: At present, the Pudong New Area, in line with the central comprehensive establishment of the major strategic deployment of the multi-level social security system, actively advances the construction of multi-tier social security systems with the goal of optimizing and improving the modern social relief welfare system, with mutual assistance as the core of value. Pudong New Area has achieved positive results in expanding the coverage rate of urban and rural housing insurance, establishing an occupational injury protection system covering various occupational populations, advancing the reform and implementation of medical insurance policies, optimizing the social assistance benefits system, and comprehensively building the service guarantee system for veterans. In the future, precision relief should be further strengthened, high-quality development of social assistance should be promoted, working mechanisms should be improved, and the effectiveness of social help management should be effectively improved.

Keywords: Social Security; Social Assistance; Uurban and Rural Housing Insurance; Precision Relief

B.6   Healthy Pudong: Exploration of the Construction of Public
　　　　Health Service System in Pudong New Area　　*Xu Ling* / 116

Abstract: People's health is an important symbol of Chinese path to modernization, and protecting people's health rights is an important responsibility of the government. In recent years, Pudong New Area has firmly implemented the requirements of the Healthy China strategy, actively explored the construction of public health service systems around the goals and tasks of building a healthy Pudong, and implemented comprehensive policies from aspects such as health knowledge literacy, health condition guarantee, and health environment governance, achieving a comprehensive leap in the development of regional health undertakings. During this process, Pudong New Area has developed some replicable and promotable experience achievements, highlighting some shortcomings and weaknesses that need to be improved. To this end, we must prioritize the protection of people's health rights and interests, and focus on promoting the diversification of medical service patterns, balanced resource allocation, rational element layout, institutionalized hierarchical diagnosis and treatment, and high-quality health services. This will promote the continuous achievement of new results in the construction of a healthy Pudong area, allowing the people to better enjoy high-quality and healthy lives.

Keywords: Big Health Model; Medical and Health Care; Family Doctor; Medical Union

B.7 Beautiful Pudong: Research on Ecological Environment Optimization in Pudong New Area *Nan Jianfei* / 133

Abstract: Building a harmonious and beautiful ecological environment is the fundamental support for improving the quality of life of the people of Pudong and achieving high-quality development in Pudong on the new journey. It is also the fundamental basis for improving the modernization level of urban governance and the soft power of the city. It is an important part of the ecological civilization construction and beautiful Pudong construction in the leading area of socialist modernization in the new era, and a solid foundation for consolidating high-quality and sustainable development in Pudong. This study elaborates on the background significance of building a harmonious and beautiful ecological environment in Pudong, analyzes the effectiveness and problems of building a harmonious and beautiful ecological environment in Pudong, and focuses on proposing countermeasures and suggestions for building a harmonious and beautiful ecological environment in Pudong, which mainly include four aspects: implementing the 14th Five Year Plan for ecological environment protection, focusing on dual carbon to accelerate the construction of an ecological environment governance system, establishing a sound green, low-carbon, and circular development economic system, and significantly improving the public's ecological and environmental literacy in Pudong New Area so as to provide important references for the high-quality and sustainable development of Pudong in the new journey of leading Area for Socialist Modernization Construction.

Keywords: High Quality Living; Beautiful Pudong; Building a Harmonious and Beautiful Ecological Environment

B . 8   Livable Pudong: Construction of Housing Security System for
Residents in Pudong New Area   *Xu Ling, Cao Xufei /* 148

Abstract: Livability is the basis of people's happiness, is the premise of high quality of life. As an important population import area in Shanghai, Pudong New Area has a permanent population of more than 5. 78 million, and people's demand for livable housing is constantly increasing. In this context, focusing on creating "more comfortable living conditions", Pudong New Area adheres to the positioning requirements of "housing without speculation", adheres to problem-oriented and demand-oriented, steadily develops commodity housing, coordinated development of affordable housing, updated and developed stock housing, and focused on the development of rental housing. We will continue to intensify efforts to promote housing construction, strengthen management of housing supply, and implement the requirements for supporting housing construction, so as to steadily improve the housing security system, basically take shape of the housing rental market, continuously improve people's living standards, and significantly improve property management.

Keywords: Housing Security; Commercial Housing; Both Leasing and Sales

B . 9   The Charming Pudong: Research on the Construction of Public
Cultural Service System in Pudong   *Chen Yiyu, Wu Jin /* 165

Abstract: Building a high-quality public cultural service system is an important mission of Pudong to play a leading and radiating role, an important manifestation of the people's city concept, and is of great significance to promoting the construction of a socialist cultural power. In the course of more than 30 years of development and opening up, Pudong has adopted a series of measures such as "four intensification", "four promotion" and "three initiatives", and has improved the quality of public services, increased major facility projects, and achieved fruitful results in cultural brand projects. However, there is still room for further improvement in public services, sports and tourism industry, cultural brands, and mechanism innovation. The central government has entrusted Pudong with the strategic mission of building a leading area for socialist modernization, and Shanghai has positioned Pudong as a major task of building a leading area for high-quality public culture development. In the future, Pudong New Area needs to focus on supply-side structural reform, public cultural space construction, cultural heritage protection, inheritance and innovation, and digital transformation. Constantly enhance the people's sense of cultural gain and satisfaction.

Keywords: Public Cultural Services; Cultural System; Cultural Industry; Cultural Brand

Ⅲ Case Studies

B.10 Good Care For Young Children: Pudong New Area Comprehensive Empowerment Public Childcare Service System System *Sun Lan* / 181

Abstract: Infants and young children under 3 years old are the softest group in society. It is related to the well-being of thousands of households and the future of our country that good caring for young children。 As one of the first batch of demonstration cities for infant and young child care services in China, Pudong New Area is led by the education department. In the process of building a public childcare service system, it always revolves around the needs of "multi-level, diversified, and high-quality" childcare services, adhering to the concept of "public welfare, safety, quality, and demonstration leading". Through diversified resource supply, Pudong New Area has increased the layout of inclusive preschool education and childcare services resources. Through the professionalization of childcare services, Pudong New Area continuously enhances the soft power of childcare services. By standardizing quality supervision, Pudong

New Area promotes the standardized and healthy development of the daycare industry. This article discusses difficulties and issues such as the teacher-student ratio configuration of integrated childcare, the reasonable layout of the " 15 minute community childcare circle," the social atmosphere and public welfare attributes of public childcare services, and summarizes the experience and inspiration in the construction process. In the future, Pudong New Area can improve its public service attributes, public welfare attributes, regulatory legislative support, and talent strategic layout in childcare services.

Keywords: Childcare Services; Integrated Childcare; 15 Minute Community Childcare Circle

B. 11　Cloud Light Sunset: "Internet Hospital" Helps the Construction of High-quality Elderly Care Service System Combined with Medical Care　　　　　　　　　　　　*Chen Jun* / 195

Abstract: Under the background of deepening population aging, the central government has put forward a national strategy to actively respond to population aging. As a leading area, Pudong New Area determines to take the lead in exploring the construction of an elderly care service system . In recent years, Pudong New Area has vigorously promoted the construction of Internet hospital, which has been steadily promoted through the step-by-step implementation. Through close cooperation of civil affairs department and health commission department, the construction of Internet hospitals has made great progress. The diagnosis and treatment methods of "hospital on-site evaluation , online treatment of the elderly , family members online consultation, and convenient referral of offline services" is vigorously promoted. We will innovate the model of combining medical and nursing care, and build a high-quality elderly care service system. Since the implementation of the Internet hospital, good results have been achieved in the fairness, effectiveness and sustainability of resource allocation. vigorously promoted To deepen the construction of Internet hospitals, it is necessary to improve the efficiency level, ensure information security, stimulate the potential from the perspective of scene expansion, expand the source of funds and strengthen the team construction .

Keywords: Internet Hospital; High Quality; Combination of Medical Care and Old-age Care

B.12 Urban Park Integration: Promoting the Construction of

High Quality Ecological and Livable Park Cities

Zhang Jihong / 212

Abstract: Promoting the construction of park cities is an important way to implement the new development concept and create a high-quality life in the new era, and it is also an important measure to deeply implement the "People's City" concept proposed by Xi Jinping。 In accordance with the overall plan of "Park City Construction" of Shanghai, Pudong New Area adheres to ecological priority and green development, actively promotes the connectivity, opening, sharing and integration of urban green space, and adopts the overall idea of "increasing quantity, improving quality, adjusting structure and benefiting people's livelihood" through systematic planning and classification. Continue to strengthen the construction of ecological belts around the city, systematically promote the construction of greenways, actively create pocket parks, orderly carry out park renovation and rural park construction, achieve the integration of ecological, living and production functions, gather urban ecological resources, and improve the livable level of the city. At present, Pudong New Area has built an ecological network structure of "one core, two rings, three networks and multiple points", which provides a strong impetus for promoting the development of high-quality cities in Pudong. In the process of promoting the construction of an ecologically livable park city, Pudong has adhered to the concept of integrated development of urban parks, overall planning, scientific and rational layout, green sharing and sustainable development, and organically integrated park form and urban space, providing important experience and inspiration for the renewal and development of megacities and the creation of high-quality life.

Keywords: Urban Parks Integration; Park City; High Quality Life

B.13 Quality Culture: Report on the Status and Development of
Intangible Cultural Heritage in Pudong New Area

Wang Hao / 230

Abstract: The protection and inheritance of intangible cultural heritage is very important for the construction of high-quality living in Pudong: enhancing cultural soft power, providing high-quality sources of spiritual life and high-quality living resources. Over the years, Pudong has achieved success through the establishment of a directory system, rescue style records, live inheritance and immersive performances, cross regional linkage, and creative inheritance. Experience has been gained in management systems, grassroots venue construction, cross-border integration, and team building. However, it still faces problems such as the extinction of skills, lack of successors in inheritance, difficulties in activation and utilization, and insufficient social participation. In the future, Pudong will Standardize management mechanisms, enhance memory experience, involve multiple stakeholders, and transform innovation and development.

Keywords: Intangible Cultural Heritage; Cultural Soft Power; Pudong New Area

B.14 Biyun International Community Leads the Way to
High-quality Life

Liu Jing / 246

Abstract: Improving people's life quality is the strategic direction and overall goal of the new journey to enhance people's well-being in the new era. Shanghai has been deeply practicing the important concept of people's city, focusing on creating a high-quality living area and building an excellent global city. As one of the earliest internationalized communities in Shanghai, Biyun International Community, based on its function of an outward-looking, multi-functional and modernized international new city, has created a high-quality living area where people can live in peace, work and live with humanism by means of the systematic planning of the environment first, the investment strategy of 'only for rent but not for sale', the corporate property and the full range of supporting services. The successful experience of Biyun International Community in leading high-quality life can be summarized as: people-oriented, integration of industry and city, complete supporting facilities and professional property services. In the future, Biyun International Community should continue to promote the building renewal and housing renewal program, insist on service improvement, and steadily promote the practical exploration of high-quality life.

Keywords: Harmony Home; Livable and Workable; High-quality life; Biyun International Community

B.15 Digital Triad: Exploring the Construction of High-Quality Living Circles in the Transformation of Urban Villages

Weng Shihong / 261

Abstract: As an integral part of China's urbanization process, the transformation of urban villages holds significant theoretical and practical implications, especially in achieving the goal of high-quality living. Using Beicai Town as a case study, this research delves into the application and impact of the "Digital Triad Strategy" in the transformation of urban villages. The research design employs a combined qualitative and quantitative approach, revealing new mechanisms and models in the process of urban village transformation through in-depth interviews and data analysis. The study finds that party-building leadership and digital governance significantly enhance community governance efficiency, meet resident needs, and effectively realize high-quality living. However, challenges persist in addressing diverse group needs and resolving ownership bottlenecks. Based on these findings, the research proposes a series of targeted strategies and recommendations, mainly including further strengthening the leading role of Party building, promoting the development of digital governance, paying attention to the needs of different groups, and solving the ownership bottleneck of governance transition in the village community. it aims to provide theoretical and practical references for further promoting the transformation of urban villages and achieving high-quality living.

Keywords: Digital Triad Strategy; Urban Village Transformation; High-quality Living; Party-Building Leadership; Digital Governance

B.16　Ancient town Taoyuan: Xinnan Village's "rural innovation+" and exploration towards high quality life　*Jiang Peng* / 275

Abstract: Under the background of rural revitalization model village construction, Xinnan Village, Xinchang Town in Pudong New Area has defined the development orientation of "ancient town Taoyuan, township innovation South", With "rural innovation +" as the development path, Empowered by culture and innovation, Promote integrated innovation of rural industry, cultural tourism, science and technology, ecology: by means of party building, enabling and integration, Drive the town, village resources, capital, information to play a greater efficiency; By absorbing the talent to return home, Pay attention to entrepreneurship support, and form the endogenous driving force for rural development; By promoting the integration of rural culture and tourism, Finally, to realize the revitalization of the primary, secondary and tertiary industries, And then drive the cultural revitalization, ecological revitalization and governance revitalization of the overall revitalization. Xinnan Village has become the "No. 1

Village in Shanghai" with the characteristics of water towns of the south of the Yangtze River, realizing high-quality development with thriving industries, livable ecology, civilized local customs, effective governance and rich life. In the exploration of township innovation, a new development sample " township innovation Xinnan model" is gradually formed in the metropolis, which better meets the villagers' expectations for high-quality life.

Keywords: "Rural Innovation+"; Rural Revitalization; High-quality Life

B. 17   Safe Pudong: Construction of a High-Quality Citizen Security

System that Combines Prevention and Combat

Wang Yingwei / 292

Abstract: A safe city is not only an important guarantee for citizens' high-quality life, but also an inherent requirement for high-quality life. Guided by the concept of high-quality life, Pudong New Area continues to purify the urban public security environment and significantly reduce urban safety risks by implementing smart public security, optimizing security system design, improving organizational carriers, optimizing police resource allocation and other measures, and has significantly reduced urban safety risks. While being highly recognized, the people's sense of security and satisfaction have been effectively improved, achieving the dual strengthening of citizens' safety protection capabilities and security levels, and meeting the people's ardent expectations for high-quality urban safety. Facing the future, Pudong New Area needs to further strengthen the construction of the citizen safety and security system by improving the concept of safe city construction, continuing to strengthen the level of digital empowerment, optimizing top-level design, improving the level of participation of social entities, and innovating working methods, so as to create a harmonious and peaceful environment. Pudong contributes to the urban environment and creating a high-quality model of citizen life safety and security.

Keywords: Urban Security; Combination of Defense; High Quality; Intelligence; Safe City

B.18　The Most Beautiful East Bund: the Practice of Pudong in
　　　 Creating High-quality Waterfront Space　　*Zheng Zhixin* / 309

Abstract: To complete the waterfront connection is the practice of returning the river space to the people and promoting the development of the riverside. Pudong has actively promoted the east bund connection project through high starting point plan, high standard construction and high level management. Thus, government can put the space open to the public, make landmarks and show people-oriented city. Pudong effectively uses the mechanism of cooperation, multi-participation and systematic advancement, and shows publicity, ecology and humanities constantly, which makes the banks on both sides of the Huangpu River for the people. The connection and opening of the east bund is a representative example for urban renewal in Shanghai, greatly achieving the management, service, value and function improvement. It also plays a positive leading role in the construction of waterfront open space in other regions. In the next step, Pudong will continue to deepen the development in promoting the extension, improving quality and function, and realizing the combination development of waterfront and land.

Keywords: East Bund; Waterfront; Public Space

社会科学文献出版社

皮书

智库成果出版与传播平台

❖ 皮书定义 ❖

皮书是对中国与世界发展状况和热点问题进行年度监测，以专业的角度、专家的视野和实证研究方法，针对某一领域或区域现状与发展态势展开分析和预测，具备前沿性、原创性、实证性、连续性、时效性等特点的公开出版物，由一系列权威研究报告组成。

❖ 皮书作者 ❖

皮书系列报告作者以国内外一流研究机构、知名高校等重点智库的研究人员为主，多为相关领域一流专家学者，他们的观点代表了当下学界对中国与世界的现实和未来最高水平的解读与分析。

❖ 皮书荣誉 ❖

皮书作为中国社会科学院基础理论研究与应用对策研究融合发展的代表性成果，不仅是哲学社会科学工作者服务中国特色社会主义现代化建设的重要成果，更是助力中国特色新型智库建设、构建中国特色哲学社会科学"三大体系"的重要平台。皮书系列先后被列入"十二五""十三五""十四五"时期国家重点出版物出版专项规划项目；自2013年起，重点皮书被列入中国社会科学院国家哲学社会科学创新工程项目。

法律声明

"皮书系列"（含蓝皮书、绿皮书、黄皮书）之品牌由社会科学文献出版社最早使用并持续至今，现已被中国图书行业所熟知。"皮书系列"的相关商标已在国家商标管理部门商标局注册，包括但不限于LOGO（▮）、皮书、Pishu、经济蓝皮书、社会蓝皮书等。"皮书系列"图书的注册商标专用权及封面设计、版式设计的著作权均为社会科学文献出版社所有。未经社会科学文献出版社书面授权许可，任何使用与"皮书系列"图书注册商标、封面设计、版式设计相同或者近似的文字、图形或其组合的行为均系侵权行为。

经作者授权，本书的专有出版权及信息网络传播权等为社会科学文献出版社享有。未经社会科学文献出版社书面授权许可，任何就本书内容的复制、发行或以数字形式进行网络传播的行为均系侵权行为。

社会科学文献出版社将通过法律途径追究上述侵权行为的法律责任，维护自身合法权益。

欢迎社会各界人士对侵犯社会科学文献出版社上述权利的侵权行为进行举报。电话：010-59367121，电子邮箱：fawubu@ssap.cn。

社会科学文献出版社